Heiner Bielefeldt, Rainer Huhle, Tessa Debus,
Katrin Kinzelbach, Markus Krajewski (Hg.)

Engagiert für die Menschenrechte

Festschrift für Michael Krennerich

Heiner Bielefeldt, Rainer Huhle, Tessa Debus,
Katrin Kinzelbach, Markus Krajewski (Hg.)

Engagiert für die Menschenrechte

Festschrift für Michael Krennerich

WOCHEN
SCHAU
WISSENSCHAFT

Bibliografische Information der Deutschen Nationalbibliothek

Die Deutsche Nationalbibliothek verzeichnet diese Publikation in der Deutschen Nationalbibliografie; detaillierte bibliografische Daten sind im Internet unter http://dnb.d-nb.de abrufbar.

Dr. Kurt Debus GmbH, Eschborner Landstr. 42–50, 60489 Frankfurt am Main

info@wochenschau-verlag.de
www.wochenschau-verlag.de

Umschlaggestaltung: Wochenschau Verlag
Gesamtherstellung: Wochenschau Verlag
Gedruckt auf chlorfrei gebleichtem Papier
Print-ISBN 978-3-7344-1715-3
PDF-ISBN 978-3-7566-1715-9
https://doi.org/10.46499/2570

Inhalt

II. Mannigfaltige Herausforderungen

III. Exemplarische Handlungsfelder

Michael Krennerich war Professor für Politikwissenschaft am Institut für Politische Wissenschaft und seit Juni 2023 wissenschaftlicher Leiter des CHREN, das er 2014 mitbegründet hat. Er studierte Politikwissenschaft, öffentliches Recht und Philosophie an der Universität Heidelberg, wo er mit einer Studie zu Wahlen und Antiregimekriegen in Zentralamerika promoviert wurde. 2006 wechselte er an die FAU Erlangen-Nürnberg, wo er 2009 den Lehrstuhl für Menschenrechte und Menschenrechtspolitik mitaufbaute und sich 2012 mit einer grundlegenden Arbeit zu den sozialen Menschenrechten habilitierte. Außerdem war er leitender Herausgeber der Zeitschrift für Menschenrechte. Neben einer wissenschaftlichen Arbeit war er vielfältig politisch und gesellschaftlich engagiert: Er war Vorsitzender des „Nürnberger Menschenrechtszentrum e.V.", Mitglied im Koordinierungsausschuss des bundesweiten Netzwerks deutscher Menschenrechtsorganisationen „Forum Menschenrechte" und Mitglied des Kuratoriums des Deutschen Instituts für Menschenrechte. Für sein Engagement erhielt er die 2017 Nürnberger Bürgermedaille.

Menschenrechte als Lebensthema

Michael Krennerich – Menschenrechtler und Menschenrechtsprofessor

Eine Festschrift für Michael Krennerich herauszubringen, ist eine leichte Aufgabe. Auf die Einladungen, die wir verschickten, erhielten wir umgehend positive Antworten. Überrascht hat uns das nicht. Es war vielen ein großes Anliegen, dabei mitzumachen, um Michael als ihrem Kollegen, Mitstreiter und Freund ihre Wertschätzung zu bekunden. Meist hieß es knapp: „na klar, ich bin dabei." Einige mussten dann doch mit Bedauern absagen, weil die gesetzte Frist zu knapp war.

Auch der Titel der Festschrift – „Engagiert für die Menschenrechte" – hat sich fast von selbst ergeben. Denn in den Menschenrechten hat Michael Krennerich sein Lebensthema gefunden. Sein Engagement zeigt viele Facetten. Er ist Sprecher des *Nürnberger Menschenrechtszentrums,* aktiv im Koordinationskreis des *Forum Menschenrechte,* Mitglied im Kuratorium des *Deutschen Instituts für Menschenrechte,* Autor zahlreicher Aufsätze und mehrerer Monographien, Hauptherausgeber der *Zeitschrift für Menschenrechte,* Gutachter für internationale Organisationen, passionierter Hochschullehrer, Professor am Lehrstuhl Menschenrechte und Menschenrechtspolitik der Friedrich-Alexander-Universität Erlangen-Nürnberg, wissenschaftlicher Leiter des dort eingerichteten *Center for Human Rights.* Wiederholt fungierte er auch als Wahlbeobachter in verschiedenen Teilen der Welt. Die Aufzählung bleibt unvollständig.

Menschenrechtler und Menschenrechtsprofessor

Wissenschaft und Praxis der Menschenrechte gehören für Michael unauflöslich zusammen. Er ist Menschenrechtsprofessor und aktiver Menschenrechtler. Das heißt nicht, dass Wissenschaft und Praxis ineinander verschwimmen. Die Wissenschaft bleibt strikt auf ihre eigenen methodischen Standards verpflichtet, die auch nicht im Interesse der guten Sache aufgeweicht werden dürfen; eine vordergründig verstandene „engagierte Wissenschaft" ist Michael immer suspekt gewesen. Von der Praxis her gewinnen die menschenrechtliche Lehre und Forschung aber das notwendige Sensorium für relevante Fragen. Die Themen, für die sich wissenschaftliche Investitionen lohnen, entstehen nicht allein auf dem Schreibtisch, sondern drängen sich auf; sie liegen manchmal buchstäblich auf der Straße.

Der enge Kontakt mit menschenrechtlicher Praxis in Institutionen, Zivilgesellschaft, Bildungsprojekten usw. ist für Forschung, die relevant sein will, unerlässlich. Umso besser, wenn Wissenschaft und Praxis in ein und derselben Personen zusammenkommen. Die verschiedenen praktischen Aufgaben, die Michael Krennerich übernommen hat, prägen seine Lehre und schlagen sich in seinen Publikationen nieder. Im Gegenzug gilt, dass seine wissenschaftliche Expertise den Organisationen, in denen er tätig ist, immer wieder zugutekommen. So hat er, um nur ein Beispiel zu nennen, innerhalb des *Forum Menschenrechte* regelmäßig an der Kommentierung der Menschenrechtsberichte der Bundesregierung mitgewirkt und kritische Befunde vorgetragen.

Ein Feld, in dem sich Wissenschaft und Praxis überlappen, ist die Menschenrechtsbildung. In einem weiten Sinne versteht Michael auch seine Lehrtätigkeit an der Universität als Beitrag zur Menschenrechtsbildung. Sie liegt ihm nicht weniger am Herzen als die im universitären Betrieb meist höher bewertete Forschung. Die Studierenden danken es ihm.

Thematische und interdisziplinäre Weite

Wie breit Michael Krennerich thematisch aufgestellt ist, zeigt ein Blick auf seine umfassende Literaturliste. Sie enthält Abhandlungen zu einzelnen Rechten, etwa zu denen auf Bildung, Gesundheit oder Wohnen, grundsätzliche Reflexionen zum Status wirtschaftlicher und sozialer Menschenrechte, Fachgutachten für die Venedig-Kommission des Europarats und andere internationale Institutionen, länderspezifische bzw. regionalspezifische Untersuchungen, Kommentierungen der deutschen Außen- und Entwicklungspolitik, Analysen zum demokratischen Wahlrecht, ein Lehrbuch zur Einführung in die Menschenrechtspolitik und Vieles mehr. Hinzu kommt seine Tätigkeit als Hauptherausgeber der Zeitschrift für Menschenrechte. In dieser Funktion hat er seit 2007 zu einem weiten Panorama menschenrechtlicher Fragen recherchiert, publiziert und Autorinnen und Autoren aus unterschiedlichen Disziplinen kontaktiert. Innerhalb der Zeitschrift gibt es die essayistische Kategorie der „tour d'horizon". Sie scheint besonders gut zu seiner Offenheit, Neugier und intellektuellen Experimentierfreude zu passen. Es ist sicher kein Zufall, dass er viele seiner Texte unter dieser Sparte untergebracht hat. Während sich Michael disziplinär klar in der Politikwissenschaft verortet, schlägt und beschreitet er Brücken auch zu anderen Fächern wie Rechtswissenschaft, Zeitgeschichte oder Philosophie, an deren Diskussionen er immer wieder aktiv teilnimmt.

Generalist und Spezialist

Natürlich hat Michael seine Spezialgebiete. Regional hat er sich vor allem für Lateinamerika interessiert. Thematisch gilt seine Aufmerksamkeit seit langem den wirtschaftlichen, sozialen und kulturellen Rechten (kurz: WSK-Rechten), denen auch seine Habilitationsschrift gewidmet ist. Zum Recht auf freie und faire Wahlen hat er nicht nur publiziert, sondern zugleich praktische Erfahrungen als Wahlbeobachter eingebracht. Charakteristisch für ihn ist aber, dass er seine spezielleren Interessen stets auf dem Hintergrund eines breiten Menschenrechtsansatzes verfolgt, der in seiner Arbeit durchgängig präsent bleibt. Als „Spezialist" ist er insofern immer zugleich „Generalist"; das Ganze der Menschenrechte bietet die Folie für seine spezifischeren Themen.

Dafür hier nur einige Beispiele: So fördert Michael mit seinem Einsatz für die lange Zeit eher vernachlässigten WSK-Rechte zugleich das Bewusstsein für die „Unteilbarkeit" aller Menschenrechte, das in Zeiten um sich greifender Fragmentierung immer wichtiger wird. In seinem Verständnis sind die wirtschaftlichen, sozialen und kulturellen Rechte nicht weniger als die bürgerlichen und politischen Rechte genuine Freiheitsrechte; dies hat er gegen die verbreitete antagonistische Lesart „bürgerlich-liberaler versus sozialer Rechte" immer wieder betont. Die Erfahrungen aus Lateinamerika haben ihn dafür sensibilisiert, dass eine Vernachlässigung der Armutsproblematik fatale Folgen für die Glaubwürdigkeit der Menschenrechtspolitik im Ganzen hat. Eine angebliche ideologische Nähe zum Neoliberalismus wird den Menschenrechten bekanntlich schon lange vorgehalten; die Gegenkritik kann freilich nur gelingen, wenn man sich auf Themen wie Armut substanziell einlässt.

Beim wichtigen Thema des Diskriminierungsschutzes hat sich Michael immer für einen „horizontalen Ansatz" stark gemacht. Bei aller notwendigen Differenzierung müssen die unterschiedlichen Diskriminierungsgründe zugleich in einer umfassenden Politik der Gleichstellung zusammengebracht werden. Dies ist nicht nur deshalb erforderlich, um Fällen intersektioneller Diskriminierung gerecht zu werden. Nicht weniger wichtig ist für Michael die Wahrung eines ganzheitlichen Menschenrechtsverständnisses, das nicht in kleinteiliger Identitätspolitik aufgerieben werden sollte. Der Slogan „nothing about us without us" darf nicht antidiskursiv in Richtung epistemischer Monopolansprüche verrutschen. Er bleibt sinnvoll, wenn es darum geht, die unverzichtbare lebensweltliche Expertise diskriminierungsbetroffener Gruppen ins Spiel zu bringen, die es dann aber mit komplementären Formen von Expertise zu verschränken gilt. Auch zu diesem Thema meldet sich Michael, so gesehen, in seiner Doppelrolle als zugleich Spezialist und Generalist zu Wort.

Menschenrechte und Demokratie

Zu den Spezialthemen, für die sich Michael wissenschaftlich und politisch seit jeher besonders einsetzt, gehört das Recht auf freie und faire Wahlen. Wiederum steht die Beschäftigung mit diesem Thema nicht nur für sich; sie symbolisiert zugleich die für ihn wichtige enge Verschränkung von Menschenrechten und Demokratie. Ohne Menschenrechte kann sich eine freiheitliche Demokratie nicht entwickeln – dies zu betonen, ist derzeit mehr denn je notwendig geworden. Menschenrechtliche Gewährleistungen tragen dazu bei, den demokratischen Diskursraum gegen die wachsenden Gefahren populistischer Implosion zu schützen. Michael versteht die Menschenrechte dabei nicht als ein quasinaturrechtliches Oktroi, das der demokratischen Diskursgemeinschaft gleichsam von außen vorgegeben sei. Sie sind vielmehr ihrerseits Gegenstand demokratischer Auseinandersetzungen, deren Anspruchsniveau sie gleichzeitig durch ihre institutionelle Eigenlogik hochhalten sollen – so scheint er dies zu sehen.

Der Menschenfreund

Wer unter einem Menschenrechtler einen sauertöpfisch daherkommenden Moralisten erwartet, wird von Michael eines Besseren belehrt. Man erlebt ihn meistens gut gelaunt und immer zugewandt. Michaels Menschenfreundlichkeit zeigt sich nicht zuletzt in seinem Humor, den er selbst bei schwierigen Themen und in schwierigen Situationen hochhält. Oft blitzt jungenhafter Schalk aus seinen Augen – und das mit sechzig Jahren.

Im Namen der Autorinnen und Autoren:
Heiner Bielefeldt, Tessa Debus, Rainer Huhle,
Katrin Kinzelbach, Markus Krajewski

I. Unrechtserfahrungen: philosophische und politisch-rechtliche Antworten

HEINER BIELEFELDT

Das Zukunftspotenzial der Menschenrechte

1. Krisensymptome

Wie zukunftstauglich sind die internationalen Menschenrechte? Werden sie in zehn, zwanzig oder vierzig Jahren noch politische Bedeutung haben? Oder könnte es sein, dass man in nicht allzu ferner Zukunft auf die Menschenrechte als ein gescheitertes Projekt zurückschauen wird, an dem sich die Menschheit überhoben hat? Noch vor wenigen Jahren hätte man eine solche Frage wohl als rein akademisches Denkexperiment verstanden. Doch die Zeiten haben sich geändert. Die Erwartung, dass es mit den Menschenrechten trotz mancher Widerstände immer weiter vorangehen werde, ist uns in den sich aufeinander stapelnden Krisen der letzten Zeit abhanden gekommen. Die Stichworte sind bekannt: Corona-Pandemie, Putins Angriffskrieg in der Ukraine, Gewalteskalation im Nahen Osten nach dem Massaker des 7. Oktober 2023, Vormarsch rechtspopulistischer Parteien, schärfer werdende Systemrivalität zwischen Demokratien und Autokratien, Stagnation in der Klimapolitik – und jetzt auch noch die Rückkehr des von unverhohlenen Rachegelüsten getriebenen Donald Trump ins Weiße Haus. Das sind keine günstigen Rahmenbedingungen für menschenrechtliche Aufbrüche. Dass der Menschenrechtspolitik der Wind ins Gesicht schlägt, ist zwar nicht wirklich neu; Gegenwind gab es schon immer. Neu ist eher schon, dass der Rückenwind auszubleiben scheint. Was wir derzeit erleben, ist die Krise einer bestimmten, eigentlich recht nüchternen und bescheidenen Fortschrittsidee, die die Entwicklung der Menschenrechte lange getragen und ihr Rückenwind gegeben hatte.

Fortschritt ist ein Begriff, mit dem man vorsichtig umgehen muss. Die hochfliegenden politischen Fortschrittsvisionen, die sich mit Namen wie Saint-Simon, Hegel oder Marx verbinden, sind uns im Laufe des 20. Jahrhunderts aus guten Gründen suspekt geworden. Statt auf die Wirkung des Weltgeistes oder die Gesetze der historischen Dialektik zu vertrauen, hat man sich nach dem Zweiten Weltkrieg darauf konzentriert, große Institutionen auf- und auszubauen. Das ist ein nüchtern-pragmatischer Ansatz. Moderne Verfassungen wie das Grundgesetz, regionale Großorganisationen wie der Europarat, vor allem aber auch die Vereinten Nationen mitsamt ihrer universalen Menschenrechtserklärung sollten der Politik – der nationalen, der europäischen und der globalen Politik – einen einigermaßen verlässlichen Rahmen einziehen und die Weichen in Richtung eines humanen Fortschritts stellen. Die Entwicklung der Menschenrechte war und ist in diesen großinstitutionellen Rahmen eingespannt.

Genau diese nüchtern-pragmatische Fortschrittsidee der Nachkriegszeit ist in den letzten Jahren in die Krise geraten. Kriegsdrohungen, Kriege, Kriegsverbrechen und „crimes against humanity" führen uns täglich vor Augen, wie dünn die Decke der ordnungsstiftenden Institutionen in all den Jahrzehnten geblieben ist und wie fragil das ganze System des Rechtsschutzes dasteht. Überall zeigen sich Risse. Jede offene Missachtung des Völkerrechts, die ohne Konsequenzen bleibt, kann ansteckend wirken, so dass die Politik der Rechtsverachtung womöglich immer mehr um sich greift – mit Konsequenzen gerade auch für die Menschenrechte. Erosionserscheinungen zu Lasten der internationalen Menschenrechte lassen sich in der Tat nicht übersehen. Vor einigen Jahren schien die Vorstellung, wonach Menschenrechte eine ausschließlich „innere Angelegenheit" der Staaten seien, in die sich niemand einmischen solle, ein Auslaufmodell zu sein. Inzwischen ist ihr Kurswert wieder mächtig gestiegen: Harte Lesarten staatlicher Souveränität, an der menschenrechtliche Forderungen von vornherein abprallen, finden immer mehr Zulauf. China propagiert den Primat politischer Souveränität und orientiert sich dabei ausgerechnet am antiliberalen deutschen Staatsdenker Carl Schmitt (Pils 2018, S. 29f.). Außerdem unterstellt es die Menschenrechte dem Vorrang ökonomischer Entwicklung nach alleiniger Maßgabe der Staatspartei. Auch das alte kulturrelativistische Argument, wonach die Menschenrechte Ausdruck eines „westlichen" Denkens seien, das für die Gesellschaften Asiens und Afrikas von vornherein nicht passen könne, ist wieder verstärkt im Umlauf. Russische Vorstöße im UN-Menschenrechtsrat zielten in der Vergangenheit[1] wiederholt darauf ab, geltende Menschenrechtsnormen mit völlig undefinierten „traditionellen Werten" zu vermengen, um auf diese Weise Verwirrung zu stiften.[2] Die Beschwörung „traditioneller Werte" ging in Russland und anderswo oft einher mit Hasspropaganda gegen sexuelle Minderheiten und gewann auch dadurch einen unüberhörbar reaktionären Klang.

---

1 Nach der Invasion in die Ukraine hat die UN-Generalversammlung mit großer Mehrheit der Russischen Föderation am 7. April 2022 die Mitgliedschaft im UN-Menschenrechtsrat aberkannt.

2 Vgl. die von der Russischen Föderation eingebrachte Resolution des UN-Menschenrechtsrats vom 21. September 2012: file:///C:/Users/47U/Downloads/A_HRC_21_L.2-EN.pdf.

Neben die anti-menschenrechtliche Offensive autokratischer Staaten treten die unübersehbaren Substanzverluste im Inneren von Demokratien, die sich lange Zeit als Vorreiterinnen der Menschenrechte gesehen haben und sich im Prinzip oft wohl immer noch so verstehen. Das gesellschaftliche Klima ist auch in demokratischen Gesellschaften rauer geworden. Menschen, die sich für Geflüchtete engagieren, erleben hasserfüllte Anfeindungen. Verschwörungsphantasien, fast immer antisemitisch unterlegt, greifen um sich und vergiften die politische Auseinandersetzung. Journalistinnen und Journalisten werden als Repräsentanten einer „Lügenpresse" verunglimpft. Es wird schwierig, überhaupt noch parteienübergreifende Konsense zu finden. Lange Zeit hatte sich die Überzeugung gehalten, dass die Bevölkerungen eine menschenrechtsbasierte Demokratie, wenn sie erst einmal erfolgreich erkämpft worden ist, zumindest beibehalten würden. Angesichts der Geländegewinne rechtspopulistischer Parteien, die die Sehnsucht nach simplen – sprich: autoritären – Lösungen bewirtschaften, ist selbst diese Minimalerwartung brüchig geworden. Es scheint, dass vielen Menschen, die das große Glück haben, in einer freiheitlichen Demokratie zu leben, dieses Glück herzlich egal ist. Manche wähnen sich hierzulande in einer Diktatur, in der eine selbsternannte Elite mit Gender-Ideologie, Sprachpolizei und Gesinnungskontrolle die Herrschaft der „politischen Korrektheit" durchsetzen und „normale" Volksangehörige mundtot machen wolle. Polit-Esoterik und Verschwörungsmythologien haben Konjunktur und begleiten den trotzigen Rückmarsch in alte und neue Formen „selbstverschuldeter Unmündigkeit".

Wie kommen wir aus der aktuellen Demokratiemüdigkeit heraus? Wie können wir die politische Tristesse, die sich derzeit breit zu machen scheint, erfolgreich aufsprengen? Wie finden wir die Kraft zu einer neuen menschenrechtlichen Offensive? Über diese Fragen haben Michael Krennerich und ich in den letzten Jahren immer wieder diskutiert und manchmal fast schon verzweifelt nach Antworten gesucht. Natürlich konnten wir keine Lösung finden. Wir waren uns aber stets darin einig, dass wir trotz alledem die Hoffnung niemals aufgeben dürfen. In diesem Sinne sind auch die folgenden Ausführungen zu verstehen. Auch wenn ich keinen schlichten Optimismus verbreiten kann, möchte ich Gründe für eine gewisse Zuversicht vorbringen, die aus der moralischen, rechtlichen und politischen Stärke der Menschenrechtsidee selbst resultieren. Auf diese Stärke hat auch Michael stets gesetzt.

2. Der ethische Kern der Menschenrechte: solidarische Freiheit

Zunächst zur Moral der Menschenrechte. Sie wird von unterschiedlichen Ecken her kritisiert. Auf der einen Seite steht der Vorwurf der „Wokeness" – früher hätte man gesagt: der „Hypermoral". Der Umgang der Geschlechter miteinander, das Kulturleben, die öffentliche Debatte – dies alles werde im Namen der Menschenrechte unerträglich mit Moral aufgeladen. Selbsternannte Hüterinnen und Hüter der Menschenrechte würden die Bevölkerung moralisierend bevormunden. Kurz: Was an den Menschenrechten störe, sei ihr *Zuviel an Moral*. Auf der anderen Seite steht der entgegengesetzte Vorwurf, die Menschenrechte verkörperten *zu wenig Moral:* Da jeder nur noch auf sein individuelles Recht poche, würden Gemeinschaftsinteressen genauso Schaden leiden wie die Belange von Familie, Kirche und Staat. Menschenrechtliche Emanzipation münde am Ende des Tages in eine Gesellschaft ohne großen moralischen Anspruch. In manchen populistischen Kampagnen treten die gegensätzlichen Vorwürfe paradoxerweise auch zusammen auf. Das Lamento über einen „dekadenten Werteverlust" in der modernen Gesellschaft gleitet womöglich übergangslos über in ätzende Polemik gegen linksalternatives „Gutmenschentum" – oder auch andersherum. Dass eine solche Kritik in sich widersprüchlich ist, scheint nicht jeden zu stören.

Allerdings gehen beide komplementäre Vorwürfe an dem vorbei, was die Menschenrechte im Kern definiert: ihr *Ethos der Freiheit*. Letztlich sind alle Menschenrechte Freiheitsrechte, nicht nur die bürgerlichen und politischen Rechte, auch die wirtschaftlichen, sozialen und kulturellen Rechte. Dies deutlich zu machen, ist Michael Krennerich seit langer Zeit ein Anliegen, dem er deshalb auch seine Habilitationsschrift gewidmet hat (Krennerich 2013). Gemeinsam tragen die verschiedenen Menschenrechte dazu bei, eine offene Gesellschaft zu gestalten, in der sich Vielfalt – religiös-kulturelle Vielfalt, politische Vielfalt, unterschiedliche sexuelle Orientierungen oder auch die Vielfalt persönlicher Lebenswege – ohne Angst und ohne Diskriminierung entfalten kann. Dahinter steht ein *hoher moralischer Anspruch,* aber eben der Anspruch einer *Moral der Freiheit,* die das genaue Gegenteil von moralisierender Bevormundung ist. Kurz: Es geht nicht um Betulichkeit und Besserwisserei, sondern um Öffnung, Weitung, freie Luft. Mit anmaßender „Hypermoral" hat das nichts zu tun.

Die Freiheit, die die Menschenrechte gewährleisten, ist immer auch *die Freiheit der anderen*. Es handelt sich um ein *solidarisches Freiheitskonzept*. Dies zu betonen, ist leider alles andere als trivial. In den letzten Jahren haben wir nämlich erleben müssen, dass der Freiheitsbegriff aus dem Sinnzusammenhang mit Gleichberechtigung und Solidarität oft aggressiv herausgebrochen wird. Nachdem Populisten schon lange den demokratischen Begriff des Volkes besetzt und ins „Völkische" verdreht hatten (Müller 2016), wird neuerdings auch der Freiheitsbegriff immer öfter von rechts her belegt und dabei verengt, verbeult und verbogen. Es wirkt bizarr, wenn ausgerechnet Parteien und Bewegungen, die von autoritären Lösungen träumen, den Freiheitsbegriff okkupieren. Aber just das passiert. Die weit nach rechts außen gedrehte Freiheit manifestiert sich dabei primär als aggressives Nein – etwa als Absage an das Maskentragen oder als Nein zur Rücksichtnahme gegenüber Minderheiten. Am Ende des Tages verfällt der Freiheitsbegriff so zu einem Vorwand für Krawall, lautstarke Rechthaberei und rücksichtslose Durchsetzung der eigenen Interessen und fixen Ideen. Im Namen der Freiheit will man sich nichts mehr sagen lassen, zugleich aber bedenkenlos verbal um sich schlagen. So kann das merkwürdige Phänomen eines „libertären Autoritarismus" entstehen, wie es in einer jüngeren soziologischen Studie genannt wird (Amlinger & Nachtweiß 2022).

Der menschenrechtliche Freiheitsbegriff ist das Gegenteil eines solch monologisch verengten Freiheitsverständnisses, insofern er von Haus aus auf Solidarität uns Diskurs ausgelegt ist. Wer Freiheit als *grundlegendes Recht* versteht, kann niemals nur an seine eigene Freiheit denken und sie allein für sich selbst und Seinesgleichen haben wollen. Die Bereitschaft, auch die Freiheit der Andersdenkenden, der Andersglaubenden, der Andersaussehenden, der Anderslebenden – und zwar nach Maßgabe voller Gleichberechtigung – zu akzeptieren, bildet den Testfall des menschenrechtlichen Freiheitsbewusstseins. Dadurch wird Freiheit ein anstrengendes, aber auch anspruchsvolles Projekt. Sie verlangt, über den Tellerrand der eigenen Interessen und Befindlichkeiten weit hinauszugehen. Gefordert ist nicht zuletzt die Bereitschaft zum genauen Hinhören, auch wenn dies oft genug zur Geduldsprobe wird. Gerade an der notwendigen Geduld scheint es uns in unseren aufgeheizten öffentlichen Debatten oft zu fehlen. Ohne die etwas altmodisch klingende Haltung der Geduld kann eine Kultur des solidarischen Einstehens für die Freiheit aller aber nicht gedeihen.

Den letzten tragenden Grund für das menschenrechtliche Engagement bildet die Menschenwürde. Bei der Feier zum 75. Geburtstag des Grundgesetzes hat die 102 Jahre alte Holocaust-Überlebende Margot Friedländer den ersten Satz des ersten Grundgesetzartikels kürzlich noch einmal öffentlich vorgetragen: „Die Würde des Menschen ist unantastbar." Natürlich kennen wir alle diesen Satz seit Schulzeiten. Margot Friedländers leise, aber glasklare Stimme ging dennoch vielen durch Mark und Bein, weil wieder einmal deutlich wurde, was auf dem Spiel steht. Bemerkenswert ist freilich auch der Wortlaut in der Präambel der UN-Menschenrechtserklärung, in der von der Würde im Plural die Rede ist.

Im ersten Satz der Präambel bekräftigt die UN-Erklärung die inhärente Würde „aller Mitglieder der menschlichen Familie“.[3] Mit dem Bild der „menschlichen Familie“ wird die Würde von vornherein *relational* gefasst; sie erschließt sich in der solidarischen Verwiesenheit der Menschen aufeinander (Bielefeldt 2022, S. 43-58). Auch diese Formulierung ist eine Antwort auf Erfahrungen krasser Ausgrenzung von Menschen, die gewaltsam aus der Menschenwelt ausgestoßen worden waren. Stärker kann man die Moral der Menschenrechte, die aber eben eine Moral der Freiheit ist, nicht zu Wort bringen.

3. Die rechtsinstitutionelle Dimension: Schaffung von Accountability-Strukturen

Die Moral des solidarischen Eintretens für die Freiheit aller verweist bereits auf das Recht. Es soll dafür sorgen, dass die Menschen um den Respekt ihrer Würde und Freiheit nicht betteln müssen, sondern notfalls auch *insistieren* können. Sie sollen die Möglichkeit haben, auf ihr Recht ggf. auch zu *bestehen* und, wenn es sein muss, dafür Rechtsmittel einzusetzen. Deshalb sind die Menschenrechte in Verfassungen und internationalen Menschenrechtskonventionen verbindlich verankert. Die Festschreibung der Menschenrechte geht einher mit dem Ausbau von Institutionen, die für ihre Durchsetzung und Überwachung zuständig sind: Gerichte, Ombuds-Institutionen, Monitoring-Ausschüsse und andere Gremien. Ihnen gegenüber sind die Regierenden zur Rechenschaft verpflichtet. Rechenschaft – auf Englisch prägnanter: „accountability“ – ist ein weiterer Kernbegriff der Menschenrechte.

Die eingangs beschriebene grundlegende Krise des auf Institutionen gegründeten jüngeren Fortschrittsmodells ändert nichts daran, dass die rechtliche Institutionalisierung von Menschenrechtsstandards sinnvoll bleibt. Diesen Weg fortzusetzen, ist nicht falsch. Getrogen hat lediglich die Erwartung, dass er eine Art Selbstläufer sein würde. In den bitteren Lektionen der letzten Jahre haben wir gelernt: Es gibt keine Garantie dafür, dass sich die Menschenrechte durch rechtliche Verankerung immer weiter nach vorn entwickeln. Durch Korruption, Manipulation und Einschüchterung lassen sich auch Gerichte und andere Institutionen der Rechtsdurchsetzung blockieren, ja zerstören. Aktuelle Beispiele aus aller Welt zeigen, dass diese Gefahr sehr real ist. Die Antwort kann deshalb

---

3 Erstaunlicherweise ist die starke Metapher der „human family“ in der offiziellen deutschen Übersetzung zur „Gemeinschaft der Menschen“ verblasst.

nur darin bestehen, die Infrastruktur des Menschenrechtsschutzes weiter zu festigen, ihre Fundamente tiefer zu legen und eine möglichst breite politische „Ownership“ dafür zu schaffen.

So ist in Deutschland erst in allerjüngster Zeit eine öffentliche Diskussion darüber entbrannt, dass das Bundesverfassungsgericht, das mit seiner grundrechtsfreundlichen Judikatur jahrzehntelang wie ein Fels in der politischen Brandung wirken mochte, durchaus Gegenstand von Übergriffen, Blockaden und Destabilisierungskampagnen werden könnte (Steinbeis 2024). Deshalb die etwas hektisch wirkenden Bemühungen, über verfassungsrechtliche Präzisierungen die Funktionsfähigkeit des Bundesverfassungsgerichts gegen etwaige Zugriffe oder Blockademanöver von demokratieverachtenden Parteien abzusichern. Es braucht aber weit mehr als das: nämlich eine auf Dauer angelegte „Ownership“ vieler Menschen für ein Verfassungsgericht, das vielen bislang als ultrastabil erschienen war, so dass es gar nicht nötig schien, über seine Verwundbarkeit und seine ggf. notwendige Verteidigung überhaupt ernsthaft nachzudenken. Das hat sich geändert. Die Menschenkette um das Karlsruher Gericht am 75. Jahrestag der Unterzeichnung des Grundgesetzes war etwas Neues; Ähnliches hatte es zuvor wohl noch nie gegeben. Diese Menschenkette um das Bundesverfassungsgericht war in meiner Wahrnehmung ein ikonischer Moment für die deutsche Demokratie.

Es wäre zu wünschen, dass sich dieses neu entstehende Problembewusstsein auch auf den Europäischen Gerichtshof für Menschenrechte (EGMR) erstreckte. Er ist ebenfalls gefährdet. Manche Brexit-Fans würden am liebsten auch die Europäische Menschenrechtskonvention des Europarats aufkündigen, um Einspruch aus Straßburg gegen ihre Flüchtlingsabwehrpolitik (Stichwort „Ruanda“) ein für alle Mal wegzuräumen. In der Schweiz könnte nach dem jüngsten Straßburger Erfolg der „Klima-Seniorinnen“ wieder ein Referendum gegen den EGMR drohen. Präsident Erdogan hat schon vor längerer Zeit deutlich gemacht, dass ihn Straßburger Urteile gegen den Rechtsstaatsabbau in der Türkei keinen Deut interessieren. Eine öffentliche Debatte über die Bedeutung und aktuelle Gefährdungen des Europarats existiert hierzulande dennoch so gut wie gar nicht. Der 75. Geburtstag des Europarats im Mai 2024 wurde hierzulande vollkommen ignoriert. Straßburg, so scheint es, steht aus deutscher Perspektive ganz im Schatten von Karlsruhe. Dabei strahlt der EGMR wie ein Leuchtturm weit über Europa hinaus. Vielleicht ist es ja so, dass man die Bedeutung eines Leuchtturms erst aus der Ferne wirklich zu ermessen vermag. Bei NGOs in Osteuropa scheint das Bewusstsein für die historische Bedeutung des

Europarats jedenfalls ausgeprägter zu sein als bei uns. Ich erinnere mich gern an entsprechende Diskussionen beispielsweise in der Republik Moldau.[4]

Auch eine nähere Beschäftigung mit Gefährdungen der Menschenrechtsmechanismen der Vereinten Nationen wäre aus vielen Gründen dringlich. Als jemand, der jahrelang im UN-Kontext tätig war, mache ich mir keinerlei Illusionen über die begrenzte Wirkung der verschiedenen menschenrechtlichen Instrumente der Vereinten Nationen. Allerdings möchte ich der beliebten Klischeevorstellung vom „Papiertiger" dezidiert widersprechen. Es gibt Gründe für die Annahme, dass die meisten Staaten nach wie vor ein Interesse an positiver Reputation haben. Eine solche ist nicht nur für ihre Legitimation nach innen und nach außen hin wichtig; sie erleichtert auch die Kooperation mit anderen Staaten. Dies gilt vor allem für den *Ruf der Vertragstreue* im internationalen Verkehr: Wenn dieser Ruf dauerhaft Schaden leidet, muss sich ein Staat ernsthaft Sorgen machen. Eine Regierung, von der sich herumgesprochen hat, dass sie zwar allerlei Verträge schließt und internationalen Konventionen beitritt, die damit einhergehenden Verpflichtungen aber nicht sonderlich ernst nimmt, wird sich nach einiger Zeit deutlicher schwerer tun, noch Partner für ihre verschiedenen Projekte – etwa in Handelspolitik, Wissenschaftsaustausch oder Energiepolitik – zu finden. Genau darauf baut das internationale Rechtssystem auf; es setzt auf *„peer pressure"*, d.h. Anreize, die die Staaten untereinander schaffen, indem sie einander wechselseitig bei ihrem Interesse am Ruf der Vertragstreue packen. Schon allein deshalb ist es ja sinnvoll, die Menschenrechte in rechtsverbindlichen Konventionen zu verankern. Ihre Missachtung stellt somit nicht nur ein *moralisches Problem* dar (was sie natürlich auch immer ist), sondern verletzt darüber hinaus förmlich übernommene *internationale Vertragspflichten.*

Gewiss: Manche Regierungen gehen davon aus, dass sie als Anbieter wichtiger Rohstoffe und Güter ungeachtet menschenrechtlicher Defizite schon im Geschäft bleiben werden; andere setzen auf ihr militärisches Drohpotenzial; wieder andere haben als Paria-Staaten sowieso nichts mehr zu verlieren. Die Wahrung einer gewissen Reputation in Menschenrechtsfragen bleibt im Kräftefeld konkurrierender Interessen, das muss man realistisch einräumen, immer nur *ein Faktor* neben vielen anderen. Mit „trade offs" – auf gut Deutsch: Kuhhandel – jedweder Art ist zu rechnen. Wer in der internationalen Menschenrechtspolitik Elemente knallharter „Realpolitik" sucht, wird reichlich fündig. Dennoch

---

4 Die Gespräche mit örtlichen zivilgesellschaftlichen Organisationen fanden während meines Besuchs in der Republik Moldau statt, den ich im Rahmen einer Mission als UN-Sonderberichterstatter für Religions- und Weltanschauungsfreiheit im Jahre 2011 durchführte.

bestehen hier zugleich auch Chancen zur politischen Einflussnahme. Diejenigen Staaten, die sich die Förderung der Menschenrechte auf die Fahnen geschrieben haben, können koordiniert politischen Druck ausüben und sich zu diesem Zweck mit NGOs zusammentun. Sie können die Einhaltung menschenrechtlicher Standards zum entscheidenden *Testfall der internationalen Vertragstreue* aufbauen, die Regierungen an den förmlich akzeptierten Verpflichtungen messen und auf diese Weise die Anreize zur Umsetzung der Menschenrechte verstärken. Entsprechende Positionierungen kommen in den Sitzungen der UN-Generalversammlung und des UN-Menschenrechtsrats regelmäßig zu Wort. Sie stoßen freilich stets auch auf politischen Gegendruck und Ablenkungsmanöver jedweder Art. Vielleicht wird an keinem Ort der Welt so viel geheuchelt wie im Genfer Menschenrechtsrat. Allerdings wird die politische Heuchelei auch an keinem Ort schneller aufgedeckt, wozu nicht zuletzt kritische NGOs durch ihre Präsenz beitragen.

Staaten wie Russland, Aserbeidschan, Iran oder auch China investieren bezeichnenderweise eine Menge destruktiver politischer Energie dafür, die Genfer Menschenrechtsmechanismen zu blockieren und zu de-legitimieren. Vor Ort hört man Geschichten von Einschüchterung und Manipulation, die sich in keinem Lehrbuch finden. Offenbar sind den Regierungen die Berichte, Beschlüsse und Urteile, die von dort ergehen, eben doch nicht egal. Gegenüber einem bloßen Papiertiger wären die obstruktiven Bemühungen jedenfalls überflüssig. Viele solcher Obstruktionsprojekte zielen auf NGOs. Zu den großen Vorzügen der UN-Menschenrechtsmechanismen gehört nämlich ihre Offenheit für breite NGO-Mitwirkung. Während der Sitzungszeiten wirken die Hallen der UNO wie ein riesiger Marktplatz, auf dem verschiedenste Gruppen für ihre Anliegen werben. Dabei geht es laut, quirlig und alles andere als staatstragend zu. Das ergibt ein ziemlich anderes Bild als das, welches die Medien von der UNO zumeist zeichnen. Der gewachsene Einfluss der NGOs zeigt sich nicht zuletzt darin, wie manche Regierungen darauf reagieren. Staaten, die in ihrem Inneren nicht den geringsten Raum für zivilgesellschaftliches Engagement geben, kreieren auf internationaler Ebene Fake-NGOs, deren primärer Zweck darin besteht, Verwirrung in der Szene zu stiften und den menschenrechtlich engagierten Gruppen Redezeit und Aufmerksamkeit wegzunehmen. Die gute Nachricht lautet, dass dies meist nicht wirklich funktioniert. Oft merkt man schon nach wenigen Minuten, ob man eine echte NGO oder eine bloße Schein-NGO (im UN-Jargon: eine GONGO = „government organized non governmental organization") vor sich hat. Organisationen, die im Sold einer Regierung wie Russland, Aserbeidschan oder Iran operieren, gelingt es in der Regel nicht, den offenen

Kommunikationsstil zivilgesellschaftlicher Organisationen auch nur halbwegs glaubwürdig zu simulieren. Sie können nicht verbergen, dass sie nach einem vorgegebenen Script vorgehen.

4. Die unterschätzte Stärke der menschenrechtsbasierten Demokratie

Das solidarische Eintreten für Würde und Freiheit der Menschen in Verbindung mit dem Auf- und Ausbau verbindlicher Accountability-Strukturen definiert die rechtsstaatliche Demokratie. Darin besteht ihre politische Stärke. Dass zwischen Menschenrechten und rechtsstaatlicher Demokratie eine innere Affinität besteht, stellt Michael Krennerich in seiner Arbeit immer wieder heraus. Wiederholt war er auch als Wahlbeobachter in unterschiedlichen Teilen der Welt unterwegs. Sein Buch über das demokratische Wahlrecht (Krennerich 2021) ist in mehreren Sprachen erschienen.

Machtkämpfe werden in einer Demokratie weitgehend auf offener Bühne ausgetragen. Sie bieten gewiss nicht immer einen erhebenden Anblick. Ich erspare es mir, dies anhand von Beispielen zu illustrieren, die uns allen sowieso vor Augen stehen. Autokratische Regierungen zelebrieren demgegenüber Harmonie. Sie setzen glückliche Menschen ins Bild, die den Machthabern in Paraden dankbar zuwinken. Proteste Unzufriedener, falls sie überhaupt stattfinden, bleiben unsichtbar. Die Medien präsentieren glänzende Erfolgsbilanzen, und die Gerichte sind den Herrschenden treu zu Diensten. Auch hierzulande lassen sich manche von solchen Bildern beeindrucken. Wäre es nicht gut, wenn der Staat öfter mal kräftig „durchregieren" könnte, ohne Blockaden durch Oppositionelle, Medien, Bürgerinitiativen und Gerichte fürchten zu müssen? Solche Fragen kennen wir vermutlich alle. Sie kommen keineswegs nur aus den politischen Randbezirken.

Von der autokratischen Fassade inszenierter gesellschaftlicher Harmonie sollte man sich nicht täuschen lassen. Wenn Machtkämpfe nicht auf offener Bühne stattfinden, heißt dies noch lange nicht, dass sie nicht existieren. Vermutlich werden sie abseits öffentlicher Kontrolle mit ganz anderer Brutalität ausgetragen. In China verschwindet plötzlich der Außenminister, und keiner weiß warum. Fragen sind nicht vorgesehen. Öffentliche Debatten dazu gibt es nicht. In Russland schafft es ein Söldnerführer, seine Truppen gen Moskau zu führen, was der Kreml offenbar nicht richtig hatte einschätzen können. Wenige Wochen später ist er tot. Man kann allerlei Vermutungen anstellen, was passiert sein könnte; Genaues weiß man nicht und wird es wohl nie erfahren. Unabhängige Untersuchungskommissionen, die hier Aufklärung schaffen könnten, sind undenkbar. Nicht einmal Fragen sind erlaubt, von kritischem Widerspruch oder politischer Opposition ganz zu schweigen. Denn echte Opposition gibt es im Lande nicht.

Wo für politische Opposition kein *sichtbarer Ort* (mehr) besteht, neigen die Herrschenden erfahrungsgemäß umso mehr dazu, sie *unsichtbar überall* zu wittern. Daraus resultieren die unersättlichen Kontrollobsessionen autokratischer Regime, mit denen sie alle Bereiche der Gesellschaft überziehen: Schulen, Universitäten, Betriebe, Religionsgemeinschaften, Sportclubs und Familien. Überall Kontrolle und Infiltration. Man sollte nicht unterschätzen, was das mit einer Gesellschaft macht: wie viel Vertrauen, Engagement und Kreativität dadurch erstickt wird. Die menschlichen „Kosten" lassen sich gar nicht bemessen. Und dennoch können die repressiven Kontrollmaßnahmen den Zweifel nie beseitigen, ob hinter der Fassade forcierter Loyalität nicht doch heimliche Illoyalität lauern könnte. Eine von Staats wegen *erzwungene Loyalität* bleibt letztlich ein Widerspruch in sich, der sich auch mit dröhnender Propaganda nicht übertönen lässt. Die inszenierten Beifallsbekundungen in Aufmärschen und Paraden sind eben genau das: *Inszenierungen*, deren Künstlichkeit auch denen nicht ganz verborgen bleiben kann, die sie in Auftrag geben. Umso mehr legen sie alles darauf an, dass die Inszenierungen, die an die Stelle echter politischer Legitimität treten, bloß keine Brüche zeigen. Autokratische Herrschaft weist genau dadurch typische Schwächen auf, die Hans-Christian Andersen mit seinem bekannten Märchen von „des Kaisers neuen Kleidern" bildhaft veranschaulicht hat. Sie muss ihre undemokratischen Blößen mit allerlei Illusionen überdecken. Dabei kann es jederzeit zu peinlichen Pannen kommen. Die Angst davor sitzt den Herrschenden stets im Nacken. Der Kontrollfetischismus autokratischer Regime findet keine Ruhe und mündet in letzter Konsequenz in strukturelle Paranoia.

Es gibt gute Gründe dafür, sich von Glitzerfassaden autoritärer Regime nicht blenden zu lassen. Die inszenierte Stärke ist oft mehr Schein als Sein. Der sorgfältig orchestrierte Applaus in der chinesischen Volkskammer und die entrückten Verlautbarungen Putins, die ohne unabhängige journalistische Rückfragen über die Bühne gehen, symbolisieren das Kulissenhafte autokratischer Herrschaft. Dagegen zeigt sich die Stärke der Demokratie gerade darin, dass sie mit Problemen, Schwächen, Brüchen, Widersprüchen und Fehlentscheidungen offen umgehen kann. Statt Unfehlbarkeit vorzutäuschen, rechnet sie mit der Fehlbarkeit der politisch Verantwortlichen. Staatliche Herrschaft bleibt daher ein Amt auf Zeit, und sie geht mit permanenter Rechenschaftslegung („accountability") einher. Dem dient ein Set von Institutionen – von parlamentarischen

Untersuchungsausschüssen über Rechnungshöfe bis hin zur verfassungsgerichtlichen Normenkontrolle. Hinzu kommen unabhängige Medien und zivilgesellschaftliche Gruppen, die auf je ihrer Weise ebenfalls Rechenschaft einfordern. Auf diese Weise besteht zumindest die *Chance*, etwaige Fehler frühzeitig zu entdecken, öffentlich zu diskutieren und daraus die richtigen Konsequenzen zu ziehen – kurz: eine Fehlerkultur zu entwickeln, die zur Lernkultur werden kann. Politischer Autoritarismus ist demgegenüber selbstauferlegte Lernunfähigkeit – vor allem aufseiten derer, die die Macht innehaben. In diesen Zeiten struktureller und mentaler Krisen gibt es gute Gründe dafür, gerade das Nicht-Glamouröse der Demokratie schätzen zu lernen und Manches, was auf den ersten Blick als Schwäche erscheinen mag, als Stärke oder zumindest als Chance zu begreifen.

Schließlich die Frage des Machtwechsels. Nirgendwo zeigt sich die politische Schwäche autokratischer Regime deutlicher als in ihrer notorischen Unfähigkeit zum friedlichen Machttransfer. Einer unserer Studierenden aus dem internationalen Master-Programm, der aus einem syrischen Folterkeller entkommen und schließlich in Deutschland gelandet war, zeigte sich im Herbst 2021 vollkommen verblüfft darüber, wie eine weltweit geschätzte Bundeskanzlerin nach verlorener Wahl ihre Macht in die Hände einer neuen Regierung übergab. Dies geschah ohne Blutvergießen, ohne Putschgefahren, ohne Drama – in fast heiterer Atmosphäre. Die Kontrasterfahrungen in vielen Ländern machen deutlich, dass ein friedlicher Machtwechsel alles andere als selbstverständlich ist. Er ist Ausdruck einer politischen Stärke, die aus dem Respekt der Freiheitsrechte und aus der Bereitschaft zur Rechenschaftslegung erwächst.

5. Das Einfache in den Menschenrechten

Die Menschenrechte enthalten kein Heilsversprechen. Sie bieten auch keine fertigen Antworten auf die vielen Krisen unserer Zeit. Die Menschenrechte können allerdings mit dafür sorgen, dass bei der notwendigen Erarbeitung politischer Antworten hoffentlich niemand unter die Räder gerät. Sie können dazu beitragen, dass der Raum politischer Auseinandersetzungen für Kritik, Widerrede und neue Einsichten offenbleibt. Sie bilden ein Hindernis für selbsternannte „Retter", die in ihrem Eifer und in ihrer Selbstüberschätzung lästigen Widerspruch gern ersticken würden. Gerade in Krisenzeiten sind solche Gefahren bekanntlich besonders groß. Die Verfahren staatlicher Rechenschaftslegung an die Gremien des Menschenrechtsschutzes bieten Anreize für die Kooperation zivilgesellschaftlicher Organisationen, die gemeinsam so etwas wie eine kritische internationale Öffentlichkeit bilden können. Die Menschenrechte stiften

Solidarität über politische, staatsrechtliche und kulturelle Grenzen hinweg. Für autokratische Machthaber sind die Menschenrechte stets ein Ärgernis, da sie bei der Inszenierung eigener Unfehlbarkeit im Wege stehen.

Zu den Vorzügen der Menschenrechte gehört nicht zuletzt, dass sie im Kern – in ihrem moralischen Kern – sehr einfach zu verstehen sind. Gemeint ist damit nicht, dass sie „simpel" wären. Vielmehr sind sie insofern „einfach", als es bei ihnen um *etwas Elementares* geht: um elementare Erfahrungen, elementare Einsichten, elementare Überzeugungen. Dies macht es prinzipiell leicht, Zugang zu ihnen zu finden. Man braucht keinen akademischen Abschluss, um sich mit anderen zusammen solidarisch für Menschenwürde, Freiheit und Gleichberechtigung zu engagieren. Für solche Themen bleiben viele Menschen ansprechbar. Auch Personen, die sich nie mit juristischen, philosophischen oder politikwissenschaftlichen Fragen beschäftigt haben, können sich berufen fühlen, in Sachen der Menschenrechte das Wort zu ergreifen und öffentlich mitzureden, und das ist gut so. Die Menschenrechte entfalten ihren Appell über unterschiedliche Bildungsmilieus hinweg, und sie machen auch an kulturellen oder religiösen Grenzen nicht Halt.

Gewiss: Menschenrechte sind gleichzeitig auch ein kompliziertes Gebiet, das man interdisziplinär wissenschaftlich beackern muss. Wenn es darum geht, zuverlässige Informationen über die Menschenrechtslage in einem autoritär regierten Land zu gewinnen, Hinweise auf Kriegsverbrechen zu untersuchen, neuartige Menschenrechtsanliegen im Blick auf Digitalisierung sachangemessen zu formulieren oder den universalen Geltungsanspruch der Menschenrechte für interkulturelle Rezeptionen offen zu halten, ist fachliche Expertise unumgänglich. Angesichts vieler brennender Themen lohnt es sich, Dissertationen und Habilitationen zu verfassen, interdisziplinäre Forschungsgruppen ins Leben zu rufen, Exzellenzcluster bei der DFG zu beantragen, Zeitschriften herauszugeben und Bücher zu schreiben, nicht zuletzt Lehrbücher zur Menschenrechtspolitik (Krennerich 2023). Letztlich trifft auch auf die Menschenrechte das zu, was für alle wichtigen Fragen des Lebens gilt: sie sind einfach und schwierig zugleich. Die einfachen Wahrheiten sind dabei oft wichtiger als die komplizierten Fragen, deren Relevanz gleichwohl unbestritten bleibt. Für die akademische Beschäftigung mit dem Themenfeld steckt darin eine eigentümliche Herausforderung. Sie besteht darin, dass sie das Einfache in den Menschenrechten nicht nur stets an den Anfang stellen sollte, sondern niemals aus dem Blick verlieren darf. Sonst bliebe alles andere womöglich belanglos. In seinem politischen und akademischen Engagement verkörpert Michael Krennerich diese Einsicht in exemplarischer Weise.

Literatur

AMLINGER, Carolin/Nachtweiß, Oliver (2022): Gekränkte Freiheit. Aspekte des libertären Autoritarismus. Frankfurt a.M.: Suhrkamp.

BIELEFELDT, Heiner (2022): Sources of Solidarity. A Short Introduction to the Foundations of Human Rights. Erlangen: FAU Press.

KRENNERICH, Michael (2013): Soziale Menschenrechte zwischen Recht und Politik. Schwalbach/Ts.: Wochenschau Verlag.

KRENNERICH, Michael (2021): Freie und faire Wahlen? Standards, Kurioses, Manipulationen. Frankfurt/M.: Wochenschau Verlag, 2. aktualisierte Auflage.

KRENNERICH, Michael (2023): Menschenrechtspolitik. Eine Einführung. Frankfurt/M.: UTB/Wochenschau Verlag.

MÜLLER, Jan-Werner (2016): Was ist Populismus. Ein Essay. Frankfurt/M.: Suhrkamp.

PILS, Eva (2018): Human Rights in China. Cambridge: Polity Press.

STEINBEIS, Maximilian (2024): Die verwundbare Demokratie. Strategien gegen die populistische Übernahme. München: Hanser.

ARND POLLMANN

Revolution im Nachhinein

Über das „Politische" der Menschenrechte

Die weltpolitischen Krisen und Kriege dieser Tage beweisen einmal mehr, dass Frieden, Freiheit, Demokratie und Rechtsstaatlichkeit als historische, aber doch stets vorläufige Errungenschaften zu betrachten sind. Dies gilt besonders auch für die Menschenrechte und den jeweiligen Stand ihrer nationalen sowie internationalen Durchsetzung. Nach der globalen Euphorie der „Wende" des Jahres 1989 und dem Ende des Kalten Krieges stehen die Menschenrechte inzwischen längst wieder unter einem erheblichen autoritären Druck. Vor allem in den historischen „Mutterländern" von Demokratie, Rechtsstaatlichkeit und Freiheit hätte das seinerzeit wohl kaum jemand für möglich gehalten. So aber wird abermals deutlich, dass die Menschenrechte stets aufs Neue „hochgehalten" und gegen politische Willkür sowie anti-demokratischen Widerstand erkämpft und durchgesetzt werden müssen. Und selbst dann, wenn dies geschieht oder erfolgreich geschehen ist, wäre ein politisches Ausruhen auf diesen vorläufigen Errungenschaften kaum empfehlenswert, weil die Menschenrechte auch in Zukunft jenen alten und neuen Ideologien menschenrechtlicher Relativierung und vor allem auch nationalchauvinistischer Selbstbehauptung zum Opfer fallen können.

Aus einer spezifisch philosophischen Sicht auf diese durchaus wechselhafte Geschichte der Menschenrechte – mit Höhe und Tiefen – ist seit jeher fraglich, woher genau diese Rechte ihre historisch revolutionäre Geltungskraft, aber auch ihren politisch zweifelhaften Ruf beziehen: Handelt es sich um „natürliche" oder „ewige" Rechte des Menschen *als* Menschen, die im Grunde immer schon gültig gewesen sind, die aber allererst philosophisch „entdeckt" werden mussten, um fortan für politische Unruhe zu sorgen? Oder sind die Menschenrechte philosophische „Erfindungen", die aus der historischen Sicht auf die längst unüberschaubare Menge an Opfern entsprechender Rechtsverletzungen zwar äußerst begrüßenswert erscheinen mögen, denen damit aber nicht nur etwas politisch Kontingentes, sondern zugleich auch etwas unhintergehbar Vorläufiges anhaftet? Und darüber hinaus: In welchem genaueren Verhältnis stehen in Bezug auf eben diese konzeptionell grundlegenden Frage nach der normativen „Quelle" menschenrechtlicher Rechtfertigungen juristische, politische und moraltheoretische Aspekte ihrer Begründung und Realisierung?

Aus Sicht der Philosophie der Menschenrechte schienen mit Blick auf eben diese Frage nach ihrem normativen Fundament lange Zeit vor allem zwei grundlegende Alternativen wählbar: Man schloss sich entweder der traditionsreichen und noch heute oft als „naturrechtlich" etikettierten Überzeugung an, dass sich die sogenannte Universalität der Menschenrechte aus allgemein moralischen oder eben natürlichen Ansprüchen des Menschen herleitet; aus Ansprüchen also, die den Sphären der Politik und des positiven Rechts ideell *vorgelagert* sein müssen. Nach dieser Interpretation übernehmen eben diese Sphären der Politik und des positiven Rechts lediglich die Funktion von Erfüllungshilfen philosophisch „freistehender" (Letzt-)Begründungen. Anders formuliert: Die Moralphilosophie denkt „vor", was Politik und Recht dann bloß noch umzusetzen haben. Damit wäre bereits auf konzeptioneller Ebene eine genuine Eigenlogik oder Eigendynamik politischer und positiv-rechtlicher Aspekte der Menschenrechte zu vernachlässigen. Oder aber man verzichtet auf derart „metaphysische" Versuche, die Menschenrechte auf ein vermeintlich natürliches, unanfechtbar ewiges Fundament zu stellen, weist diese Versuche als idealistischen „Unsinn auf Stelzen" ab (Bentham 1776/2002) und behauptet stattdessen, dass ein dem Menschen als Menschen zukommender Anspruch allererst dann den Namen „Recht" verdient, wenn dieser dann auch tatsächlich in kodifizierter Form von Recht und Gesetz vorliegt und eingeklagt werden kann.

Erst in jüngerer Vergangenheit sind innerhalb der philosophischen Debatte sogenannte *politische* Menschenrechtskonzeptionen auf den Plan getreten, die einen dritten Weg einschlagen. Sie gehen davon aus, dass bereits der Begriff der Menschenrechte für einen ganz eigenen Typus von grundlegenden Ansprüchen steht, der weder bloß juridisch noch genuin natürlich oder moralisch zu verstehen ist (zu dieser Diskussion: Etinson 2020). Demnach gelten die besagten Rechte keineswegs erst dann, wenn sie per Gesetz, Verfassung oder Völkerrecht positiviert worden sind. Sie lassen sich aber ebenso wenig auf vermeintlich natürliche Ansprüche zurückführen, die insofern „vorpolitischen" Charakters wären, als diese Rechte offenbar auch schon in einem wie auch immer gearteten Naturzustand staatenloser Anarchie gegolten haben müssten. Vielmehr *ergeben* sich die Menschenrechte allererst im Zuge von historischen und politischen Kämpfen gegen staatliche Willkürherrschaft; aus Kämpfen also, mit denen die vermeintlich konfliktreiche Natur des Menschen „überformt" oder gar überwunden wird, die sich aber zugleich auch gegen die jeweils „vor Ort" bereits etablierten Strukturen des positiven Rechts wenden.

Aus Sicht der benachbarten Politikwissenschaften freilich ist dieser fachphilosophische Perspektivwechsel keine größere Überraschung. Dort ist man sich des spezifisch politischen Charakters der Menschenrechte – quasi von Berufs wegen – wohl bewusst. Wahlweise kommen die Menschenrechte dann als das jeweils vorläufige Resultat politischer und historischer Kämpfe um Gleichheit und Nicht-Diskriminierung in den Blick, als normative sowie rhetorische Bezugspunkte des „Empowerments" von unterschiedlichsten Sozialen Bewegungen und verwandten NGOs, als konstitutionelle oder völkerrechtliche „Schranken" legitimer Herrschaftsausübung, als regulierende Normen internationaler Beziehungen oder gar als strategische „Türöffner" für humanitäre und militärische Interventionen. Allerdings ist dieser – immer auch empirisch zu erforschende – Themenzusammenhang, den das Fach zunehmend auf den griffigen Begriff „Menschenrechtspolitik" zu bringen versucht, inzwischen reichlich unübersichtlich. Umso erfreulicher ist es, dass etwa Michael Krennerich jüngst den überaus lesenswerten Versuch unternommen hat, ein wenig grundlegender und nach Art eines Lehrbuchs in diese vielfältige Thematik einzuführen. Dabei definiert Krennerich den für seine Einführung zentralen Begriff der Menschenrechtspolitik wie folgt:

„als die Gesamtheit der – diskursiv und argumentativ gestützten – rechtlich-institutionellen (polity), prozessualen (politics) und inhaltlichen (policy) Aspekte des politischen Handelns internationaler Organisationen sowie staatlicher und nicht-staatlicher Akteure (…), die auf die Verankerung, Auslegung, Umsetzung und Förderung universeller Menschenrechte in ihrer Eigenschaft als Freiheit-, Gleichheits- und Solidarrechte abzielen. Menschenrechtspolitik findet dabei auf lokaler, nationaler, regionaler und globaler Ebene statt" (Krennerich 2023, 30).

Von dieser komplexen Definition aus betrachtet, ist eine derart politikwissenschaftliche Bestimmung des Charakters der Menschenrechte zwischen *polity*, *politics* und *policy* dann aber doch etwas ganz anderes als das zuvor erwähnte Bemühen um eine spezifisch philosophische Begründung der Menschenrechte zwischen Politik, Moral und Recht. Denn während die politikwissenschaftliche Analyse auf die bisweilen eher ungeregelten, dann wieder stärker institutionellen Praktiken des Ringens um und der Verwirklichung von Menschenrechten fokussiert ist, geht es beim philosophischen Begründungsproblem zuvorderst um die anfangs bereits aufgeworfene Frage, woher die Menschenrechte ihre historisch revolutionäre, aber eben auch umstrittene Geltungskraft beziehen. Obgleich spontan nicht von der Hand zu weisen ist, dass diese beiden Perspektiven der konzeptionellen und der empirischen Forschung „irgendwie" zusammenhängen, ist deren fachwissenschaftlicher Unterschied doch größer, als man zunächst meinen könnte. Daher soll dieser disziplinäre Doppelauftrag im Folgenden genauer betrachtet werden.

Zunächst wird es um eine grobe Sortierung unterschiedlicher Interpretationen des „politischen" Charakters der Menschenrechte gehen (1). Im zweiten Schritt soll im Kontrast, aber auch in interdisziplinärer Ergänzung zu Krennerichs Begriffsbestimmung des Projekts „Menschenrechtspolitik" meine eigene[1] philosophische Begründung der Menschenrechte skizziert werden (2). Der abschließende dritte Schritt dient einer ersten Vermittlung beider Perspektiven. Der gemeinsame Nenner besteht zunächst darin, dass die Menschenrechte sowohl aus philosophischer als auch aus politikwissenschaftlicher Sicht als ein unabschließbares „Projekt" mit kritisch-emanzipativem Charakter zu verstehen sind. Und die zentrale These wird am Ende lauten: Die „konstitutionelle" Funktion der Menschenrechte ist es, jede nur erdenkliche Form von politischer Herrschaft unter nationalen und internationalen Legitimierungsdruck zu setzen, und zwar im Sinne einer zumeist erst im Nachhinein bzw. stets aufs Neue unternommenen „Revolution" bereits vorhandener Verfassungsordnungen (3).

1. Inwiefern „politisch"?

Wenn im konzeptionellen Zusammenhang der Menschenrechte ein Hinweis auf deren dezidiert politischen Charakter erfolgt, wird nur selten klar, auf welchen konkreten theoretischen Aspekt diese Kennzeichnung gemünzt sein soll (für das Folgende: Pollmann 2021; Krennerich 2023, 20-23). Dient der entsprechende Hinweis der historischen Genese dieser Rechte als dem Resultat politischer Auseinandersetzungen? Ist damit also der Umstand gemeint, dass die Menschenrechte allererst im Zuge politischer Bewegungen „von unten" er-

---

1 Ich wähle diesen vergleichsweise „persönlichen" Weg aus Anlass von Michael Krennerichs 60. Geburtstag. Seit vielen Jahren sind wir zusammen im Herausgeber-Team der Zeitschrift für Menschenrechte (zfmr) tätig. Von dieser Zusammenarbeit habe ich mit Blick auf meine eigenen philosophischen Arbeiten ungeheuer profitiert. Vor allem aber auch in kollegialer Hinsicht – von Michaels Integrität, Entschlossenheit, Zuverlässigkeit und Tatkraft. Als mich damals Regina Kreide zur Zeitschrift holte, begann Michael unser gemeinsames Kennenlerngespräch mit dem wohltuend offenherzigen Hinweis, man müsse prüfen, mit wem man es zukünftig zu tun habe, in der Akademie seien schließlich genug unangenehme Menschen unterwegs. (Er hat das freilich noch ein wenig drastischer ausgedrückt, aber ich will ihm keine Scherereien bereiten.) In diesem Moment und seither sind wir uns in vielem einig gewesen. Ich wünsche ihm alles erdenklich Gute!

kämpft und dann verteidigt werden mussten und weiterhin müssen? Geht es um deren unterschiedlichste Konkretisierungen und Erscheinungsform in Gestalt von politisch erwirkten Deklarationen, Vereinbarungen und Verfassungen? Wird damit auf Prozesse ihrer institutionellen Verankerung und Durchsetzung fokussiert? Steht die Abhängigkeit konkreter Menschenrechtspolitik von tendenziell unabschließbaren Prozessen ihrer inhaltlichen (Neu-)Interpretation und Ausgestaltung im Mittelpunkt? Geht es um ihre öffentliche Funktion als Maßstab der Kritik regierungsamtlicher Willkür? Wird hier primär die Frage verhandelt, welche politischen Akteure zu den „Adressaten" der mit diesen Rechten korrespondierenden Pflichten zu zählen sind? Oder soll die Bedeutung der Menschenrechte als Regulativ und Korrektiv internationaler und mithin völkerrechtlicher Beziehungen betont werden? Bei genauerem Hinsehen ergeben sich mindestens vier verschiedene Deutungen des „Politischen" der Menschenrechte:

(a) Zunächst mag damit die kaum überraschende Einsicht gemeint sein, dass sich jede positiv-rechtliche Transformation menschenrechtlicher Ansprüche in einklagbare „Grundrechte" aus historischen und damit eben auch politischen Auseinandersetzungen um die legitime Gestaltung politischer Herrschaftsverhältnisse ergibt. Menschenrechte müssen allererst erkämpft werden, weil deren philosophische Idee ein „zahnloser Tiger" bleibt, solange sich der jeweils vor Ort herrschenden Gewaltordnung keine positiv-rechtlichen Zugeständnisse von Verfassungsrang abringen lassen. Damit tritt die „Politik" der Menschenrechte in ein arbeitsteiliges Ergänzungsverhältnis zu den Dimensionen der Moral und des Rechts. Als zunächst „gedachte" Rechte mit vorstaatlichen Wurzeln bedürfen die Menschenrechte zwingend politischer Prozesse ihrer Aufdeckung und Problematisierung, damit sie eines Tages dann auch juridisch fixiert und damit auf eine gewisse „Dauer" gestellt werden können; im Rahmen nationalstaatlicher Verfassungen oder auch im Zuge völkerrechtlicher Verträge, so wie das etwa auf Ebene der Vereinten Nationen oder des Europarats der Fall ist.

(b) Die Menschenrechte sind aber auch insofern politisch zu verstehen, als nicht nur ihre „Existenz" in Form von kodifiziertem Recht, sondern auch ihre fortgesetzte Interpretation und Ausgestaltung von möglichst demokratischen Meinungsbildungs- und Entscheidungsprozessen abhängig ist. Die konkreten *Listen* von Menschenrechten sind nicht „vom Himmel gefallen" oder in Form von Gesetzestafeln von einem heiligen Berg geholt worden. Sie sind vielmehr als offen, vorläufig und revisionsfähig zu betrachten. Manches „ältere" Menschenrecht scheint heute an Bedeutung verloren zu haben, z.B. das Recht auf Eigentum, während inzwischen „neue" Menschenrechte auf der Tagesordnung stehen, z.B. das Recht auf Wasser oder auf Frieden, die auf historisch unvorhergesehene Not- oder sich global verändernde Bedürfnislagen zu reagieren scheinen. Und selbst mit Blick auf vergleichsweise unumstrittene Rechte, man denke hier etwa an jüngste Diskussionen um die Freiheitsrechte während der Corona-Krise, kann es im Konfliktfall zu öffentlichen Auseinandersetzungen über deren konkreten Inhalt und ihr jeweiliges Gewicht im Rahmen der Verhältnismäßigkeitsprüfung möglicher Eingriffe kommen. Als dezidiert politisch erweisen sich somit alle diese periodisch zu wiederholenden Prozesse einer kollektiven Neubesinnung auf historisches Unrecht, geteilte Problemlagen und typisch menschliche Bedrohungsszenarien (vgl. Bielefeldt 1999).

(c) Manchmal ist aber auch nur ein ganz bestimmter Typus dieser Rechte gemeint. Im Zuge des historischen Kampfes um Menschenrechte ist es zu einer inhaltlichen Ausdehnung der Menschenrechtsidee gekommen. Die Standarderzählung lautet: Etwa ab dem späten 17. Jahrhundert werden zunächst negative Freiheitsrechte gegenüber dem zur Willkür neigenden absolutistischen Staat erstritten. Sobald diese elementaren Grundfreiheiten annähernd gesichert sind, werden spätestens im bürgerlich-revolutionären 18. Jahrhundert dann auch politische Mitwirkungsrechte erkämpft. Und erst im 19. Jahrhundert kommt es im Zuge der Arbeiterbewegung zur Ausdehnung des Menschenrechtsdiskurses auch auf soziale und wirtschaftliche Leistungsansprüche. Auch wenn die Klasse politischer Partizipationsrechte erst im historisch zweiten Schritt erstritten worden sein mag, so ist diese doch von konzeptionell herausragender Bedeutung. Nach einer „republikanischen" Lesart der Menschenrechte sind Ansprüche auf politische Teilhabe insofern sogar prioritär, als sich allererst durch demokratische Teilhabe möglichst aller Betroffenen ein stetiger Prozess der konstitutionellen Einhegung politischer Herrschaft ergeben kann, an dessen Ende sich die „Adressaten" dieser Rechte zugleich auch als deren gemeinsame „Autoren" verstehen könnten (Habermas 1999).

(d) Damit ist der Übergang zur vierten und entscheidenden Interpretation gegeben. Ihr geht es bei der Kennzeichnung der Menschenrechte als „politisch" um deren sinnstiftende Funktion im Rahmen einer politischen Praxis der Ausübung von Herrschaft; einer Herrschaft, die – zumindest unter modernen Bedingungen – darauf bedacht sein sollte, von denen, die dieser Herrschaft unterworfen sind, als demokratisch annähernd legitim erlebt zu werden. Die Menschenrechte sind „Platzhalter" (Kreide 2013) einer öffentlichen Problematisierung von Unrecht, Diskriminierung, Unterdrückung, Ausbeutung, Ausgrenzung und Entwürdigung. Sie sind Werkzeuge der Kritik, mit denen man politischen Willkürherrschern auf den Leib rückt. Ihr Vokabular dient dazu, die jeweils vor Ort Herrschenden, d.h. all jene, die politische Gewalt ausüben und für die Aufrechterhaltung der öffentlichen Ordnung verantwortlich sind, daran zu erinnern, dass deren Entscheidungsmacht legitimatorische Grenzen aufweist. Oder anders: Die Menschenrechte schreiben den Herrschenden vor, wie die Beherrschten regiert werden wollen – und vor allem: wie nicht. Erst durch die Beachtung und Befolgung entsprechender Unterlassungs-, Schutz- und Hilfspflichten wird staatliches Handeln sowohl „nach innen" wie auch „nach außen" hin mit der nötigen Legitimation versorgt.

2. Menschenrechte als „konstitutionelle" Rechte

Erst die zuletzt genannte Interpretation ihres politischen Charakters lässt die Menschenrechte bereits auf Ebene ihrer konzeptionellen Rechtfertigung aus spezifisch politischen Entscheidungen *hervorgehen*. So erst erweist sich das Politische der Menschenrechte nicht einfach nur als eine notwendige Ergänzung freistehender moraltheoretischer Letztbegründungen, etwa durch politische Implementierung und rechtliche Ausgestaltung, sondern als eine irreduzible Sphäre ihrer konzeptionellen Begründung. Man kann sich dies klar machen, wenn man auf die historisch symbolträchtigen Prozesse einer Deklaration von Rechten „des" Menschen des 18. Jahrhunderts zurückblickt. Hier schon wird sehr deutlich, dass die politische Dringlichkeit, Menschenrechte auszuflaggen, bis heute vor allem in solchen Situationen gegeben schien und scheint, in denen sich ein revolutionär neues System der Ordnung politischer Gewaltverhältnisse zu etablieren beginnt. Sowohl die *Déclaration des Droits de l'Homme et du Citoyen* von 1789 als auch die *Virginia Bill of Rights* von 1776 werden am „Vorabend" eines unmittelbar bevorstehenden Prozesses der Verabschiedung neuer Verfassungen formuliert. Sie gehen der später jeweils folgenden Verfassung *voran* und können deshalb retrospektiv als Erinnerung an einen Verfassungsauftrag verstanden werden, der den Menschenrechten von Anfang an innewohnt. Gemeint ist die Aufforderung, diese zunächst bloß „gedachten" Rechte dann auch tatsächlich zu konstitutionell garantierten und möglichst einklagbaren Grundrechten *werden* zu lassen: Die in diesen historischen und politischen Deklarationen festgeschriebenen Menschenrechte sind somit selbst als herrschaftslegitimierende Verfassungsaufträge zu verstehen (Pollmann 2022, 72).

Betrachten wir dazu etwas genauer das Beispiel der Menschenrechtserklärung von Virginia. Dort heißt es in Art. 1: „Dass alle Menschen von Natur aus in gleicher Weise frei und unabhängig sind und bestimmte angeborene Rechte besitzen, welche sie ihrer Nachkommenschaft durch keinerlei Vertrag rauben oder entziehen können, wenn [!] sie eine staatliche Verbindung eingehen, und zwar den Genuss des Lebens und der Freiheit, die Mittel zum Erwerb und Besitz von Eigentum und das Erstreben und Erlangen von Glück und Sicherheit." Und Art. 2 fügt hinzu: „Dass alle Macht auf dem Volke beruht und sich konsequent von diesem herleitet; dass die Beamten nur dessen Bevollmächtigte und Diener und ihm jederzeit verantwortlich sind." Auch wenn also diese Deklaration, rhetorisch betrachtet, eine Freiheit und Unabhängigkeit des Menschen „von Natur aus" behauptet, geht es ihr doch, konzeptionell gesehen, um den imaginären und vergleichsweise unnatürlichen Moment, in dem die betreffenden Menschen „eine staatliche Verbindung eingehen". Folglich ist allererst der gemeinsame Eintritt in dieses politische Gemeinwesen der entscheidende Moment, in dem sich die Betroffenen ihrer „angeborenen Rechte" bewusst werden. Erst ab diesem Moment ist von den Betroffenen einzusehen, dass sie diese Rechte gegenüber jenen benötigen werden, die zukünftig als „Beamte" stets willküranfällig und potenziell eigenmächtig herrschen werden, obgleich sie sich doch als deren „Bevollmächtigte und Diener" verstehen sollten.

Aus diesem zugleich historischen wie demokratietheoretischen Blickwinkel erweisen sich die Menschenrechte mit ihrem ordnungspolitischen Anliegen der Regulierung von potenzieller Willkürherrschaft auf paradoxe Weise als Voraussetzung und zugleich auch als Ergebnis politischer Akte der Verabschiedung einer neuen Verfassung (Wellmer 1998). Sie sind insofern dessen *Voraussetzung*, als sich das imaginär geeinte Volk nur unter der Bedingung der Einhaltung entsprechender Rechte auf das Abtreten von eigener Entscheidungsgewalt an eben jene Bevollmächtigte einlassen wird. Und das *Ergebnis* dieses Prozesses der Verfassungsgebung sind sie deshalb, weil so gleichzeitig auch deren positivrechtliche Kodifizierung in Form von Grundrechten vollzogen wird. Damit sind die Menschenrechte nicht länger als „natürlich", aber auch nicht im engeren Sinn als „vorpolitisch" zu verstehen, sondern als lediglich „vorstaatlich": Die Dringlichkeit ihrer Festschreibung, Einklagbarkeit und Durchsetzung ergibt sich dann, aber nur dann, wenn politische Herrschaft auf moderne Weise so verstanden und organisiert wird, dass sich das Handeln öffentlicher Amtspersonen, die per Verfassung „hoheitliche Aufgaben" zu erfüllen haben, stets an den Menschenrechten der von ihnen Beherrschten messen lassen und damit legitimieren können muss (Pollmann 2022, §§ 1 u. 6).

In dieser republikanischen Lesart sind die Menschenrechte als fundamentale rechtliche Vorbehalte gegenüber den politischen Machthabern zu verstehen. Sie tragen bereits „in sich" den Anspruch, zu einem festen Bestandteil der (späteren) Verfassung zu werden, falls eben diese Verfassung, wie es in der Erklärung von Virginia heißt, „konsequent“ aus der Macht des Volkes „hergeleitet“ werden soll. Folglich sind die Menschenrechte weder natürliche noch moralische noch ausschließlich juridische Rechte, sondern politisch begründet: Das jeweilige Subjekt der Menschenrechte ist keineswegs der vorpolitisch gedachte Mensch in einem ungeregelten Naturzustand, sondern von Beginn an ein *Zoon politikon*. Die Menschenrechte sind als „konstitutionelle“ Rechte im Sinne des oben erwähnten Verfassungsauftrags zu verstehen. Sie ergeben sich aus einem historischen Lernprozess und zivilisatorischen Fortschritt, der aus illegitimen Formen staatlicher Willkürgewalt demokratisch legitime Rechtsstaatlichkeit machen soll, und zwar auf dem Wege einer konstitutionellen Festschreibung entsprechender Vorbehalte gegenüber denen, die herrschen.

Wenn sich die Theorie der Menschenrechte ihren explizit politischen Sinn und Zweck verständlich machen will, muss sie sich also einen demokratisch souveränen Prozess kollektiver Verfassungsgebung imaginieren, in dem all jene, die anschließend der dabei konstituierten Macht unterworfen sein werden, zuvor bereits als gleichberechtigte Subjekte an dieser demokratischen Konstituierung und Legitimierung politischer Gewalt beteiligt (gewesen) sind. Innerhalb dieses – ersichtlich an die philosophischen Vertragstheorien von Hobbes, Locke, Rousseau oder auch Kant erinnernden – Gedankenexperiments spielen die Menschenrechte die zentrale Rolle konstitutioneller Schranken, durch die bereits der „ursprüngliche“ Gründungsakt in legitime Bahnen gelenkt werden soll. Um es im Konjunktiv ausdrücken: Spätere Staatsbürger:innen, die in diesem Sinne „modern“ wären, würden sich niemals aus freien Stücken und schon gar nicht konsensuell auf eine Verfassung einlassen, die sie oder auch nur bestimmte Minderheiten ohne entsprechend einklagbare Rechte zurücklassen würde. Doch auch empirisch gilt: Die Menschenrechte sind nicht etwa als „Zugeständnisse“ oder wohlwollende „Gnadenakte“ fortschrittlicher Regierungen zu verstehen. Es handelt sich vielmehr um legitimatorische Anforderungen an jede moderne politische Gewaltordnung. Zwar können die Regierenden faktisch gegen diese Rechte verstoßen. Aber sie können dies nicht, ohne dadurch zugleich auch den legitimatorischen „Ast“ abzusägen, auf dem sie sitzen (Pollmann 2022, § 6).

3. Zur Vermittlung von Philosophie und Empirie

Jürgen Habermas hat einmal mit Blick auf das Jahr 1989 und den friedlichen Sturz des DDR-Regimes von einer „nachholenden Revolution“ gesprochen (Habermas 1990, 181). Gemeint war damals der nationalstaatlich besondere Fall einer mit dem Lüften des Eisernen Vorhangs eingeläuteten Transformation Ostdeutschlands, und zwar nach dem Vorbild der wichtigsten, seit vier Jahrzehnten bereits für Westdeutschland geltenden Verfassungsprinzipien: Rechtsstaatlichkeit, Gewaltenteilung, Demokratie, Grundrechte. In Analogie dazu lässt sich Vergleichbares für die Entwicklung der Menschenrechte nach 1945 behaupten, und zwar sowohl auf nationaler wie auch auf internationaler Ebene. Auch wenn wir *aktuell* über den Stand dieser Entwicklung sowie über das Widererstarken autoritärer Kräfte und den vielerorts damit einhergehenden Backlash in Bezug auf demokratisch-rechtsstaatliche Prinzipien äußerst besorgt sein müssen: Wie Michael Krennerich in seinem neuen Buch zur Menschenrechtspolitik sehr eindrücklich zeigt, wäre es geradezu fatal, die menschenrechtlichen Fortschritte seit 1945, die sich auf jeweils nationaler, regionaler und globaler Ebene sowie in allen drei Politikdimensionen von *policy*, *politics* und *polity* ergeben haben, aus aktueller Frustration in Abrede zu stellen. Vielmehr wird angesichts der gegenwärtigen Krisen und Kriege nur noch einmal deutlicher, „wie notwendig das politische Projekt der Menschenrechte ist und bleibt“ (Krennerich 2023, 11).

Um eine *Revolution im Nachhinein* handelt es sich bei dieser bereits im revolutionären 18. Jahrhundert begonnenen und seit dem Zweiten Weltkrieg dann auch international betriebenen Menschenrechtspolitik insofern, als damit zwei ganz wesentliche politische Umbrüche eines spezifisch modernen Verständnisses von legitimer stattlicher Herrschaft markiert sind. Von Johann Benjamin Erhard (1795/1970), dem zu Unrecht ein wenig in Vergessenheit geratenen Zeitzeugen der Französischen Revolution, lässt sich lernen, dass es zu einer Revolution nicht schon dann kommt, wenn einzelne Artikel oder Formulierungen der Verfassung geändert oder jeweils ganz bestimmte politische Funktionsträger:innen ausgetauscht werden. Entscheidend ist auch nicht die Frage der Gewalt, da es, wie etwa im schon erwähnten Fall der DDR, sehr wohl auch sogenannte friedliche Revolutionen geben kann. Entscheidend ist vielmehr die Frage, ob eine fundamentale Umwälzung der *konstitutionellen Grundprinzipien* der Verfassung stattfindet (Erhard 1795/1970, 42-44; für das Folgende Pollmann 2022, 23-26). Historische Beispiele für derartige Revolutionen sind Versuche, die Monarchie zu beseitigen, die Demokratie einzuführen, ein System der Gewaltenteilung zu etablieren oder auch den Parlamentarismus zu bekämpfen.

Der für Erhard zentrale Punkt betrifft jedoch die Rolle der Menschenrechte im Rahmen derartiger revolutionärer Entwicklungen. Nicht schon jede Revolution ist „gerecht“, so Erhard, und auch die Frage, ob sie es tatsächlich ist, entscheidet sich weitgehend losgelöst von der Frage, wie gewaltsam sie vonstatten geht. Eine Revolution ist laut Erhard dann und nur dann legitim, wenn die politischen Akteure im Namen der Menschenrechte rebellieren (Erhard 1795/1970,

52). Umgekehrt bedeutet dies: Auch autoritäre, absolutistische, royalistische, faschistische oder religiös motivierte Aufstände können in eine Revolution münden, wenn es ihnen gelingen sollte, die zentralen Konstitutionsprinzipien der jeweils vor Ort etablierten Verfassung auszutauschen. Doch sie sind und bleiben solange „ungerecht", so Erhard, wie diese Transformation oder gar Beseitigung der bestehenden Verfassung nicht ausdrücklich mit dem Ziel erfolgt, zur Realisierung der Menschenrechte beizutragen.

Im Zuge dieser revolutionären Vorgänge werden die Menschenrechte als notwendige Konstitutionsprinzipien jeder modernen Form von legitimer Herrschaft in Anschlag gebracht und damit zum Gegenstand einer sukzessiv fortschreitenden, „permanenten" Revolution. Diese käme (im Konjunktiv bzw. Irrealis) erst dann zu einem Stillstand, wenn die Menschenrechte tatsächlich in jede nationalstaatliche Verfassung dieser Welt eingewandert wären (dazu und für das Folgende: Pollmann 2022, 26). Geht man von dieser Lesart aus, ergibt sich eine aufschlussreiche Vermittlung von konzeptionellen Begründungsfragen und empirischer Menschenrechtspolitik: Die Menschenrechte können als revolutionäre Ansprüche auf eine politisch legitime Umwälzung konstitutioneller Prinzipien der Verfassung verstanden werden, und mit der zunächst nationalstaatlichen Aufnahme der Menschenrechte in geltendes Verfassungsrecht findet stets eine entsprechende Revolution statt. Da diese Rechte aber zunächst nur „auf dem Papier" vorhanden sind und zusätzlich der Absicherung, Durchsetzung, Ausgestaltung und Verteidigung bedürfen, vollzieht sich diese – im Zuge einer entsprechenden Menschenrechtspolitik stetig fortzusetzende – Revolution stets auch „im Nachhinein". Zugleich kann jeder Versuch, die zu einem bestimmten historischen Zeitpunkt bereits garantierte Menschenrechte zu beschneiden oder gar abzuschaffen als ein illegitimer Akt der „Konterrevolution" verstanden werden (Pollmann 2022, 202).

Dabei wird dieser jeweils nationale Umbruch, für den symbolträchtig vor allem die historischen Menschenrechtserklärungen des 18. Jahrhunderts stehen, durch einen zweiten revolutionären Umbruch auf Ebene des internationalen Völkerrechts ergänzt, und zwar konzeptionell notwendig *und* empirisch beobachtbar. Spätestens ab Mitte des 20. Jahrhunderts, in der Folge zweier Weltkriege und grausamer totalitärer Verbrechen, wird deutlich, dass jeweils nationale Selbstbindungen in Bezug auf Menschenrechte gar nicht ausreichen. So bekommen die Menschenrechte mit der Gründung der UN im Jahre 1945 nun auch den *sekundären* Sinn zugewiesen, die globale Staatengemeinschaft mit der internationalen Überwachung des jeweils nationalen Menschenrechtsschutzes in die Pflicht zu nehmen. Eine „stille Revolution des Völkerrechts" (Klein 1996) ist das, erstens, deshalb, weil diese Entwicklung recht plötzlich mit einem vormals fundamental wichtigen Prinzip des modernen Völkerrechts bricht, und zwar mit dem Prinzip der „Nicht-Einmischung" in nationalstaatliche Regierungsangelegenheiten (Pollmann 2022, § 9). Revolutionär neu ist diese Entwicklung aber auch, zweitens, weil mit den Menschenrechten nunmehr der jeweils einzelne Mensch in den Rang eines Völkerrechtssubjekts *sui generis* gehoben wird: Die internationale Staatengemeinschaft ist fortan verpflichtet, möglichst allen Menschen weltweit zu einem mindestens menschenwürdigen Leben zu verhelfen (Klein 1996, 26). Kurzum: Die Menschenrechte sind nicht nur als ein „kritisch-emanzipatives politisches Projekt" (Krennerich 2023, 9) zu verstehen, sondern stets auch als ein *doppelt revolutionäres.*

Lange Zeit schien dieses Projekt auf einem regelrechten Siegeszug zu sein. Doch heute muss es erneut gegen realpolitische Anfeindungen, aber auch gegen so manchen inner-akademischen Abgesang verteidigt werden. Der autoritäre Backlash dieser Tage lässt in Verbund mit einem neuerlichen Anwachsen relativistischer Verachtung für den bisher erkämpften Entwicklungsstand den einst revolutionären Traum von einem weltweit durch Menschenrechte geschützten Leben in Menschenwürde abermals illusorisch erscheinen. Doch gerade deshalb muss an diesem Projekt festgehalten werden. Zu hoffen wäre: Im Zuge der aktuellen Krisen und Kriege wächst am Ende vielleicht doch auch die globale Aufmerksamkeit für die Universalität menschlichen Leidens; eines Leidens, das besonders auch in Krisen und Kriegen individuell strikt „gleich" zu zählen hat (Pollmann 2023). Kommt es irgendwo auf dieser Welt zu massiven politischen Ungerechtigkeiten, zu inhumaner Unterdrückung, kriegsbedingter Vertreibung oder grausamen regierungsamtlichen Verbrechen, so gilt es – mehr denn je – daran zu erinnern: Alle Menschen haben die gleichen Menschenrechte, die ein mindestens menschenwürdiges Leben für jeden und jede ermöglichen sollen! Dies ist bis auf Weiteres der revolutionäre Kern einer jeden Menschenrechtspolitik. Versteht sich diese als ein kritisch-emanzipatives Projekt, dann vermischen sich in ihr philosophische Begründungsprobleme und empirische Durchsetzungsfragen, da die politische Realisierung dieser Menschenrechte stets auch von der Plausibilität ihrer konzeptionellen Rechtfertigung abhängig bleibt.

Literatur

Bentham, Jeremy (1776/2002): Anarchical Fallacies", in: ders: Rights, Representation, and Reform, Oxford: Oxford UP, S. 317-375.

BIELEFELDT, Heiner (1999): Universale Menschenrechte angesichts der Pluralität der Kulturen, in: Hans-Richard Reuter (Hg.), Ethik der Menschenrechte, Tübingen: Mohr-Siebeck, S. 43-73.

ERHARD, Johann Benjamin (1795/1970): Über das Recht des Volks zu einer Revolution, München: Hanser.

ETINSON, Adam (Hg.) (2020): Human Rights: Moral or Political?, Oxford: Oxford UP.

HABERMAS, Jürgen (1990): Die nachholende Revolution, Frankfurt a.M.: Suhrkamp.

HABERMAS, Jürgen (1999): Zur Legitimation durch Menschenrechte, in: Hauke Brunkhorst/Peter Niesen (Hg.): Das Recht der Republik, Frankfurt a.M.: Suhrkamp, S. 386-403.

KLEIN, Eckart (1996): Menschenrechte. Stille Revolution des Völkerrechts und Auswirkungen auf die innerstaatliche Rechtsanwendung, Baden-Baden.

KREIDE, Regina (2013): Menschenrechte als Platzhalter. Eine politische Menschenrechtskonzeption zwischen Moral und Recht, in: Zeitschrift für Menschenrechte 7 (2), S. 80-100.

KRENNERICH, Michael (2023): Menschenrechtspolitik. Eine Einführung, Frankfurt a.M.: UTB/ Wochenschau Verlag.

POLLMANN, Arnd (2021): Erkämpfte Rechte, ewige Rechte. Die Menschenrechte zwischen vorpolitischen Begründungen und realpolitischen Dezisionen, in: Christian Schmidt/Benno Zabel (Hg.): Politik im Rechtsstaat, Baden-Baden: Nomos, S. 29-42.

POLLMANN, Arnd (2022): Menschenrechte und Menschenwürde. Zur philosophischen Bedeutung eines revolutionären Projekts, Frankfurt a.M.: Suhrkamp.

POLLMANN, Arnd (2023): Jedes Leid zählt. Die Allgemeine Erklärung der Menschenrechte wird heute 75 Jahre alt, auf: Zeit-Online, 10. Dezember 2023, https://www.zeit.de/kultur/2023-12/menschenrechte-vereinte-nationen-krieg-utopie (Letzter Zugriff: 15. November 2024).

WELLMER, Albrecht (1999): Menschenrechte und Demokratie, in: Stefan Gosepath/Georg Lohmann (Hg.): Philosophie der Menschenrechte, Frankfurt a.M.: Suhrkamp, S. 265-291.

MARCO SCHENDEL

Menschenwürde zwischen Unverfügbarkeit und Kontingenz

1. Ist das ein Mensch?

Denket, ob dies ein Mann sei,
Der schuftet im Schlamm,
Der Frieden nicht kennt,
Der kämpft um ein halbes Brot,
Der stirbt auf ein Ja oder Nein.
Denket, ob dies eine Frau sei,
Die kein Haar mehr hat und keinen Namen,
Die zum Erinnern keine Kraft mehr hat,
Leer die Augen und kalt ihr Schoß
Wie im Winter die Kröte.
Denket, dass solches gewesen.[1]

Mit diesen Versen beginnt Primo Levi seinen erstmals 1947 erschienenen Bericht *Ist das ein Mensch?* (Se questo è un uomo) aus dem Arbeits- und Vernichtungslager Auschwitz. Levi verbrachte nach seiner Verhaftung im Dezember 1943 ein Jahr in dem Lager – ein Ort, der wie kaum ein zweiter in der jüngeren Geschichte für die Herabwürdigung, ja die Abziehung des Menschlichen vom Menschen steht. Ohne Namen, reduziert auf die identitätslose Identität einer Nummer, „beschränkt auf Leid und Notdurft und verlustig seiner Würde und seines Urteilsvermögens" (ebd.: 25), ist der ‚Häftling' der Vernichtung in doppeltem Sinn ausgeliefert: der physischen Vernichtung und der Vernichtung seines Menschseins. Selbst die kleinen Dinge, an denen er sein Menschsein ein Stück weit aufrichten könnte, Dinge, die selbst der „armseligste Bettler sein eigen nennt: ein Taschentuch, ein alter Brief, die Fotografie eines lieben Menschen" (ebd.), sind ihm genommen. Ist das (noch) ein Mensch? Wo bleibt seine Würde? – so bricht es in klagenden Fragen aus dem Lagerinsassen hervor. Es sind Fragen, die uns bis heute beschäftigen und beschäftigen müssen. Unüber-

1 Levi [1947]: 9.

hörbar führt der Holocaust-Überlebende Levi seine Verse mit einem ‚Considerate'/‚Bedenket' als bleibende Mahnung für die Nachwelt ein.

Mit Levis Fragen geraten wir gleichfalls an ein vielfach diskutiertes Problem der Menschenwürde. Es heftet sich an das Merkmal der Unverfügbarkeit. Wie kann man nach der Lektüre von Levis Bericht, ja bereits nach den wenigen hier zitierten Auszügen sinnvoller Weise behaupten, die Menschenwürde sei unverfügbar oder unantastbar? Die Menschenwürde wird im Lager sehr wohl angetastet, und Levi spricht von einer verlorenen Würde. Wie kann man also die starken Attribute der Würde verstehen?

Entfalten sie ihre Geltung erst nach und in Reaktion auf die Verbrechen des Zweiten Weltkriegs und den Holocaust? Das wäre in mehreren Hinsichten schief. Erstens käme dies einer merkwürdigen Setzung gleich, etwa: Menschenwürde erst ab dem 24. Mai 1949, dem Tag des Inkrafttretens des deutschen *Grundgesetzes*, darin der wohl bekannte Satz: Die Würde des Menschen ist unantastbar. Das erweckt den Eindruck, Würde habe es davor nicht gegeben, zumindest keine unverfügbare oder unantastbare Würde. Zweitens wäre damit ein Abschneiden der langen Begriffsgeschichte der Menschenwürde verbunden, die mindestens bis in die römische Antike zurückreicht und unser Verständnis maßgeblich prägt. Drittens bleibt das Problem der Antastbarkeit einer unantastbaren Würde bestehen. Auch heute wird die Würde vielfach verletzt: in Kriegen und bewaffneten Konflikten, wie in der Ukraine, in Israel und Gaza, im Jemen oder in Äthiopien; in den Umerziehungslagern der chinesischen Regierung; durch extreme Armut, die, wie Michael Krennerich (2003) schreibt, einen Frontalangriff auf die Menschenwürde darstellt; durch Ausbeutung und Diskriminierung; kurzum: durch jede aktuell zu beobachtende Menschenrechtsverletzung. Denn wenn man die Menschenwürde als normativen Grund der Menschenrechte, und die Menschrechte insofern als spezifizierte, in einzelne Rechtstitel gegossene Ausdrucksformen menschlicher Würde begreift, so stellt jede Menschenrechtsverletzung zugleich eine Menschenwürdeverletzung dar. Doch auch wenn man nicht so weit gehen will, und nicht bei allen, sondern nur bei manchen Menschenrechtsverletzungen die Würde tangiert sieht – etwa bei Einschränkungen von Rechten, die den Menschen in seiner Stellung als Rechtssubjekt sichern –, gibt es genügend Fälle, in denen sich das Problem in selber Schärfe stellt: Die unantastbare Würde wird angetastet.

Im Folgenden möchte ich die Spannung zwischen Unverfügbarkeit und Kontingenz, von der die Menschenwürde unterlegt ist, näher beleuchten. Zunächst bleibe ich dazu am Beispiel von Primo Levi und zeige auf, dass auch für Levi die Erfahrung des Würdeverlusts nicht total ist (2). Im Anschluss diskutiere ich zwei theoretische Konsequenzen: zum einen das Verhältnis von negativ-dialektischer und positiver Seite der Würde (3), zum anderen das Verhältnis von unverfügbarem Begriff und kontingenter Erfahrung der Menschenwürde (4). Die Spannung zwischen Unverfügbarkeit und Kontingenz wird am Ende nicht aufgelöst, aber reduziert, und führt so auf wichtige Einsichten zur Menschenwürde (5).

2. Menschenwürde im Lager

Kommen wir zurück zu Primo Levis Bericht aus dem Konzentrationslager Auschwitz-Monowitz. In diesem scheint die Würde unrettbar verloren, der Widerspruch zu einer unverfügbaren Würde evident. Es finden sich indes Passagen, die dieses Bild verunsichern. Neben dem Verlust des Menschseins und der Würde beschreibt Levi vereinzelt ein Wiederaufflackern der Menschlichkeit – so im Kapitel ‚Der Gesang des Odysseus'.[2] Levi schildert das Geschehen wie folgt: Er verrichtet mit seinem ‚Kommando' Zwangsarbeit, schrubbt das Innere eines rostigen Tanks – „eine wahre Luxusarbeit, denn wir werden von niemandem kontrolliert" (Levi [1947]: 105). Hinzu tritt der ‚Mithäftling' Jean, ein junger Student aus dem Elsass, der unter anderem für die Essensbesorgung zuständig ist. Er bittet Levi, seine Arbeit zu unterbrechen und ihn bei der ‚Suppensuche' zu helfen. Sie nehmen einen Umweg, kommen ins Gespräch, Jean möchte von Levi Italienisch beigebracht bekommen. Levi verfällt darauf, den Gesang des Odysseus aus Dantes *Göttlicher Komödie* (Inferno, Canto XXVI) aus seiner Erinnerung zu rekonstruieren und dem gebannt zuhörenden Jean zu erläutern. Besonders eine Terzine trifft Levi, als er sie Jean aufsagt, bis ins Mark:

Bedenket, welchem Samen ihr entsprossen:
Man schuf euch nicht, zu leben wie die Tiere,
nach Tugend und nach Wissen sollt ihr trachten.

Considerate la vostra semenza
Fatti non foste a viver come bruti,
Ma per seguir virtute e conoscenza.[3]

---

2 Diese Entdeckung verdanke ich Meier 2021: Kap. 11.
3 Levi [1947]: 109f.

„Als hörte ich das selbst zum ersten Mal: wie ein Posaunenstoß, wie Gottes Stimme“ (ebd.: 110) kommt Levi der Gesang des Odysseus vor. Jean bittet ihn, die Verse zu wiederholen, wohl wissend, welche Wohltat sie für sein Gegenüber in diesem Moment bedeuten. Levi spürt darin seine Berufung zu jener Menschen eigenen Bestimmung, dem Streben nach Tugend und Wissen. Die Verse zitierend stellt er einen Abstand zum viehischen Leben her, auf dessen Niveau ihn das Lager drückt. Der sonst nicht-religiöse Levi erlebt hier einen Moment fast göttlicher Erhebung, einen Moment, der ihn das Todesgrau des Lagers vergessen lässt, einen Moment, in dem er sich seiner Verfasstheit als sittlich-geistiges Wesen sicher ist, einen Moment, in dem die Menschenwürde aufblitzt.

Eine weitere Formulierung aus dem Gesang des waghalsigen Odysseus, der ins offene Meer aufbricht und kurz vor Erreichung des Ufers Schiffbruch erleidet, bezieht Levi auf seine Situation: das ‚come altrui piacque‘/‚wie es dem Andern gefiel‘.[4] Mit ‚dem Andern‘ ist eine Schicksalsmacht aufgerufen, die als Ursache für den Schiffbruch ausgemacht wird. In Dantes *Inferno* bestraft die Schicksalsmacht, die mit Gott identifiziert wird, die Hybris des Odysseus, der sich nur auf seine eigenen Kräfte verlassen will. In der Aneignung von Primo Levi mag dagegen eine andere Nuance im Vordergrund stehen: Gleich dem Odysseus sieht Levi sich von einer anderen (willkürlichen?) Macht in den Untergang geworfen. Als er gerade dabei ist, diesem Gedanken – „vielleicht das Warum unseres Schicksals, unseres heutigen Hierseins“ (ebd.: 111) – weiter nachzugehen, kommen er und Jean an der Suppenausgabe an. Die Menschen stauen sich bereits. Es gibt Suppe aus Kohl und Rüben. Die Atempause vom Lageralltag wird jäh beendet. Levi sinkt zurück ‚in die Tiefe‘, wie Odysseus‘ Schiff ins Meer („Bis über uns geschlossen ward das Meer“/„Infin che’l mar fu sopra noi rinchiuso“ [ebd.]).

Die Passagen aus Levis Bericht sind mit Blick auf die Menschenwürde äußerst aufschlussreich. Sie zeigen, auf welch verschlungenen Pfaden sich die Menschenwürde selbst unter hoch prekären Umständen einen Weg bahnt, um sich zumindest ein Stück weit Gehör zu verschaffen. Selbst das Konzentrationslager vermag es nicht, die Würde vollends stumm zu stellen. Noch in ihrer rudimentärsten Gestalt bäumt sie sich gegen ihre Infragestellung auf und bildet so einen Rettungsanker der Humanität. Es mag, wie in Levis Fall, ein mühsam erinnerter Text von Dante sein, der einem für den Augenblick eine Sichtachse

---

4 Die komplette Terzine lautet „Dreimal im Kreis mit allen Wassern rollte:/ Beim vierten riss er hoch das Heck, den Bug er/ Tauchte, wie eine andere Macht es wollte“ („Tre volte il fe‘ girar con tutte l’acque:/ Alla quarta levar la poppa in suso/ E la prora ire in giù, come altrui piacque“) (ebd.: 111). Der letzte Vers ist besser übersetzt mit ‚wie es dem Andern gefiel‘.

auf das eigene Menschsein eröffnet; oder eine freundschaftliche Begegnung, von der Levi ebenfalls berichtet. Es kann eine mutmachende Geste, ein Witz, ein Gebet, eine Naturwahrnehmung sein. Es gibt viele Vehikel, über die die Menschenwürde auch in menschenunwürdigen Verhältnissen aufscheint.

Damit sind wir gleichwohl weit entfernt von der Vorstellung einer heroisch-kraftvollen Menschenwürde, deren unerschütterlichen Gehalt wir gegen die Schlechtigkeit der Welt und ihrer Bewohner*innen jederzeit erfolgreich aufbieten können. Menschenwürde, so müssten wir besser sagen, kann nur eingedenk ihrer Vulnerabilität überzeugend beansprucht werden. Aber was heißt das genau?

3. Negativ-dialektische und positive Seite der Würde

Man könnte etwa zu dem Schluss kommen, dass Würde vor allem in negativer Weise, nämlich in der Verletzung, in der schmerzvollen Abwesenheit greifbar wird. Es gibt Theoretiker*innen, die diesen Zugang für besonders geeignet halten. So geht Walter Schweidler (2022: 91) von einer „unaufhebbar paradoxen Konstitution" der Menschenwürde aus, die er wie folgt beschreibt:

Die Unantastbarkeit unserer Würde zeigt sich wesentlich und womöglich sogar überhaupt nur dort, wo sie verletzt werden kann, verletzt worden ist und weiterhin verletzt zu werden droht und verletzt werden wird! (ebd.)

Genau genommen, spricht Schweidler hier von der Unantastbarkeit der Würde, die sich lediglich in negativer Weise zeige. Damit ist aber wohl die Würde als Ganze gemeint, und nicht nur ihr Merkmal der Unantastbarkeit. Immerhin geht Schweidler davon aus, dass es einen überzeugenden Begriff menschlicher Würde ohne Unantastbarkeit nicht geben kann. Die Unantastbarkeit ist für den Begriff der Menschenwürde notwendig. Zu Recht nennt Schweidler die Konstitution der Würde paradox: Die Würde zeigt sich darin, dass sie negiert wird. Wer an Hegels Dialektik geschult ist, wird diesem Paradoxon allerdings einen Sinn abgewinnen können. Nach Hegel ist jede Negation zugleich eine Bestimmung. In der Negation der Würde ist ein Bezug zur Würde gegeben. Wir erhalten dadurch zwar keinen positiven Begriff von Würde, aber einen, der die Würde in ihrer Negation nicht vollkommen löscht. Das heißt, dass wir selbst im Schmerz darüber, die Würde nicht zu erfahren, die Würde erfahren. Wir wissen, dass hier eine Ungerechtigkeit geschieht. Und in der Weise regt sich die Würde auch oder gerade in ihrer Abwesenheit.

Das mag manchen als philosophischer Taschenspielertrick vorkommen. Es ist keineswegs so. Der dialektische Zusammenhang ist sogar besonders stark in unserer Lebensrealität verankert. Wer kennt es nicht, dass einem das, was man hat, erst zu Bewusstsein kommt, wenn man es verliert – die Gesundheit, das Elternhaus, eine Freundschaft? Das gleiche gilt wohl auch für den politischen Kontext. Wir würden die Demokratie und ihre Institutionen vermutlich deutlich mehr schätzen, wenn wir sie entbehren, wenn wir einmal in einem autokratischen Staat leben, dort unsere Meinung öffentlich kundtun wollen, oder ‚wählen' gehen[5] würden. Negativ-dialektisch lassen sich freilich nicht nur Erfahrungen dessen beschreiben, was wir verloren haben, und dadurch zu schätzen lernen. Das positive Urteil kann auch entfallen, und eine Ablehnung, also eine Negation an seine Stelle treten. Auch hierfür bietet unsere Erfahrung reichlich Anschauungsmaterial. Wer beispielsweise das Lebensmodell des beruflich überehrgeizigen, wohlstandsfixierten, sich den Freuden des Lebens versagenden Vaters ablehnt, bleibt darauf bezogen – nämlich dadurch, dass die Person alles daran legt, dem Lebensmodell des Vaters nicht zu entsprechen. Der Widerspruch lebt vom Widersprochenen.

Für die Menschenwürde ist die negativ-dialektische Seite, die Anrufung der Würde in ihrer Abwesenheit, unverzichtbar. In besonders prekären Situationen, die Menschen erleiden müssen, ist sie mitunter die einzige, die übrigbleibt. Auf Dauer kann sich die Würde so allerdings nicht halten. Die negativ-dialektische Seite ist unverzichtbar, ja, aber sie allein ist zu wenig. Die Überzeugungskraft des negativ-dialektischen Arguments ist begrenzt. Christoph Möllers spricht mit Blick auf die Menschenrechte gar davon, dass das Argument mittlerweile abgenutzt sei.[6] So weit würde ich nicht gehen. Aber es ist klar: Die ständige Betonung, dass die Bedeutung der Menschenrechte in der Verletzung derselben insgeheim unterstrichen werde, reicht nicht hin. Und eine dauerhafte Verletzung einer Norm hält die Norm nicht aufrecht, sondern löst sie auf. Mit Hegel gesprochen: Die bestimmte Negation schlägt irgendwann in bloße Negation um.

Daher müssen die Menschenrechte, so auch die Menschenwürde positiv zur Geltung gebracht werden. Das heißt zunächst die Verankerung im (positiven) Recht. Die *Allgemeine Erklärung der Menschenrechte* der Vereinten Nationen von 1948 (AEMR) ist ein Novum, insofern die Menschenwürde in einem Rechts-

---

5 Umfassend zu Wahlen im demokratischen und autokratischen Kontext Krennerich 2021.

6 In der Podiumsdiskussion Zur Verletzlichkeit von Menschenrechten am 8. April 2024, unter https://www.youtube.com/watch?v=8MK5gAADEmc (zuletzt: 21.12.2024).

dokument Berücksichtigung findet; wie dies wenig später und noch stärker im deutschen *Grundgesetz* 1949 geschieht. Prominente Vorläuferdeklarationen und -verträge erwähnen die Menschenwürde nicht, oder, wie die französische *Déclaration des droits de l'homme et du citoyen* (1789), nur im Plural. Die *dignités* haben allerdings eine andere Bedeutung als die *inherent dignity* aus der AEMR. Sie beschreiben soziale Statuspositionen, wie dies lange Zeit, von Cicero herkommend, mit dem Würdebegriff verbunden war, und teilweise bis heute noch verbunden wird. Die Berücksichtigung im Recht ist, wie oben geschrieben, keine Setzung der Menschenwürde, die es davor nicht gegeben hätte. Es meint vielmehr eine Anerkennung der Würde im Recht („recognition of the inherent dignity", AEMR), zuallererst durch Nationalstaaten, die sich in den nachfolgend ausgebildeten und institutionell abgesicherten Völkerrechtsverträgen binden, die Menschenrechte als Ausdruck menschlicher Würde zu schützen, zu achten und zu gewährleisten.[7] Neu ist also nicht die Menschenwürde. Neu ist, dass die Menschenwürde zur rechtlich-politischen Kategorie avanciert, zum Maßstab staatlichen Handelns.

Die Menschenwürde positiv zur Geltung zu bringen hat noch eine weitere, ganz elementare Bedeutung: Die Menschenwürde soll sich im Leben der Menschen zeigen. Sie soll erfahren werden. Es braucht Erlebnisse der eigenen Würde. Dazu zähle ich: Die Person wird von anderen bei ihrem Namen gerufen, sie schenkt und empfängt Liebe und Vertrauen (Familie, Freundschaft, Partnerschaft), sie entwickelt – mit und durch andere – eine eigene Identität (‚So bin ich'), eigene Kompetenzen (‚Das kann ich') und Präferenzen (‚Das will ich'), die von anderen gesehen und respektiert werden, und lebt diese aus. Dies sind nur ein paar Würdeerfahrungen. Peter Bieri sammelt und diskutiert in seinem Buch *Eine Art zu leben. Über die Vielfalt menschlicher Würde* (2015) viele weitere. Wichtig ist festzuhalten, dass sich die Menschenwürde über ihre unverzichtbare negativ-dialektische Seite hinaus positiv niederschlägt: im Recht und in der persönlichen Erfahrung von Menschen.

4. Unverfügbarkeit und Kontingenz

Mit der empirischen Dimension der Menschenwürde geht eine gewisse Kontingenz einher. Eine Person erfährt sich nicht notwendig als ein Wesen mit Würde.

---

7 Am stärksten ist die Rückbindung der Menschenrechte an die Menschenwürde im Übrigen im *Internationalen Pakt für wirtschaftliche, soziale und kulturelle Rechte* (1966/76). Zu den darin enthaltenen Rechten grundlegend Krennerich 2013.

Die Würdeerfahrung hängt von politischen, sozialen, ökonomischen, kulturellen, religiösen, psychisch-emotionalen Faktoren ab. Wer als Dalit am untersten Rand oder außerhalb des offiziell abgeschafften, aber weiterhin wirksamen Kastensystems steht, mit dem auf dem indischen Subkontinent die Zuweisung eines sozialen Status sowie eine entsprechende (Nicht-)Anerkennung verbunden sind, dem wird bereits durch das Schicksal der Geburt die Erfahrung gleicher Würde vorenthalten. Der indische Menschenrechtsaktivist Harsh Mander (2016) spricht von *fatal accidents of birth*.

Wie lässt sich diese kontingente Seite reflektieren? In der philosophischen Debatte kommt die Kontingenz der Würde aktuell stärker in den Blick. Dabei kann ‚kontingent' ganz unterschiedliche Bedeutungen annehmen (vgl. Brandhorst/Weber-Guskar 2021). Für gewöhnlich wird die Kontingenz gegen die Unverfügbarkeit der Würde gestellt, bisweilen auch polemisch. Die Unverfügbarkeit erscheint dann als Dogma, etwa als Restbestand eines überkommenen, nunmehr nutzlosen religiösen Erbes, mag es auch von Kant transzendentalphilosophisch transformiert worden sein; oder sie dient als Totschlagargument, um die eigene Position gegen sämtliche Einwände abzuschirmen, zum Preis des Rückzugs in die Abstraktion. Demgegenüber scheint die Annahme einer kontingenten Würde überzeugender, weil metaphysikfrei, historisch-kritisch, kommunikationsfördernd und konkret.

Ich kann an dieser Stelle die Kontingenz-Analysen, aus denen jeweils unterschiedliche Folgen für den Menschenwürdebegriff gezogen werden, nicht im Einzelnen darstellen, geschweige denn auf sie umfassend antworten.[8] Aber schon ein kurzer Blick auf die juristische Praxis hilft, die Spannung zwischen Kontingenz und Unverfügbarkeit ein wenig zu reduzieren. So ist zwar mit der Unantastbarkeit eine Abwägungsfestigkeit der Menschenwürde verbunden. Die Menschenwürde ist unverfügbar, insofern sie nicht gegen andere Rechte oder Güter von Verfassungsrang abgewogen werden kann.[9] Aber sie ist auch kein Trumpf, mit dem man andere Ansprüche in abstrakter Weise ausstechen kann. Als absolut kann nur die konkretisierte Menschenwürde gelten. Typischerweise verhandeln Gerichte die Menschenwürdegarantie aus Art. 1 Abs. 1 GG in

---

8 Siehe für einige Repliken Pfordten/Gisbertz-Astolfi 2022.

9 Ich begreife die Unantastbarkeit als Ausprägung der Unverfügbarkeit nach dem *Grundgesetz* (GG), d.i. eine Nichtabwägbarkeit gegen andere Ansprüche, also eine absolute Geltung. Die Unantastbarkeit aus dem GG ist eine einzigartige Formulierung. Sie taucht, wenn ich richtig sehe, ansonsten nur in der amtlichen deutschen Fassung der *Charta der Grundrechte der Europäischen Union* (2000/09) in Art. 1 auf. Im Englischen wie im Französischen steht hier allerdings ‚inviolable', wörtlich: ‚unverletzlich'.

Verbindung mit anderen Grundrechten, etwa dem allgemeinen Persönlichkeitsrecht (Art. 2 Abs. 1 GG) oder dem Recht auf Leben (Art. 2 Abs. 2 Satz 1 GG). Die Entscheidungen darüber, ob ein Gesetz oder bestimmte Handlungen mit der Menschenwürde vereinbar sind, sind konkrete Entscheidungen. Die verhandelten Praktiken können an Bedingungen geknüpft werden. Zum Beispiel urteilte das BVerfG (Urteil vom 21.06.1977 – 1 BvL 14/76), dass lebenslange Haftstrafen mit der Menschenwürde nur dann vereinbar seien, wenn die Verurteilten grundsätzlich die Chance auf ein neues Leben in Freiheit haben, wenn also die lebenslange Haftstrafe kein Leben lang andauert. Daran sieht man: Man kann sachlich erörtern, was die unverfügbare Menschenwürde im konkreten Fall bedeutet. Von der Menschenwürde als einer prinzipiellen Kommunikations-Stopperin kann nicht die Rede sein.

Andere Aspekte der Unverfügbarkeit provozieren dagegen zu Recht einige Nachfragen. Diese treffen unter anderem die Unab- und Unzusprechbarkeit der Menschenwürde, die besagt: Niemand ist darauf angewiesen, dass ihm oder ihr die Würde von anderen zugesprochen wird. Und die Würde kann einem auch nicht abgesprochen werden. Würde hat der Mensch immer schon. Er hat sie qua Menschsein. Sie ist dem Menschen ‚angeboren', sie ist ihm ‚inhärent'. Sogleich ergeben sich die Fragen: Hängt die Würde nicht doch von ihrer Anerkennung durch andere ab? Und finden wir nicht genügend Beispiele, bei denen Menschen anderen Menschen die Würde absprechen? Berichtet Primo Levi nicht genau davon?

Man könnte zunächst versucht sein, einen einfachen Ausweg zu wählen und den Kritiker*innen der Unverfügbarkeit vorhalten, sie würden die Unverfügbarkeit, die sie kritisieren, zugleich voraussetzen. Wer etwa die Erfahrungen, die Levi beschreibt, als Würdeverletzungen bezeichnen will, (was sie offensichtlich sind), der muss die Würde als dauerhaft mit dem Menschen verbundene Qualität verstehen. Denn einem Menschen, dem die Würde abgesprochen wurde, kann man die Würde nicht verletzen; er hat ja keine mehr. Davon müssten, streng genommen, die Kontingenz-Theoretiker*innen ausgehen.

Die Schwierigkeit ist damit aber nicht behoben. Denn es gibt Menschen, die anderen Menschen die Würde absprechen. Das ist Teil von extremistischen Ideologien, von rassistischen Weltbildern und religiösem Fundamentalismus, die Menschen in Wort und Tat vertreten. Dieser kontingente Zug muss reflektiert werden. Dies kann mithilfe einer Unterscheidung der Menschenwürde in einen begrifflich-notwendigen und einen empirisch-kontingenten Teil gelingen.[10]

---

10 Die Unterscheidung ist unter anderem in der *Konvention über die Rechte von Menschen mit Behinderungen* der Vereinten Nationen (2006/08) angelegt. Dort ist, wie Heiner Bielefeldt

Nach dem Begriff ist die Menschenwürde notwendig und unverfügbar. Menschen haben Menschenwürde qua Menschsein. Die Menschenwürde ist dabei strikt egalitär, das heißt *alle* Menschen haben Menschenwürde, und alle haben *dieselbe* Menschenwürde. Die Menschenwürde ist unveräußerlich: Man kann sie nicht verkaufen, verlieren oder auf sie verzichten. Die Menschenwürde ist auch nicht abhängig von der empirischen Qualität des Lebens oder von der Anerkennung durch andere. In dieser Weise ist sie unverfügbar.

Gleichfalls drängt die Menschenwürde dazu, dass sie empirisch eingelöst, dass sie im Leben der Person erfahrbar wird. Nach der Erfahrung ist die Menschenwürde kontingent. Menschen erfahren in unterschiedlichem Maß, dass sie Träger von Menschenwürde sind. Manche erfahren es kaum. Menschen fügen einander immer wieder das Unrecht zu, sich die Würdeerfahrung vorzuenthalten oder sie aktiv zu unterdrücken. Viele Menschen leben in unwürdigen Verhältnissen, das heißt in solchen Verhältnissen, die ihrer inhärenten Würde nicht gemäß sind.

In der Menschenwürdeerfahrung geht die Menschenwürde jedoch nicht auf. Sie ist auch dort zu verorten, wo Menschen ihre Würde nicht oder nur in negativ-dialektischer Weise erfahren. Die Menschenwürde ist notwendig – bei aller Kontingenz hinsichtlich ihrer empirischen Entfaltung. Dies gilt auch für den Fall, dass Menschen anderen Menschen die Menschenwürde ‚absprechen'. Das ‚Absprechen' ist kein Akt, mit dem die Würde aus der Existenz gesetzt wird. Einen Verlust der Würde im ontologischen Sinn kann es nicht geben. Was mit dem ‚Absprechen' verbunden ist, und das ist schlimm genug, ist eine Verweigerung der Achtung, den Menschen einander als Menschen schulden. Die Verachtung drückt sich in Demütigungen, im Ausschluss aus identitätsstiftenden Gruppen, in psychischer wie physischer Gewalt aus (dazu ausführlich Margalit 1996).

5. Fazit: Vulnerabilität und Stärke der Menschenwürde

Die Menschenwürde bleibt von einer Spannung zwischen Unverfügbarkeit und Kontingenz unterlegt. Durch die Unterscheidung der Menschenwürde in einen begrifflich-notwendigen und einen empirisch-kontingenten Teil hoffe ich allerdings, die Spannung ein Stück weit reduziert zu haben. Mit der Reduktion sind mehrere wichtige Einsichten verbunden.

(2006: 5f.) aufmerksam macht, neben der Menschenwürde vom Würdebewusstsein (sense of dignity) die Rede.

(1) Mit der Unterscheidung lassen sich die paradoxen, aber weit verbreiteten Formulierungen verstehen: ‚Die unantastbare Würde wird angetastet, es gibt Angriffe auf die unverletzliche Menschenwürde.' Es sind drastische Erfahrungen – der Ohnmacht, der Demütigung, der Exklusion, der Gewalt –, die so beschrieben werden. Es sind aber eben Erfahrungen, in denen die Menschenwürde nicht vollständig aufgeht. Unverfügbar bleibt die Menschenwürde als ein notwendiges, dem Menschen inhärentes Merkmal. Von dorther werden die Verletzungen der Menschenwürde als solche überhaupt erst benennbar.

(2) Die Würde kann nicht verlustig gehen. Dies gilt auch für den Fall, dass Menschen anderen Menschen die Würde ‚absprechen'. Es gibt keinen Menschen ohne Würde. Man könnte vielleicht sogar einen Schritt weiter gehen und sagen – das ist nur eine Vermutung –, dass selbst die Vernichtung eines Menschen dem Menschen die Würde nicht nimmt. Immerhin anerkennen wir auch die Würde der Verstorbenen und Getöteten, gerade auch derjenigen, deren Würde zu Lebzeiten brutal verletzt worden ist. Wer einmal einen Stolperstein gereinigt hat – man muss sich dazu hinunterbeugen oder knien, eine Art Verneigung vor den Opfern –, kann auf diesen Gedanken kommen.

(3) Mit der Differenzierung wird das Missverständnis ausgeräumt, das besagt: ‚Die Menschenwürde ist unantastbar' meine in Wirklichkeit ‚Die Menschenwürde soll/darf nicht angetastet werden'. Die Spannung zwischen Unverfügbarkeit und Kontingenz wird in dieser rein normativen Lesart zwar ebenso reduziert. Denn man kann damit die Erfahrungen der angetasteten Würde benennen, und zugleich an einer unantastbaren Würde als einer Forderung festhalten. Die Spannung wird damit allerdings zu stark reduziert. Sie beschreibt dann eine Deckungsungleichheit zwischen Anspruch (die Würde soll) und Wirklichkeit (die Würde ist). Natürlich hat die Menschenwürde normative Implikationen. Diese beziehen sich jedoch aufs Handeln, das der Menschenwürde gemäß sein soll, und nicht auf die Attribute der Menschenwürde selbst. Die Forderung, die Menschenwürde solle nicht angetastet werden oder: über die Menschenwürde solle nicht verfügt werden, mag noch nachvollziehbar sein. Attributiv auf die Menschwürde bezogen, verliert sich der Sinn: ‚Die Menschenwürde soll unantastbar oder unverfügbar sein' – diese Forderung ist ungereimt. In der Unterscheidung, die ich dagegen vorschlage, *ist* die Menschenwürde (nach ihrem Begriff) unverfügbar.

(4) Mit der Differenzierung der Menschenwürde in einen begrifflich-notwendigen und einen empirisch-kontingenten Teil ist keine Auf- oder Abwertung einer der beiden Teile verbunden. Auch wenn ‚kontingent' bedeutet, dass die Erfahrung von Würde in unterschiedlichem Maße gelingt, was von vielen, mehr oder weniger beeinflussbaren Faktoren abhängt, und die Würdeerfahrung insofern weniger robust erscheint als der Begriff, ist die Würdeerfahrung nicht geringer zu schätzen. Wie wir gesehen haben, ist eine Geringschätzung selbst dann nicht angebracht, wenn die Würde kaum erfahren wird. Denn die Würde zeigt sich in negativ-dialektischer Weise auch noch dort, wo sie ausbleibt.

(5) Wir nehmen Abstand von einer heroisch-kraftvollen Vorstellung der Würde zugunsten einer Vorstellung, in der die Vulnerabilität der Würde, d.i. ihre Anfälligkeit, Einschränkungen in der Erfahrungswelt zu erleiden, Berücksichtigung findet. Gleichfalls bilden wir diese Vorstellung aus, ohne die Stärke der Würde, d.i. ihre Unverfügbarkeit preiszugeben. Die Menschenwürde ist also schwach und stark zugleich.

Literatur

BIELEFELDT, Heiner (2006): Zum Innovationspotenzial der UN-Behindertenrechtskonvention. Berlin: Deutsches Institut für Menschenrechte.

BIERI, Peter (2015): Eine Art zu leben. Über die Vielfalt menschlicher Würde. München: Hanser. 2. Aufl.

KRENNERICH, Michael (2021): Freie und faire Wahlen? Standards, Kurioses, Manipulationen. Frankfurt/Main: Wochenschau Verlag. 2. Aufl.

KRENNERICH, Michael (2023): Frontalangriff auf die Menschenwürde. Extreme Armut und Menschenrechte. In: Politikum 9 (1), S. 51–57.

KRENNERICH, Michael (2013): Soziale Menschenrechte zwischen Recht und Politik. Schwalbach/Taunus: Wochenschau Verlag.

LEVI, Primo (2016) [1947]: Ist das ein Mensch? München: dtv. 6. Aufl.

MANDER, Harsh (2016): Fatal Accidents of Birth. Stories of Suffering, Oppression and Resistance. Neu-Delhi: Speaking Tiger Books.

MARGALIT, Avishai (1996): The Decent Society. Cambridge: Harvard University Press.

MEIER, Franziska (2021): Besuch in der Hölle. Dantes Göttliche Komödie. Biographie eines Jahrtausendbuchs. München: C.H. Beck.

PFORDTEN, Dietmar von der/Gisbertz-Astolfi, Philipp (Hg.) (2022): Menschenwürde. Zur Frage ihrer Unverfügbarkeit. Tübingen: Mohr Siebeck.

SCHWEIDLER, Walter (2022): Uneinholbare Distanz. Zur Relevanz des Naturbegriffs im Diskurs um die Menschenwürde. In: Pfordten, Dietmar von der/Gisbertz-Astolfi, Philipp (Hg.): Menschenwürde. Zur Frage ihrer Unverfügbarkeit. Tübingen: Mohr Siebeck. S. 89–104.

RAINER HUHLE

Verschwunden, gestohlen, getrennt

Erfahrungen und Semantiken gewaltsamer Trennung von Familien

Verschwunden

„Dónde están?“ – „Wo sind sie?“ Dieser Schrei von Angehörigen, die ihre von Polizei, Militär oder Geheimdiensten verschleppten Söhne, Töchter oder andere Verwandte suchten, prägt seit der massenhaften Praxis des „Verschwindenlassens“ in Südamerika ab den Siebziger Jahren des vergangenen Jahrhunderts das Bild der Dramen, die dieses Verbrechen in den betroffenen Familien auslöst. Diese ebenso einfache wie prägnante Forderung benennt den Kern dessen, was das gewaltsame Verschwindenlassen ausmacht: das Nichtwissen um das Schicksal der entführten/verschwundenen Person und die Verunsicherung und Ängste, die diese Ungewissheit bei den Angehörigen auslöst. Diese Unsicherheit, die damit geschaffene Nicht-Existenz der Verschwundenen zwischen Leben und Tod war beabsichtigt, wie es General Videla, dessen Regime in Argentinien das Muster für viele andere Praktiken des Verschwindenlassens schuf, ausdrückte: „Es ist ein Verschwundener, er hat kein eigenes Wesen (entidad). Er ist nicht tot, nicht lebendig, er ist verschwunden.“[1]

Gemäß des „Internationalen Übereinkommens zum Schutz aller Personen vor dem Verschwindenlassen“ (im Weiteren: „die Konvention“), das 2006 von der UNO verabschiedet wurde und 2010 in Kraft trat, ist die „Verschleierung des Schicksals oder des Verbleibs der verschwundenen Person“ (Artikel 2) wesentlicher Teil der Definition des Verschwindenlassens. Die Konvention enthält einen umfassenden Katalog der Rechte der Opfer von Verschwindenlassen (Art. 24), worunter sie sowohl die „verschwundene“ Person als auch deren Angehörige und sonstige direkt Betroffene fasst. Die Konvention macht damit deutlich, dass Menschenrechtsverbrechen wie das Verschwindenlassen über die unmittelbaren Opfer hinaus auch dessen soziales Umfeld und bei massiver Häufung die ganze Gesellschaft als „crime against humanity“ betrifft. Das erste der aufgeführten Rechte der Opfer in diesem Sinn ist, „die Wahrheit über die Umstände des Ver-

1 https://youtu.be/CgDFSQUjgP0.

schwindenlassens, den Verlauf und die Ergebnisse der Untersuchung und das Schicksal der verschwundenen Person zu erfahren."

Da die betreffenden Staaten diesem Recht nur ungenügend oder gar nicht nachkommen, haben sich in vielen Staaten die Familien der Verschwundenen, in erster Linie Ehefrauen und Mütter, zusammengefunden und sich in eigenen „Suchgruppen" (in Mexiko z.B. „colectivos de buscadoras", in Kolumbien „mujeres buscadoras") organisiert, die unter großen Schwierigkeiten und Gefahren die Suche nach den Verschwundenen selbst in die Hand nehmen. Die Konvention garantiert ausdrücklich auch dieses „Recht auf Bildung von Organisationen oder Vereinen, deren Ziel es ist, dazu beizutragen, die Umstände der Fälle von Verschwindenlassen und das Schicksal der verschwundenen Personen aufzuklären sowie Opfer des Verschwindenlassens zu unterstützen, und auf freie Beteiligung an ihnen" (Art. 24.7). Der UN-Ausschuss über das Verschwindenlassen, der die Konvention überwacht, hat den Problemen bei der Suche nach den Verschwundenen sogar ein eigenes ausführliches Dokument, die 16 „Leitprinzipien für die Suche nach verschwundenen Personen" (CED/C/7) gewidmet, in denen die Pflichten der Staaten und die Rechte der Angehörigen bei der Suche ausführlich festgehalten werden. Erstmals hat inzwischen auch ein Staat ein eigenes Gesetz über die Rechte der Angehörigen bei der Suche erlassen: das Gesetz „zur Anerkennung und zum integralen Schutz der Arbeit und der Rechte der Frauen auf der Suche [„mujeres buscadoras"] nach Opfern gewaltsamen Verschwindenlassens", das im April 2024 vom kolumbianischen Senat verabschiedet wurde.[2]

„Vivos los llevaron – vivos los queremos" (Lebend haben sie sie geholt, lebend wollen wir sie wieder) ist ein weiterer Bannerspruch der Angehörigen von Verschwundenen, der sich von Südamerika über die Welt verbreitet hat. Vordergründig drückt er den Wunsch nach dem Wiedersehen mit der verschwundenen Person aus, gewissermaßen das Nächstliegende nach der erzwungenen Trennung. Doch die Parole transportiert einen Subtext. Die doppelte Betonung des „lebend" wehrt sich gegen die Annahme, die Verschwundenen seien tot. Diese These wird den Angehörigen manchmal in wohlmeinender Absicht nahegelegt, als Einladung, die ständige, oft traumatisierende Suche nach den Verschwundenen aufzugeben, um für sich einen Abschluss zu finden. Die Familien werden aber oft auch auf mehr oder weniger harsche Weise von den verantwortlichen Regierungen und Behörden gedrängt, ihre vermissten Angehörigen für tot er-

2 Proyecto Ley Por medio de la cual se reconoce y protege de forma integral la labor y los derechos de las mujeres buscadoras de victimas de desaparicion forzada, angenommen am 4. April 2024.

klären zu lassen. Den provokantesten Versuch, mit einer Todeserklärung das Problem der Verschwundenen aus der Welt zu schaffen, machte die argentinische Militärjunta in ihrem „Schlussdokument", mit dem sie ihre Handlungen zu rechtfertigen suchte, ehe sie 1983 abtrat. Ausführlich negierte sie dort ihre Praxis des gewaltsamen Verschwindenlassens. Und falls es doch welche gebe, die nicht im Exil oder im Untergrund seien, so erkläre man sie „in legaler und administrativer Hinsicht für tot."[3]

Ein Druckmittel, die Familien dazu zu bewegen, den Tod ihrer vermissten Angehörigen anzuerkennen, ist das Zivilrecht. Solange ein Angehöriger, häufig der Hauptverdiener des Familieneinkommens, „verschwunden" ist, verliert die Familie nicht nur sein Einkommen, sie kann unter Umständen auch nicht auf seinen Besitz Anspruch erheben, Rentenansprüche realisieren, Erbschaftsangelegenheiten regeln und vieles mehr, was durch eine Todeserklärung gelöst werden könnte. Die Verfasser*innen der Konvention hatten das im Blick, als sie in ihrer Auflistung der Rechte der Opfer festhielten:

„Unbeschadet der Verpflichtung, die Untersuchung bis zur Aufklärung des Schicksals der verschwundenen Person fortzuführen, trifft jeder Vertragsstaat die geeigneten Maßnahmen in Bezug auf die Rechtsstellung verschwundener Personen, deren Schicksal noch nicht aufgeklärt worden ist, und die ihrer Verwandten, unter anderem hinsichtlich der sozialen Sicherung, finanzieller Angelegenheiten, des Familienrechts und der Eigentumsrechte." (Art. 24.6)

Diese ebenso umfassende wie allgemeine Formel haben einige Staaten umgesetzt, indem sie den Rechtsstatus der (gemeint ist: erzwungenen) Abwesenheit schufen – so z.B. Argentinien schon 1994 (Ley 24.321: Declaración de ausencia), Chile 2009 (Ley 20.377 sobre declaración de ausencia por desaparición forzada de personas) oder Mexiko 2018 (Ley federal de declaración especial de ausencia para personas desaparecidas). Für die Familien sind solche Gesetze, wie sie auch der Ausschuss der Konvention regelmäßig den Staaten empfiehlt, eine große Erleichterung. Andererseits ist mit einer solchen amtlichen „Erklärung der Abwesenheit" ebenso wie mit einer Todeserklärung die Gefahr verbunden, dass die Behörden die Sache damit für erledigt ansehen und z.B. keine weiteren Anstrengungen bei der Suche mehr unternehmen. Die „Leitprinzipien für die Suche nach verschwundenen Personen" verweisen auf diese Gefahr und erklä-

---

3 Documento final de la junta militar sobre la guerra contra la subversión y el terrorismo – conceptos fundamentales, S.7.

ren, dass „eine Abwesenheitserklärung aufgrund Verschwindenlassens [...] kein Hindernis für die Fortsetzung der Suche sein oder als Rechtfertigung dafür dienen [darf], diese auszusetzen." (Prinzip 13.4)

Auch das Verlangen der Familien, ihre Verwandten wiederzusehen, ist in den Fällen gewaltsamen Verschwindenlassens also immer durchzogen von dem Wunsch, endlich Gewissheit über den Verbleib und überhaupt das Schicksal der Verschwundenen zu erfahren. Erst dann können sie der „eingefrorenen Trauer" Raum lassen, wie das eine umfassende Studie des mexikanischen Forschungszentrums Fundar über die betroffenen Familien der 43 „verschwundenen" Studenten von Ayotzinapa in Mexiko zeigt (Fundar 2018). Was haben sie mit ihm/ihr gemacht? Muss/musste er/sie viel leiden? Und immer auch: Ist er/sie noch am Leben? Solche Fragen quälen die Familien von gewaltsam Verschwundenen, auch wenn einige materielle Folgen dieses Verbrechens zum Beispiel durch die Rechtsfigur der amtlichen Erklärung der „Abwesenheit" gemildert sind.

Gestohlen

Ende 2023 stellten die Bundesstiftung zur Aufarbeitung der SED-Diktatur und die Elisabeth-Käsemann-Stiftung in Berlin eine gemeinsam erarbeitete Ausstellung „Stolen Children/Niños robados/gestohlene Kinder" vor, die anschließend auch im Nürnberger Menschenrechtszentrum gezeigt wurde. Ziel der Ausstellung dieser beiden von ihren thematischen und räumlichen Schwerpunkten her auf den ersten Blick nicht gerade verwandten Stiftungen war, über räumliche und ideologische Grenzen hinweg ein Problem zu präsentieren, das beiden wichtig ist: Kinder, die von staatlichen Organen gewaltsam ihren Familien weggenommen werden. In der Zeit der SBZ/DDR geschah dies vor allem durch Entziehung der elterlichen Erziehungsbefugnis mit der Folge einer Einweisung der Kinder in eine staatliche Institution. In Argentinien, dem Land, in dem die Namensgeberin der Elisabeth-Käsemann-Stiftung 1976 von der Militärdiktatur entführt, gefoltert und ermordet wurde, geschahen diese Verbrechen ohne jede Rechtsgrundlage und oft zunächst ohne Kenntnis der Angehörigen. Beide Fälle könnten also unterschiedlicher kaum sein, und auch die weiteren vier Beispiele „gestohlener Kinder", die die Ausstellung präsentiert, weisen je eigene Merkmale auf, die sie von einander und von den beiden genannten Fällen unterscheiden:

Die in den von Nazi-Deutschland eroberten Gebieten vor allem Osteuropas durchgeführte Politik der „Germanisierung" von Kindern, die vom Rasse- und Siedlungshauptamt (RuSHA) als „rassisch wertvoll" befunden wurden, basierte auf dem biologischen Rassismus der Nazis. Diese Kinder wurden ihren Familien weggenommen und in deutsche Familien zur Pflege bzw. Adoption gegeben.

Die Verbringung von Kindern in staatliche Erziehungseinrichtungen der UdSSR zur Zeit des Großen Terrors war ein Instrument politischer Disziplinierung, mit dem die Kinder umerzogen werden sollten, während ihre Mütter in Straflager verschleppt wurden. Die mittlerweile vom Internationalen Strafgerichtshof verfolgte Verschleppung ukrainischer Kinder in russische Anstalten oder Familien scheint einem ähnlichen Motiv zu folgen.

In Spanien während der Franco-Diktatur und noch lange danach wurden Neugeborene ihren Müttern weggenommen und ihnen gegenüber als verstorben oder totgeboren erklärt. Dies betraf zum einen Gegnerinnen des Franco-Regimes, aber nicht nur politisch Missliebige waren betroffen, gerade in katholischen Krankenhäusern Spaniens wurden die Säuglinge auch solchen Müttern entzogen, die als sozial unangepasst erklärt wurden. Politische und soziale Diskriminierung ergänzten sich.

Ähnlich war auch die Situation in El Salvador, wo Armeeangehörige während des Bürgerkriegs in großem Umfang oppositionellen Familien (oder solchen, die dafür gehalten wurden) die Kinder wegnahmen. Mit Hilfe von „Wohltätigkeitsorganisationen" wurden sie dann meist ins Ausland zur Adoption gegeben, zum finanziellen Vorteil der Täter*innen. Ähnliche Praktiken sind erst in den letzten Jahren auch in Chile ans Licht gekommen. Hier wie in El Salvador scheinen sie fließend in den problematischen Bereich kommerziell getriebener internationaler Adoptionsvermittlung überzugehen.

Die Trennung indigener Kinder von ihren Familien in Kanada durch die Behörden, die sie anschließend in Internate christlicher Schulen und später oft ebenfalls in (weiße) Familien gaben, war Ausfluss einer generellen Politik der Diskriminierung der indigenen Völker im Land, deren Umfang und Schwere erst in jüngerer Zeit erkannt und anerkannt wird.

Diese Beispiele könnten erheblich erweitert werden, zu denken ist z.B. an die oft systematische Trennung von Familien im Rahmen des über Jahrhunderte praktizierten Sklavenhandels, der die gewaltsame Trennung von Familien „so normal machte wie im Frühling das Wasser fließt."[4] Sie decken aber repräsentativ das breite Spektrum von Motiven für diese Verbrechen ab. Hinter solchen staatlichen Zwangseingriffen in die Beziehung zwischen Eltern und Kindern kann biologischer Rassismus stehen wie im Fall von Nazi-Deutschland, aber auch kulturalistisch oder „sozialhygienisch" begründeter Rassismus wie in Ka-

4 So ein zeitgenössischer Beobachter in den USA um 1850, zitiert in: Pargas (2009), S. 260

nada, Australien, Neuseeland oder in den Gründungsjahren Israels, wo man Familien, die als kulturell rückständig klassifiziert wurden, die Kinder entzog, um sie in staatlichen Institutionen zwangsweise zu „zivilisieren". Argentinien und die Sowjetunion unter Stalin, und zum Teil auch Spanien sind Beispiele für Kindswegnahmen, die in erster Linie Folge der politischen Repression gegen die Eltern sind. Spanien und auch Irland stehen andererseits für gewaltsame Familientrennungen wegen der sozialen Stellung der Eltern (alleinerziehende Mütter, extreme Armut u. Ä.).

Was unterscheidet diese Praktiken, die wie das gewaltsame Verschwindenlassen ebenfalls internationale Rechtsnormen verletzen, von diesen? In manchen Fällen von geraubten Kindern, vor allem bei den staatlichen Programmen gegen ethnische Gruppen, wissen die Eltern, dass die Kinder leben, und sie kennen in diesem Fall meist auch ihren Aufenthaltsort. Den großen Schmerz verursacht hier die erzwungene Trennung als solche und die damit erlittene Erfahrung von Gewalt, der sie wehrlos ausgesetzt sind. In vielen anderen Fällen kommt aber die Qual der Ungewissheit hinzu. Die von der NS-Germanisierungspolitik betroffenen Eltern oder die in Lagern des Gulags abgesonderten Mütter wussten nichts über den Verbleib ihrer Kinder. Sie sind ebenso Opfer des Verbrechens des Verschwindenlassens wie die Mütter und Familien von Verschwundenen, die mehr Sichtbarkeit erreicht haben. Eine besonders traumatische Erfahrung ist die der Mütter, denen ihre Neugeborenen mit falschen Erklärungen über deren angeblichen Tod weggenommen wurden. Manche versuchten, an den Tod als gewissermaßen leichter zu ertragenden Schmerz zu glauben, auch wenn die Umstände diese Erklärung wenig glaubhaft machten. Wie Mütter in Spanien, Chile und anderswo übereinstimmend berichten, waren die Zweifel an dem Tod ihrer Kinder kaum je ganz zu unterdrücken. Ein „schmerzhaftes Schweigen", so eine chilenische Mutter, begleitete sie ihr Leben lang.

Getrennt

Den bisher behandelten Fällen von Verschwindenlassen von Personen oder der Wegnahme von Kindern von ihren Familien ist eines gemeinsam: die dabei erlittene Gewalt. Das für die Angehörigen von „Verschwundenen" besonders quälende Element der Ungewissheit über den Verbleib der Angehörigen ist bei den Familien, denen gewaltsam ihre Kinder genommen wurden, in den genannten Situationen nicht immer gleich dramatisch. Aber selbst wenn die Familien wissen, in welche Institution ihre Kinder verbracht worden sind, haben sie oft keine Möglichkeit des beständigen persönlichen Kontakts. Auch sie leben in einem

Zustand ständiger Sorge und Unsicherheit über das Schicksal ihrer gestohlenen Kinder.

Es gibt noch einen weiteren großen Bereich, in dem Trennungen von Familien häufig erzwungen werden: Situationen von Flucht, Vertreibung, Exil und Migration. 1938/39 wurden im Rahmen der heute als „Kindertransporte" bekannten Hilfsaktionen humanitärer Organisationen mindestens 10.000 überwiegend jüdische Kinder aus Deutschland und der Tschechoslowakei nach England verbracht. Diese Kinder überlebten, während ihre Eltern großenteils später den Vernichtungsaktionen der Nazis zum Opfer fielen. Aus zahlreichen Berichten dieser geretteten Kinder und anderen zeitgenössischen Quellen wissen wir, wie schmerzhaft diese Trennungen in den allermeisten Fällen waren. Auch hier wussten die Kinder nur vage über das Ziel ihrer Reise Bescheid, und die Eltern konnten nur hoffen, dass sie aus Briefen später Näheres über den genauen Ort, wo ihre Kinder Zuflucht fanden, und die Umstände ihres neuen Aufenthalts erfahren würden.[5] Da nicht der Staat die Kinder wegnahm und auch die Verbindung zwischen Kindern und Eltern nicht willentlich unterbrochen wurde, können diese Transporte nicht als Verschwindenlassen im Sinn der Konvention bezeichnet werden. Die Entscheidung, sich von den Kindern zu trennen, wurde von den Eltern selbst (im guten Fall gemeinsam mit den Kindern) getroffen. Die überlieferten Berichte zeigen, wie sehr die betroffenen Familien unter dieser Entscheidung litten, und dass sie keine war, die sie autonom treffen konnten. Staatliche Gewalt war auch bei diesen Trennungen präsent. Zwar verlangten die NS-Behörden von niemandem, die Kinder auf die Transportzüge zu schicken, diese wurden im Gegenteil bei Kriegsbeginn unterbunden. Die Gewalt bestand in der beständigen Bedrohung der Familien, der sich steigernden Ausgrenzung und damit Eingrenzung ihrer Überlebensmöglichkeiten und der Ahnung von der bevorstehenden Vernichtung ihrer Existenz. Und dennoch war jede dieser von umfassender politischer Gewalt ausgelösten Trennungen von Familien Resultat persönlicher Entscheidungen. Dass viele Familien sich gegen die ungewisse Chance der Kindertransporte entschieden und dann mit ihren Kindern ermordet wurden, ist der tragische Beweis.

In der heutigen Terminologie würden diese „Kindertransporte" in den großen kategorialen Topf von „Flucht und Migration" fallen. Wenn sich die Fragen von Zwang und Gewalt schon in diesem historischen Beispiel als komplex erweisen, so gilt dies erst recht für die vielen Trennungen von Familien in der breit

---

5 Die Literatur über die Kindertransporte ist inzwischen umfassend. Für einen Überblick s. Fast (2011).

gefächerten Lebensrealität heutiger Migrant*innen und Geflüchteter. Nach dem jüngsten World Migration Report (2024) der International Organization for Migration (IOM) befinden sich 281 Millionen Menschen auf der Flucht oder auf Migration, das entspricht 3,6 % der Weltbevölkerung. Erfasst sind dabei nur diejenigen, die Landesgrenzen überschreiten, die ebenfalls sehr hohe Zahl von Binnenflüchtlingen – 68 Millionen im Jahr 2023 laut UNHCR[6] – kommt noch hinzu. Allein an den europäischen Außengrenzen wurden von der UNO und der IOM 2023 über 55.000 Kinder erfasst, von denen die Mehrzahl (64 %) unbegleitet waren, die also auf die eine oder andere Weise von ihren Eltern getrennt wurden (UNHCR et al. 2023). Dabei liegt der Anteil von Kindern (im Sinn der Kinderrechtskonvention, also unter 18-Jährigen) in Europa und Nordamerika nur bei rund 17 %, in Afrika und Lateinamerika dagegen bei rund 40 % aller Migrant*innen.[7]

In der umfangreichen Forschung zu Migration, insbesondere zur Migration unbegleiteter Jugendlicher, spielt die Frage nach den Motiven für den Aufbruch in fremde Länder eine eher untergeordnete Rolle (García 2022). Die vorhandene Literatur zeigt immerhin, dass die Motive für Kinder bzw. Jugendliche, sich allein auf den Weg in die Migration zu machen, sehr vielfältig sind. Persönliche Gewalterfahrungen bzw. der ganzen Familie sind ein wesentlicher Grund dafür in Konflikt- und Kriegsgebieten (Becker Herbst u. a. 2018; Aldarondo 2019; Vervliet u. a. 2015). Extreme Armut und die Aussichtslosigkeit, Arbeit zu finden, sind weitere verbreitete Ursachen. Aber auch das Streben nach besserer Ausbildung und qualifizierteren Arbeitsmöglichkeiten gehören zu den oft genannten Motiven. Familienzusammenführung ist ein weiterer gewichtiger Antrieb für die Migration von Kindern und Jugendlichen ohne ihre Eltern, die bereits im Zielland sind. Die mit Flucht und Migration befassten internationalen Organisationen unterscheiden mindestens vier Gruppen von Kindern, die unterwegs von ihren Eltern getrennt werden: geflüchtete Kinder, Binnenvertriebene Kinder, Unbegleitete oder von ihren Familien getrennte Kinder (UASC), Kinder, die Opfer von Menschenhandel sind und Kinder, die von Grenz- oder anderen Polizeiorganen festgenommen werden (Malakooti 2018). Unter den Opfern von Menschenhandel befinden sich nach Schätzungen der ILO und der IOM rund 3,3 Millionen Kinder, die Zwangsarbeit leisten müssen, was einem Anteil von 12 Prozent aller Zwangsarbeiter*innen entspricht (ILO 2022: 46). Selten lassen sich diese verschiedenen Kontexte und Motivlagen sauber trennen, häufig

---

6 https://www.unhcr.org/refugee-statistics

7 https://www.migrationdataportal.org/themes/child-and-young-migrants

überlappen sie sich. Auch die Wege, auf denen gewaltgetriebene Flucht und Migration stattfinden, sind häufig die gleichen.

Fast alle die genannten Situationen, in denen Familien, insbesondere Kinder von ihren Eltern und Verwandten getrennt werden, stellen Menschenrechtsverletzungen dar. Doch das Instrumentarium, das das menschenrechtliche Völkerrecht für die Erfassung, Prävention und Sanktion solcher Menschenrechtsverletzungen zur Verfügung stellt, ist auf viele Normen verteilt wie das Humanitäre Völkerrecht, die Kinderrechtskonvention mit ihren Zusatzprotokollen, die Flüchtlingskonvention und etliche mehr. Eine kohärente Politik, um solche gewaltsamen Trennungen zu verhindern, muss aus diesem Bündel von Normen der jeweiligen Situation adäquate Strategien entwickeln. Mit dieser Perspektive wurde in jüngster Zeit der Begriff „Forced Separation" als übergreifendes Konzept vorgeschlagen (Friedman, Ketola 2023). Es soll den allen gewaltsamen Trennungserfahrungen von Personen, Familien und Gemeinschaften gemeinsamen Schmerz beschreiben, egal wie die erfahrene Gewalt juristisch und politisch einzuordnen ist. Es spannt dabei einen breiten Bogen von der im menschenrechtlichen Völkerrecht präzise beschriebenen Gewalt durch Verschwindenlassen bis hin zu Beispielen wie den Kindertransporten oder bestimmten Familientrennungen im Kontext von Flucht und Migration. Es ist offensichtlich, dass ein Begriff, der so unterschiedliche Formen der Gewalt umfassen soll, nicht ohne Reflexion auf den Begriff der Gewalt selbst auskommen kann.

Im Fall des Verschwindenlassens (Forced bzw. Enforced Disappearance) ist die Gewalt in den internationalen Instrumenten präzise beschrieben: Ein staatlicher oder quasistaatlicher Akteur entreißt eine Person ihrer Familie und/oder sozialem Umfeld, beraubt die Person ihrer Freiheit und verheimlicht sowohl diese Tat als auch das Schicksal und den Aufenthaltsort der „Verschwundenen", einschließlich der Frage, ob sie noch leben. Dieses Verschwindenlassen setzt eine Tathandlung voraus. Damit besteht zwischen Täter(n) und Opfer(n) eine unmittelbare Gewaltbeziehung. Eine solche besteht z. B. auch bei der gewaltsamen Trennung von Familien im Kontext von Versklavung und Sklavenhandel, unabhängig davon, ob die getrennten Familienmitglieder vom jeweiligen Schicksal und Aufenthalt der anderen wissen.

Weniger eindeutig stellt sich diese Beziehung in vielen Fällen im Kontext von Flucht und Migration dar, beispielsweise bei den erwähnten „Kindertransporten" während der NS-Herrschaft, aber auch in vielen anderen, auch aktuellen Migrationserfahrungen, wo sich Familien gezwungen sehen, auf eine – als vorübergehend erhoffte – Trennung zu setzen.

In diesen Fällen wird man um den Begriff der „strukturellen Gewalt“ nicht herumkommen, so umstritten das ursprünglich von Johan Galtung aus der Perspektive des Forschens über nachhaltigen Frieden vorgeschlagene Konzept auch sein mag. Galtung sieht die Essenz struktureller Gewalt im Unterschied zwischen unvermeidbarem und vermeidbarem Schaden. Im letzteren Fall meint strukturelle Gewalt die „Ursache für den Unterschied zwischen dem Potential und dem Aktuellen, zwischen dem, was hätte sein können, und dem, was ist.” (Galtung 1975, S. 9) Denn strukturelle Gewalt benennt zwar Opfer, kann aber auf keine direkten Täter verweisen (Heitmeyer, Hagan 2003). Kritiker wie der Historiker Michael Riekenberg sehen Galtung mit seinem Begriff daher „auf dem Holzweg“ (Riekenberg 2008) oder halten ihn für „einen analytisch überschätzten Begriff“ (Braun 2021). Peter Imbusch bezeichnet zwar insgesamt das wissenschaftliche Reflektieren über Gewalt als „Stochern in unübersichtlichem Gelände“. Doch er meint auch zu Recht, dass „in bezug auf die vielgeschmähte strukturelle Gewalt […] es sich viele Kritiker heute etwas zu einfach [machen], wenn sie glauben, mit dem Begriff auch das damit bezeichnete Phänomen erledigen zu können.“ (Imbusch 2000, S. 30) Die Soziologin Teresa Koloma Beck präzisiert den Begriff der strukturellen Gewalt anschaulich gerade für die hier verhandelten Verhältnisse: „Die gezielte physische Schädigung eines anderen kann asymmetrische soziale Beziehungen herstellen, reproduzieren oder verstärken. So können Macht- oder Herrschaftsstrukturen entstehen oder gestützt werden, nämlich dann, wenn es gelingt, den Vollzug der Schädigung durch ihre bloße Androhung zu ersetzen und so die Asymmetrie auf Dauer zu stellen.“ (Koloma Beck 2015, S. 4)

Im Kontext unfreiwilliger Familientrennung benötigt der strukturelle Gewaltbegriff daher keine ausgefeilte Analyse gewaltförmiger politischer, wirtschaftlicher oder gesellschaftlicher Strukturen. Er stellt auf das Bedrohungspotential ab, unter dem die betroffenen Familien sich gezwungen sehen, sich zu trennen bzw. das Risiko einer Trennung einzugehen, wenn sie z.B. damit rechnen müssen, dass ihnen beim Grenzübertritt die Kinder weggenommen werden.

Die Grenzen zwischen direkter Gewalt, bei der verantwortliche Täter sichtbar werden, und struktureller, im Prinzip anonymer Gewalt, sind nicht immer scharf zu ziehen, wie etwa das Beispiel der deutschen Sekte „Colonia Dignidad“ in Chile deutlich macht, wo über Jahrzehnte andauernde persönliche Gewalt eine repressive Struktur schuf, in der viele Bewohner am Ende der Trennung ihrer Familien zustimmten oder sich zumindest nicht dagegen wehrten (Dreckmann-Nielen 2022). Gerade ein so komplexes Gewaltphänomen wie die Colonia Dignidad könnte besonders geeignet sein, das Konzept von „Forced Separation“

darauf zu testen, inwieweit es tatsächlich hilfreich sein kann, all die unterschiedlichen Formen von Gewalt, die zur Trennung von Familien führen, analytisch oder gar juristisch zusammenzudenken. Wie auch immer man es bewertet, es sollte auf jeden Fall Anregung für historische, soziologische und psychologische Studien unter dieser Perspektive geben.

Literatur

BECKER HERBST, Rachel/Sabet, Raha Forooz/Swanson, Amelia/Suarez, Lauren G./Marques, Denise S./Ameen, Edward J./Aldarondo, Etiony: "They Were Going to Kill Me": Resilience in Unaccompanied Immigrant Minors, in: The Counseling Psychologist, Vol. 46, Issue 2, 2018, S. 241-268.

BRAUN, Andreas (2021): Strukturelle Gewalt – ein analytisch überschätzter Begriff, in: Zeitschrift für Friedens und Konfliktforschung 10: 5–35.

DRECKMANN-NIELEN, Meike (2022): Die Colonia Dignidad zwischen Erinnern und Vergessen. Zur Erinnerungskultur in der ehemaligen Siedlungsgemeinschaft, Bielefeld: Transcript.

FAST, Vera K. (2011): Children's Exodus. A History of the Kindertransport, London/New York: Tauris.

FRIEDMAN, Rebekka/Hanna Ketola (2023): Violations of the heart: Parental harm in war and oppression, in: Review of International Studies, S. 1 – 20.

FUNDAR, Centro de Análisis e Investigación (2018): Yo sólo quería que amaneciera. Impactos Psicosociales del Caso Ayotzinapa, México.

GARCIA, Maria Fernanda/Dina Birman (2022): Understanding the Migration Experience of Unaccompanied Youth: A Review of the Literature, in: American Journal of Orthopsychiatry, Vol. 92, No. 1, 79–102.

GALTUNG, Johan (1975): Strukturelle Gewalt. Beiträge zur Friedens- und Konfliktforschung, Reinbek bei Hamburg: Rowohlt.

HEITMEYER, Wilhelm/John Hagan (2003): "Violence: The Difficulties of a Systematic International Review", in: Dies. (Hg.): International Handbook of Violence Research, Dordrecht (Springer Science+Business Media), S. 3-12.

IMBUSCH, Peter (2000): Gewalt – Stochern in unübersichtlichem Gelände, in: Mittelweg 36, 2, S. 24-40.

INTERNATIONAL LABOUR ORGANIZATION (2022): Walk Free, and International Organization for Migration (IOM): Global Estimates of Modern Slavery: Forced Labour and Forced Marriage, Geneva, at: Global Estimates of Modern Slavery: Forced Labour and Forced Marriage.

KOLOMA BECK, Teresa (2015): Sozialwissenschaftliche Gewalttheorie heute – Sechs Thesen, in: Soziopolis: Gesellschaft beobachten, https://nbn-resolving.org/urn:nbn:de:0168-ssoar-80519-5.

MALAKOOTI, Arezo (2018): The where, when and how of children on the move, in: Crock, Mary/ Lenni B. Benson (Hg.): Protecting Migrant Children, in Search of Best Practice, Cheltenham (Edward Elgar), S. 29-53.

PARGAS, Damian Alan (2009): Disposing of human property: American slave families and forced separation in comparative perspective, in: Journal of Family History, Vol. 34 No. 3, July 2009, S. 251-274.

RIEKENBERG, Michael (2008): Auf dem Holzweg? Über Johan Galtungs Begriff der „strukturellen Gewalt", in: Zeithistorische Forschungen/Studies in Contemporary History 5, S. 172-177.

UNHCR, UNICEF and IOM (2023): Migrant and Refugee Children Via Mixed Migration Routes in Europe – Accompanied, Unaccompanied and Separated, Overview of Trends.

VERVLIET, Marianne/Bruno Vanobbergen/Eric Broekaert/Ilse Derluyn (2015): The aspirations of Afghan unaccompanied refugee minors before departure and on arrival in the host country, in: Childhood, Vol. 22(3), S. 330-345.

KATRIN KINZELBACH

Kleines Wort, große Wirkung: Engagement von der Hinterbank

1. Weichenstellung für die Freiheit

Im Jahr 1948 schrieb José Encinas, ein kaum bekannter peruanischer Diplomat, mit einem einzigen Wort Menschenrechtsgeschichte. Der Hinterbänkler in der peruanischen Vertretung bei den Vereinten Nationen (VN) bemühte sich in den letzten Wochen der Verhandlungen zur Allgemeinen Erklärung der Menschenrechte um eine entscheidende Änderung von Artikel 27, in dem das Recht auf Teilhabe am kulturellen Leben und wissenschaftlichen Fortschritt verankert ist. Encinas fügte dem Text das entscheidende Wort „frei" hinzu (Schabas 2013, S. 2722). Dieses kleine Wort entfaltete große Wirkung, denn diese Formulierungsänderung öffnete die Tür für weitere Verhandlungen in den 1950er und 1960er Jahren. Dabei ging es um nichts weniger als die Freiheit schöpferischer Tätigkeiten, inklusive der Aufgaben und Grenzen von Wissenschaft. 1966 einigten sich die VN-Mitgliedstaaten in Artikel 15.3 des Sozialpakts schließlich darauf, dass Unterzeichnerstaaten verpflichtet seien, „die zu wissenschaftlicher Forschung und schöpferischer Tätigkeit unerlässliche Freiheit zu achten".[1] Heute müssen sich 171 Staaten an dieser Verpflichtung messen lassen.[2]

Zunächst spielte die Forschungsfreiheit in internationalen Menschenrechtsgremien über Jahrzehnte kaum eine Rolle, mittlerweile gibt es unzählige VN-Berichte und auch regionale Erklärungen zum Thema. Spezialisierte Nichtregierungsorganisationen wie das *Scholars at Risk*-Netzwerk aber auch Staaten – darunter Deutschland – haben es sich zur Aufgabe gemacht, die Forschungsfreiheit international zu fördern.[3] Dieser Beitrag zeichnet nach, wie es dazu

---

1 Internationaler Pakt über wirtschaftliche, soziale und kulturelle Rechte, in kurzer Formulierung: Sozialpakt, siehe https://www.institut-fuer-menschenrechte.de/fileadmin/Redaktion/PDF/DB_Menschenrechtsschutz/ICESCR/ICESCR_Pakt.pdf.

2 Der Index der Wissenschaftsfreiheit erfasst die de facto Realisierung von Wissenschaftsfreiheit, siehe https://academic-freedom-index.net.

3 Siehe die 2020 veröffentlichte Bonner Erklärung zur Forschungsfreiheit: https://www.bmbf.de/SharedDocs/Downloads/files/drp-efr-bonner-erklaerung_de.pdf?__blob=publicationFile&v=2

kam, und erinnert am Beispiel von José Encinas daran, dass das in der internationalen Menschenrechtspolitik verbreitete und oft unspektakuläre Ringen um Formulierungen lohnt.

2. Historische Einordnung und zentrale Kontroverse

Die Allgemeine Erklärung der Menschenrechte entstand nach dem Zweiten Weltkrieg zu einer Zeit, in der der Glaube an den wissenschaftlichen Fortschritt tief erschüttert worden war. Zeitgleich zu den Verhandlungen in Genf fand in Nürnberg der Ärzteprozess statt, in dem schwerste Verbrechen gegen die Menschlichkeit im Rahmen vermeintlicher Forschungsaktivitäten geahndet wurden. Ohne Entwicklungen in der Chemie und die Erfindung des Giftgases Zyklon B wäre der industriell organisierte Genozid am jüdischen Volk nicht möglich gewesen. Und die Atombombenabwürfe auf Hiroshima und Nagasaki hatten gezeigt, dass wissenschaftliche Durchbrüche zur Vernichtung der Menschheit führen könnten. Am 6. November 1945 fasste die damalige britische Bildungsministerin Ellen Wilkinson die Verunsicherung wie folgt zusammen: „Wir fragen uns alle, vielleicht ängstlich, was die Wissenschaftler als nächstes mit uns machen werden“ (UNESCO 1985, S. 22; eigene Übersetzung). Und so war es 1948 keineswegs ausgemacht, dass die Allgemeine Erklärung der Menschenrechte die Forschungsfreiheit betonen würde. Vielmehr war es nur logisch, dass die Delegierten darüber diskutierten, wie die Menschheit am besten vor den zerstörerischen und sogar katastrophalen Risiken wissenschaftlicher Entdeckungen geschützt werden könnte.

In den Debatten zu diesem Thema[4] kam es zu regelrechten Wortgefechten zwischen Eleanor Roosevelt aus den USA einerseits und Alexei Pavlov als Vertreter der Sowjetunion andererseits. Alexei Pavlov (der Neffe des Nobelpreisträgers Ivan Pavlov, welcher anhand von speichelnden Hunden die klassische Konditionierung nachgewiesen hatte) trat dafür ein, dass Forschung auf Entwicklung, Demokratie, Frieden und internationale Zusammenarbeit verpflichtet werden müsse. Roosevelt konterte, dass Fortschritt und Demokratie abstrakte Ideen seien. Durchaus provokant formuliert gab sie zu Protokoll, dass die USA eine Versklavung der Wissenschaft für politische Zwecke ablehnten. Die Positionen der an der Debatte beteiligten Delegationen kann man in den

---

4 Die Zusammenfassung in Abschnitt 3 und 4 in diesem Beitrag beruht auf einer ausführlicheren Studie der Autorin. Darin finden sich Quellenangaben für alle im Folgenden zitierten Aussagen, siehe Kinzelbach 2024.

Verhandlungsakten, den sogenannten *traveaux préparatoires* nachlesen. Die dort dokumentierten Überlegungen zur Verantwortung aber auch Eigenlogik von Wissenschaft erlauben es uns heute, die intendierte Bedeutung des verabschiedeten Artikels 27 besser nachzuvollziehen (Schabas 2013; Morsink 2009).

Die im Jahr 1948 in den Vereinten Nationen formulierten Einwände gegen eine Verpflichtung von Wissenschaft auf politische Ziele erscheinen bis heute bedenkenswert – und sie sind teilweise durchaus überraschend, wenn man sie vor dem Hintergrund der aktuellen Politik in den an der Debatte beteiligten Ländern betrachtet. So mahnte zum Beispiel Venezuela, dass der Vorschlag der Sowjetunion eine politisch motivierte Verfolgung von Wissenschaftlern rechtfertigen könne. Kuba führte aus, dass die Wissenschaft völlig frei bleiben und der Staat sich in keiner Phase in das wissenschaftliche oder literarische Schaffen einmischen sollte. Uruguay betonte, dass die Wissenschaft keinen ideologischen Zielen dienen dürfe. Saudi-Arabien merkte an, dass es mitunter sehr schwierig sein und sehr lange dauern könne, die gesellschaftlichen Auswirkungen einzelner Forschungsergebnisse zu verstehen, und der Libanon kritisierte, dass die Sowjetunion das Ziel von Forschung mit ihren zufälligen Ergebnissen verwechsele. Nach mehrmonatiger Verhandlung sah es 1948 so aus, als ob die Allgemeine Erklärung der Menschenrechte nur den Zugang zu wissenschaftlicher Erkenntnis betonen, aber nicht die Umstände des wissenschaftlichen Arbeitens erwähnen würde.

3. Ein Coup und ein Zeichen des Widerstands

Dass sich die Idee einer freien Wissenschaft trotz allem in der Allgemeinen Erklärung der Menschenrechte wiederfindet, ist dem erwähnten peruanischen Diplomaten José Encinas zu verdanken. Am 20. November 1948, nur drei Wochen vor der Verabschiedung der Erklärung, vertrat er im Dritten Ausschuss der Generalversammlung die Ansicht, dass ein Teilhaberecht am kulturellen, künstlerischen und wissenschaftlichen Leben nicht ausreiche. Stattdessen solle die Erklärung auch das Recht festschreiben, dies in jener völligen Freiheit zu tun, ohne die es keine des Menschen würdige Schöpfung geben könne. Encinas brachte demnach kein instrumentelles Argument vor, sondern er rechtfertigte seinen Vorschlag allein mit dem intrinsischen Wert der Menschenwürde. Konkret wollte er die bereits verhandelte Formulierung um das Wort „frei" ergänzen (Schabas 2013, S. 2722). Sein Änderungsantrag wurde mit 38 zu null Stimmen (bei zwei Enthaltungen) angenommen und der Artikel 27.1 lautet nun: „Jeder hat das Recht, am kulturellen Leben der Gemeinschaft **frei** teilzunehmen, sich an den Künsten zu erfreuen und am wissenschaftlichen Fortschritt und dessen

Errungenschaften teilzuhaben".[5] Da mit dem „kulturellen Leben" sowohl die Kunst als auch die Wissenschaft als schöpferische Tätigkeiten gemeint waren, bezieht sich das kleine Wort „frei" nicht nur auf künstlerische, sondern auch auf forschende Tätigkeiten.

Wir können nur spekulieren, was José Encinas bewegte, sich zu einem späten Stadium in die Verhandlungen zur Allgemeinen Erklärung der Menschenrechte mit diesem Vorschlag einzumischen, aber es gibt Indizien, die gewisse Schlussfolgerungen nahelegen. Laut UN-Jahrbuch 1948-1949 war Encinas der Stellvertreter von Ismael Bielich Flores, einem bekannten peruanischen Juristen und Politiker, der als Justizminister tätig war. Für kurze Zeit war Flores zudem stellvertretender Außenminister für Enrique García Sayán, der für Peru die Verhandlungen zur Allgemeinen Erklärung leitete. Nachdem am 27. Oktober 1948 ein Militärputsch in Peru stattfand, musste García Sayán zurücktreten und ins Exil. Der Coup ereignete sich nur wenige Wochen bevor es José Encinas gelang, Artikel 27 der Allgemeinen Erklärung der Menschenrechte im Sinne der Freiheit zu ergänzen. Man kann seine Intervention als Zeichen des diplomatischen Widerstands deuten. Zumindest erscheint es wahrscheinlich, dass Encinas' Handeln durch seine vorherige Zusammenarbeit mit hochrangigen, menschenrechtlich engagierten Vertretern Perus und von dem Staatsstreich in seinem Land beeinflusst war. Zudem wird er die peruanische Verfassung von 1933 und die darin formulierten Freiheitsrechte gut gekannt haben. Tatsächlich war die peruanische Verfassung eine von damals nur sehr wenigen weltweit, die die Wissenschaftsfreiheit explizit schützten.

Wenngleich es auch ein Zufall sein kann, ist in den überlieferten Akten zur Allgemeinen Erklärung der Menschenrechte doch augenfällig, dass sich José Encinas erst kurz nach dem Militärcoup zu Wort meldete und sich – vermutlich in einem gewissen diplomatischen Vakuum – dafür einsetzte, die Freiheit von Kunst und Forschung explizit hervorzuheben. Wenige Wochen später, bei der feierlichen Schlusssitzung zur Allgemeinen Erklärung der Menschenrechte am 09.-10. Dezember 1948, wagte kein peruanischer Diplomat mehr das Wort zu ergreifen (Huhle 2007, S. 352). Dieser dramatische politische Kontext liefert eine plausible Erklärung für den weichenstellenden Vorschlag von Encinas, zumal er in seiner kurzen Intervention wenig verklausuliert beklagte, dass es in der jüngeren Geschichte allzu häufig einen schädlichen Druck auf die Freiheit des schöpferischen Denkens gegeben habe.

---

5 Allgemeine Erklärung der Menschenrechte von 1948, siehe https://unric.org/de/allgemeine-erklaerung-menschenrechte/. Hervorhebung durch die Autorin.

Alternative Erklärungen, warum 1948 im Teilhaberecht auf kulturelles Leben und wissenschaftlichen Fortschritt die Freiheit hervorgehoben wurde, lassen sich auch nach einem detaillierten Studium früherer Verhandlungen nicht finden. Cesare Romano zufolge ist die Suche nach dem Ursprung des Rechts auf Forschung eines der interessantesten Rätsel der Völkerrechtsgeschichte (Romano 2022, S. 40). Fest steht, dass der Wortlaut von Artikel 27 der Allgemeinen Erklärung auf einer sehr ähnlichen Formulierung in einem frühen Entwurf der Amerikanischen Erklärung über die Rechte und Pflichten des Menschen beruhte (auch Bogotá-Erklärung genannt). Romanos detaillierte Studie über die Entstehung des Rechts auf Forschung im Rahmen der Erklärung von Bogotá enthält die Randbemerkung, dass der Interamerikanische Rechtsausschuss, der von der Organisation Amerikanischer Staaten eingesetzt worden war, um die Bogotá-Erklärung zu verhandeln, sich zu keinem Zeitpunkt mit der Bedeutung von Freiheit für die Wissenschaft beschäftigt hatte (Romano 2022, S. 44). Dies wiederum macht das entschiedene Engagement seitens des peruanischen Hinterbänklers José Encinas umso bemerkenswerter.

4. Verbindliche Formulierung

In den 1950er und 1960er Jahren bauten weiterführende Verhandlungen zu rechtlich verbindlichen Menschenrechtsverträgen auf der Allgemeinen Erklärung auf. Die Rivalität des Kalten Krieges erschwerte eine Einigung, aber diese Rivalität war nicht der einzige Grund für die Aufspaltung der Allgemeinen Erklärung in zwei separate Verträge. Auch doktrinäre Bedenken hinsichtlich der Einklagbarkeit von Rechten führten dazu, dass schließlich der Zivilpakt mit Fokus auf Freiheitsrechte und der Sozialpakt mit Fokus auf Teilhaberechte verabschiedet wurde. Umso erstaunlicher ist, dass der Sozialpakt mit Artikel 15.3 ein klassisches Abwehrrecht enthält – andererseits unterstreicht diese Tatsache, dass die Trennung in Freiheitsrechte einerseits und Teilhaberechte andererseits durchaus fragwürdig ist. So argumentiert Michael Krennerich, dass wirtschaftliche, soziale und kulturelle Rechte letztlich ebenfalls Freiheitsrechte seien (Krennerich, 2013).

Aufgrund von institutionellen Erwägungen hatte die VN-Sonderorganisation UNESCO ein Interesse daran, Wissenschaft als besondere Form der kulturellen Produktion im Sozialpakt zu verankern, gleichrangig mit literarischen oder künstlerischen Produktionen. In den Debatten zum Sozialpakt betonten UNESCO-Vertreter zudem, dass die Freiheit eine Priorität für das Recht auf kulturelle und wissenschaftliche Teilhabe sei. Im Oktober 1957 beharrte René

Maheu (der später UNESCO-Generaldirektor wurde) im Namen seiner Organisation darauf, dass es beim Recht auf Forschung nicht zuletzt um die Freiheit des menschlichen Geistes gehe. Wenn die Delegierten nicht zerstören wollten, was sie mit dem Recht auf Forschung zu schützen versuchten, müsse die finale Formulierung einen ausdrücklichen Verweis auf die Freiheit von Forschung beinhalten. Anders als Encinas trug Maheu einen instrumentellen Gedanken vor: Ohne Freiheit könne die Wissenschaft nicht gedeihen. Mit dieser Ansicht war er nicht allein, zum Beispiel betonte auch die indische Delegation, dass wissenschaftlicher und kultureller Fortschritt nur in einem Klima der Freiheit denkbar seien. Und die chinesische Delegation (damals noch die Republik China, Taiwan) fügte etwas nuancierter hinzu, dass Forschende im Interesse der Menschheit keine Anweisungen von außen erhalten und sich nur von ihrem Gewissen leiten lassen sollten, denn Einschränkungen dieser Freiheit würden den wissenschaftlichen Fortschritt letztlich behindern.

Der Sozialpakt, der 1966 verabschiedet wurde und 1976 in Kraft trat, formuliert in Artikel 15.3 im Wesentlichen die Idee aus, die Encinas mit dem kleinen Wort „frei“ in der Allgemeinen Erklärung angelegt hatte. Artikel 15.3 lautet: „Die Vertragsstaaten verpflichten sich, die für wissenschaftliche Forschung und schöpferische Tätigkeit unerlässliche Freiheit zu achten.“[6] Auch in den Verhandlungen zum Sozialpakt wurde um ein Wort gerungen, in diesem Fall ging es um das Wort „unerlässlich“. In das Hin und Her zu diesem Punkt war sogar der damalige UN-Generalsekretär Trygve Lie involviert, der 1953 zu verstehen gab, dass er dem Begriff kritisch gegenüberstand. Er wollte das Adjektiv streichen, denn das Wort „unerlässlich“ könne dahingehend interpretiert werden, dass die Staaten nur insoweit zur Achtung der Freiheit verpflichtet seien, als diese Freiheit für die Forschung unbedingt erforderlich ist. Die Philippinen stimmten Lies Warnung zu und argumentierten, dass das Wort „unerlässlich“ eine einschränkende oder gar aufhebende Wirkung habe, weil es Regierungen erlaube, den Grad der Freiheit zu bestimmen, den Forschende und Kulturschaffende für ihre Arbeit benötigen. Am Ende setzte sich jedoch die Delegation des Vereinigten Königreichs mit einem weniger freiheitlichen Ansatz durch: Sie bestand auf dem Begriff „unerlässlich“ mit dem Argument, dass die Freiheit von Wissenschaft und Kunst nicht absolut sei und zum Beispiel im Interesse der nationalen Sicherheit oder der öffentlichen Ordnung eingeschränkt werden könne.

---

6 Internationaler Pakt über wirtschaftliche, soziale und kulturelle Rechte, in kurzer Formulierung: Sozialpakt, siehe https://www.institut-fuer-menschenrechte.de/fileadmin/Redaktion/PDF/DB_Menschenrechtsschutz/ICESCR/ICESCR_Pakt.pdf.

Die Betonung dieser Schranke in Artikel 15.3 wäre freilich nicht nötig gewesen, da Artikel 4 des Sozialpakts ohnehin die Möglichkeit von Einschränkungen regelt, sofern letztere gesetzlich vorgesehen und mit der Natur der Rechte vereinbar sind sowie dem allgemeinen Wohl in einer demokratischen Gesellschaft dienen.

5. Interpretation durch Expert:innen

Als zuständiges Vertragsorgan hat der VN-Ausschuss für wirtschaftliche, soziale und kulturelle Rechte das Mandat, Staatenberichte zur Umsetzung des Sozialpakts zu überprüfen, Schattenberichte von Nichtregierungsorganisationen entgegenzunehmen, Empfehlungen zu formulieren und allgemeine Hinweise zu einzelnen Artikeln des Sozialpakts herauszugeben. Letztere dienen dazu, den inhaltlichen Geltungsbereich bestimmter Rechte zu präzisieren. In seiner Allgemeinen Bemerkung Nr. 13 zum Recht auf Bildung befasste sich der Ausschuss im Jahr 1999 erstmals mit der Wissenschaftsfreiheit. Dies ist bemerkenswert, weil das Recht auf Bildung in Artikel 13 des Sozialpakts im Gegensatz zum Recht auf Forschung in Artikel 15 kein explizit formuliertes Abwehrrecht enthält. Dennoch erklärte der Ausschuss, dass er auf der Grundlage einer Überprüfung der Staatenberichte zu der Auffassung gelangt sei, dass das Recht auf Bildung nur dann wahrgenommen werden könne, wenn sowohl Lehrende als auch Lernende Freiheit genießen. Dies sei insbesondere in der Hochschulbildung wichtig, da Hochschullehrende und Studierende besonders anfällig für politischen und sonstigen Druck seien. Folglich legte der Ausschuss 1999 fest, dass Mitglieder des Hochschulsystems einzeln oder gemeinsam die Freiheit haben müssen, ihr Wissen und ihre Ideen durch Forschung, Lehre, Studium, Diskussion und Publikation zu entwickeln und weiterzugeben. Er bezog sich dabei nicht zuletzt auf eine UNESCO-Empfehlung zum Status des Hochschullehrpersonals von 1997.[7] Im Einklang mit der etablierten Doktrin plädierte der Vertragsausschuss nicht für eine uneingeschränkte Wissenschaftsfreiheit, sondern betonte stattdessen die Pflicht von Forschenden und Lehrenden, die Freiheiten anderer zu respektieren und eine faire Diskussion konträrer Ansichten ohne Diskriminierung zu gewährleisten.

---

7 United Nations Educational, Scientific and Cultural Organization (1997). "Recommendation concerning the Status of Higher-Education Teaching Personnel," Paris. Siehe: http://portal.unesco.org/en/ev.php-URL_ID=13144&URL_DO=DO_TOPIC&URL_SECTION=201.html.

Zwei Jahrzehnte später, im Jahr 2020, publizierte derselbe Vertragsausschuss (nun mit anderen Mitgliedern) auch einen ausführlichen Kommentar zu dem in Artikel 15 enthaltenen Recht auf Forschung. Im Vorfeld organisierten Ausschussmitglieder umfangreiche Konsultationen mit Wissenschaftler:innen sowie Nichtregierungsorganisationen mit Spezialkenntnissen in diesem Themengebiet. Michael Krennerich und ich nahmen im Mai 2018 an einer dieser Konsultationen teil und verfassten 2020 gemeinsam auch eine kurze schriftliche Einreichung, in der wir anregten, einzelne Formulierungen noch einmal zu überdenken.[8] Wieder lag der Fokus auf einzelnen Worten. Eine Anregung von uns griff der Ausschuss schließlich auf, indem der finale Kommentar festhielt, dass Forschende frei sein müssten, nicht nur ihre Daten, sondern auch ihre Analysen mit politischen Entscheidungsträger:innen und der Öffentlichkeit zu teilen.[9] Der ausdrückliche Hinweis auf Analysen erschien uns nicht zuletzt für unser eigenes Fach, die Politikwissenschaft, von besonderer Bedeutung zu sein. Wer Wissenschaft und Wissenschaftskommunikation auf Daten beschränkt, grenzt einen großen Teil der wissenschaftlichen Erkenntnissuche aus. Insbesondere in politisch aufgeheizten Zeiten sind Analysen, die vorhandene Daten fachlich geschult interpretieren – oder gar keine messbaren Ergebnisse enthalten, dafür aber intersubjektiv nachvollziehbares Orientierungswissen anbieten – für die demokratische und informierte Willensbildung einer Gesellschaft unerlässlich.

6. Ausblick

In dem langwierigen und durchaus mühseligen Aushandlungsprozess zum Menschenrecht auf Forschung, inklusive der darin verankerten Forschungsfreiheit, haben sich neben Staaten und Nichtregierungsorganisationen auch Wissenschaftler:innen selbst beteiligt. Dabei kamen kleinen Worten große Bedeutung zu. Einen wegweisenden Beitrag leistete 1948 der peruanische Diplomat José Encinas, indem er sich im entscheidenden Moment für das Wort „frei“ starkmachte. Der norwegische Jurist und UN-Generalsekretär Trygve Lie kämpfte 1953 vergeblich gegen das Wort „unerlässlich“. Michael Krennerich

---

8 Die Einreichung wurde vom VN-Hochkommissariat dokumentiert, siehe: https://www.ohchr.org/sites/default/files/Documents/HRBodies/CESCR/Contributions/FAU_Prof._Krennerich_Prof._Kinzelbach.pdf

9 UN Committee on Economic, Social and Cultural Rights (2020), “General comment No. 25 on science and economic, social and cultural rights” E/C.12/GC/25, Genf: Vereinte Nationen, § 13, siehe: https://undocs.org/E/C.12/GC/25.

und ich konnten 2020 einen kleinen Beitrag leisten, indem wir den zuständigen Vertragsausschuss die Bedeutung öffentlich zugänglicher „Analysen" näherbrachten. Von den unzähligen Beiträgen zur menschenrechtlichen Normsetzung und -auslegung ist allerdings nur ein Bruchteil dokumentiert; die drei genannten Beispiele stehen daher illustrativ für die vielen kleinen, oft unscheinbaren Beiträge, die die Menschenrechte zu einem iterativen und unabgeschlossenen Projekt machen.

Heute ist die Freiheit aus dem Menschenrecht auf Forschung nicht mehr wegzudenken – obwohl sie angegriffen wird. Wie die hier nachgezeichneten Debatten in VN-Menschenrechtsgremien zeigen, sind die aktuell zu beobachtenden Anfechtungen der Wissenschaftsfreiheit keineswegs neu. Neben Einschüchterung oder Einflussversuchen durch Staaten, religiöse Gruppen, Unternehmen, diverse Interessengruppen und Polarisierungsunternehmer:innen steht der Wissenschaft eine zunehmend um sich greifende Wissenschaftsfeindlichkeit, strategisch gestreute Desinformation sowie faktenbefreites Geschwurbel in Echokammern gegenüber. In diesen Zeiten kann die Universität als abgeschotteter Elfenbeinturm nicht überleben. Wissenschaftler:innen sollten ihre Arbeiten daher verständlich kommunizieren, Praxisakteur:innen Fach- oder Orientierungswissen anbieten und ihre Erkenntnisse im Fall von tagespolitischer Relevanz auch engagiert in die Öffentlichkeit tragen. Dabei bleibt die freie Wissenschaft einer Eigenlogik verpflichtet, im Dienst der Politik steht sie nicht. Wie schon der menschenrechtlich engagierte aber wenig bekannte Diplomat José Encinas nach dem Militärcoup in Peru 1948 feststellte, gibt es allzu häufig einen schädlichen Druck auf die Freiheit des schöpferischen Denkens.

Literatur

HUHLE, Rainer (2007): „Lateinamerika und die Entstehung des internationalen Systems des Menschenrechtsschutzes", in Werner Altmann/Ursula Vences (Hg.), Por España y el mundo hispánico, Berlin: edition tranvía, S. 333–357.

KINZELBACH, Katrin (2024): „The origin and contested meaning of freedom in the human right to science", in Global Constitutionalism, online first, 1-20. doi:10.1017/S2045381724000121

KRENNERICH, Michael (2013): Soziale Menschenrechte zwischen Recht und Politik. Schwalbach/Ts.: Wochenschau Verlag.

MORSINK, Johannes (2009): The Universal Declaration of Human Rights: Origins, Drafting and Intent, Philadelphia: University of Pennsylvania Press.

ROMANO, Cesare P. R. (2022): "The Origins of the Right to Science: The American Declaration on the Rights and Duties of Man" in Helle Porsdam/Sebastian Porsdam Mann (Hg.), The Right to Science: Then and Now, Cambridge: Cambridge University Press, S. 33–53.

SCHABAS, William (2013): The Universal Declaration of Human Rights: The Travaux Préparatoires, Cambridge: Cambridge University Press.

UNESCO (1985). "Putting the 'S' in UNESCO", in The Courier. Titel der Ausgabe: "UNESCO 1945: Birth of an ideal", Paris: UNESCO, S. 21–23.

DANIEL STAHL, SIMONE DERIX

Eine Miniatur zur Geschichte der Menschenrechtspolitik im vereinten Deutschland

Es hätte ein Gespräch werden können, das die menschenrechtspolitischen Hoffnungen und Möglichkeiten der 1990er Jahre widerspiegelte. Mitte Juni 1999 war eine Gruppe von Opfern der argentinischen Militärdiktatur (1976-1983) und deutsch-argentinischen Menschenrechtsaktivist*innen beim Menschenrechtsbeauftragten der Bundesregierung eingeladen. Das Amt hatte kein anderer als Gerd Poppe inne, einer der wohl profiliertesten Bürgerrechtler*innen der DDR. Seine Erfahrungen wiesen zahlreiche Parallelen zu denen seiner Gäste aus Übersee auf: Man blickte auf jahrelange Kämpfe gegen ein diktatorisches Regime, auf Repression und Stigmatisierung zurück und man hatte sich nach der Etablierung demokratischer Regierungen für eine Aufarbeitung der begangenen Verbrechen eingesetzt.

Und dennoch herrschte beim Treffen in den Räumen des Auswärtigen Amtes in Bonn von Beginn an eine angespannte Stimmung. Als die Gäste, zu denen neben drei Vertreterinnen argentinischer Opfer- und Angehörigen-Organisationen auch der peruanische Menschenrechtsaktivist Esteban Cuya und der evangelische Pfarrer Kuno Hauck gehörten, ihr Anliegen formulieren wollten, erklärte Poppe scharf, dass es keine Absprache über eine Tagesordnung gegeben habe. Die anschließende Vorstellungsrunde sorgte nicht für Entspannung. Die Erwähnung von Netzwerken der Militärs in Argentinien, die nach wie vor bestehen würden, zog Poppe sogleich in Zweifel. Im anschließenden Gespräch kritisierten die Gäste, die Deutsche Botschaft in Buenos Aires habe während der Diktatur mit den Militärs zusammengearbeitet, und forderten eine Expertenkommission zur Aufarbeitung der deutsch-argentinischen Beziehungen. Der Menschenrechtsbeauftragte wies beides resolut zurück. Ab diesem Moment – so hielt Hauck in seinen Gedächtnisnotizen fest – habe das Gespräch „einen eigenartigen Verlauf" genommen, „der immer am Rande des Ab[b]ruchs entlanggeschlittert" sei. Als Poppe die Deutsch-Argentinierin Betina Ehrenhaus, die Haft und Folter überlebt hatte, unterbrach, hätten die Menschenrechtsaktivist*innen „laut den Wunsch nach Abbruch des Gespräches zum Ausdruck" gebracht. Die

Diskussion sei dennoch in „unkoordinierter Weise" weitergegangen, bis Poppe den Raum mit den Worten verlassen habe: „Ich habe mir für Sie schon mehr Zeit genommen, als vorgesehen."[1]

Man könnte diese Episode als bedauerlichen Zwischenfall abtun und die Eskalation auf den Charakter Poppes oder auf das Auftreten der Menschenrechtsaktivist*innen zurückführen. Man kann aber auch den völlig fehlgeschlagenen Versuch eines Gesprächs zwischen südamerikanischen Menschenrechtsaktivist*innen und einem ostdeutschen Bürgerrechtler als Miniatur verstehen, in der sich einige vernachlässigte Aspekte deutscher Menschenrechtspolitik der 1990er Jahre in einem Ereignis verdichten und erkennbar werden.

Der Stellenwert von Menschenrechten in der internationalen Politik verschob sich in den Jahren nach dem Ende des Kalten Krieges. Auf der Menschenrechtskonferenz 1993 in Wien verständigten sich 171 Staaten darauf, dass der Schutz von Menschenrechten das zentrale Ziel der UN sein müsse. Die NATO, die plötzlich überflüssig zu werden drohte, erprobte den Schutz von Menschenrechten als neues Aufgabengebiet und führte sogenannte humanitäre Interventionen durch. Die EU näherte sich an die osteuropäischen Staaten an und begann mit Aufnahme-Verhandlungen. Menschenrechte waren fester Bestandteil des Normenbündels, das die erweiterte Union zusammenhalten sollte. Vor dem Hintergrund dieser Entwicklungen erlangten Menschenrechte auch in der Außenpolitik der frisch vereinigten Bundesrepublik größere Bedeutung. Die Einrichtung des Amts eines Bundesbeauftragten für Menschenrechte 1998, das Gerd Poppe als erster innehatte, war Ausdruck dieser Aufwertung (Eckel & Stahl 2021).

Das eingangs geschilderte Gespräch lässt zwei Aspekte deutlich hervortreten, die diesen Umbruch in der Menschenrechtspolitik prägten, die allerdings in der Regel übersehen werden. Erstens war deutsche Menschenrechtspolitik in den 1990er Jahren nicht nur etwas, was von deutschen Ministerien, Hochschulen, Expert*innen, NGOs oder im Bundestag ausgehandelt wurde. Auch außereuropäische Akteur*innen beteiligten sich an den Debatten und Auseinandersetzungen darüber, wie die Menschenrechtspolitik des vereinigten Deutschlands

---

1 Kuno Hauck, Gesprächsnotiz AA mit Sprödt, Trommer, Poppe, Email vom 23.6.1999, in: European Center for Constitutional and Human Rights (ECCHR), IB Koalition gegen die Straflosigkeit, 3: Protokolle und Berichte zu Treffen mit politischen Entscheidungsträgern. – Der Aufsatz beruht auf den Forschungen im Rahmen des Projekts „Nürnberg und der globale Süden", das Teil des BMBF-geförderten Forschungsverbunds „Deutungskämpfe im Übergang" (01UG2204A-D).

aussehen sollte. Ihre Erfahrungen wurden zum Gegenstand von Aushandlungsprozessen über den Kurs der auswärtigen Politik.

Zweitens erwiesen sich die Bruchlinien des Kalten Krieges trotz aller Aufbruchstimmung als hartnäckig. So ähnlich auch die Anliegen waren, die Bürgerrechtler*innen und Opfer der argentinischen Militärdiktatur in den 1990er Jahren vertraten, – die Kämpfe, die sie zuvor geführt und die sie geprägt hatten, waren grundverschieden gewesen. Für einen Großteil der Gegner*innen der Militärjunta hatte ihr Widerstand eine anti-kapitalistische und anti-imperialistische Stoßrichtung. Die Kreise von Bürgerrechtler*innen, in denen sich Poppe bewegte, standen dem kapitalistischen Westen zwar kritisch gegenüber. Letztlich jedoch trauten sie der liberalen Demokratie eher als dem „real existierenden" Sozialismus zu, ihre Rechte zu sichern. Diese unterschiedlichen Positionierungen im Kalten Krieg prägten Menschenrechtspolitik auch nach 1990.

1. Die Forderung nach einer menschenrechtsorientierten Außenpolitik

Die von Poppe im Juni 1999 empfangenen Gäste gehörten allesamt der Koalition gegen die Straflosigkeit an. Die Initiative zur Gründung des Bündnisses ging zurück auf eine Gruppe von Müttern, deren Kinder von der argentinischen Militärjunta ermordet worden waren, und auf den in Buenos Aires lebenden Friedensnobelpreisträger und Gründer der Menschenrechtsorganisation SERPAJ, Adolfo Pérez Esquivel. Das erklärte Ziel der Koalition war es, die für die Morde verantwortlichen Täter*innen vor Gericht zu bringen. In Argentinien war das in den 1990er Jahren kaum noch möglich. Zwar hatte es 1985 einen aufsehenerregenden Prozess gegen die Hauptverantwortlichen der Junta gegeben. Doch schon kurz danach hatte die Regierung von Rául Alfonsín mit zwei Gesetzen dafür gesorgt, dass zum einen keine Militärs für die Ausführung von Befehlen belangt werden konnten, und dass zum anderen die Zeit zur Anklageerhebung begrenzt wurde. Carlos Menem, der 1989 sein Amt antrat, ging noch weiter und begnadigte insgesamt 1.200 Militärs, darunter auch die 1985 verurteilten Junta-Mitglieder.

Die argentinischen Menschenrechtsorganisationen, zu denen sowohl die Verbände von Angehörigen Verschwundener als auch hochprofessionalisierte NGOs wie das Centro de Estudios Legales y Sociales mit seinen Rechtsexpert*innen gehörten, organisierten umgehend den Widerstand gegen diese sogenannten Straflosigkeitsgesetze. Eine ihrer Strategien war es, Ermittlungen durch europäische Strafverfolgungsbehörden in Gang zu setzen. In der Regel stützten sich die Anzeigen vor europäischen Gerichten darauf, dass die

Opfer beispielsweise italienische, französische oder belgische Staatsangehörige gewesen waren. In Spanien, wo das wohl aufsehenerregendste Verfahren lief, schloss sich Richter Baltasar Garzón der Einschätzung an, dass es sich um einen Genozid handele. Da Spanien der Völkermord-Konvention beigetreten war, nahm er Ermittlungen nach dem Weltrechtsprinzip auch in den Fällen auf, in denen es nicht um spanische Staatsangehörige ging.

Anfang 1997 wandte sich Pérez Esquivel nach Rücksprache mit deutschstämmigen Müttern Verschwundener an das Nürnberger Menschenrechtszentrum, das einen Schwerpunkt auf Lateinamerika hatte und mit dem man einen losen Kontakt pflegte. Er bat um Unterstützung bei der Vorbereitung eines Verfahrens vor deutschen Gerichten. Im März 1998 kam es daraufhin zur Gründung der Koalition gegen die Straflosigkeit, zu der neben den argentinischen Menschenrechtsgruppen u. a. Amnesty International gehörten. Die Schaltstelle befand sich beim Nürnberger Menschenrechtszentrum, wo Esteban Cuya als Koordinator und Kuno Hauck als Sprecher fungierten. Im Mai 1998 erstattete die Koalition ihre erste Anzeige, 1999, 2001 und 2003 folgten weitere. Die Mitglieder der Koalition gingen dabei nicht davon aus, dass es je zu einem Prozess in Deutschland kommen würde. Die Ermittlungen im Ausland sollten vielmehr den Druck auf die argentinische Regierung erhöhen (Hediger & Schaer 2008). Gleichzeitig ging es darum, Informationen über das Schicksal der Verschwundenen zu erhalten. Man erhoffte sich über die Ermittlungen herauszufinden, ob die Bundesregierungen der 1970er und 1980er Jahre über relevante Kenntnisse verfügt hatten.[2]

Doch beim Aktivismus der Koalition gegen die Straflosigkeit ging es nicht nur um strafrechtliche Ermittlungen. Vielmehr zielte er darüber hinaus auch auf eine Veränderung der deutschen Menschenrechtspolitik. Zwei Aspekte standen dabei im Vordergrund: Die Auseinandersetzung mit und explizite Abgrenzung von der Außenpolitik des Auswärtigen Amtes während des Kalten Krieges sowie eine Aufwertung des deutschen Strafrechts als Instrument zum globalen Menschenrechtsschutz.

Die Angehörigen der Verschwundenen in Argentinien hatten bereits seit Jahren beklagt, während der Diktatur beim Auswärtigen Amt und bei der Deutschen Botschaft auf wenig Unterstützung gestoßen zu sein. Auch gab es verstörende Hinweise darauf, dass die Botschaft möglicherweise enger mit den Militärs zusammengearbeitet hatte, als man dies in Bonn zugeben wollte. Mehrere Angehörige berichteten, bei Besuchen in der Botschaft während der 1970er

---

2 Siehe Vorgänge in: ECCHR, IB Koalition gegen die Straflosigkeit, 9: Beziehungen zu deutschen Behörden.

Jahren von einem gewissen „Mayor Peirano" befragt worden zu sein, der vorgab, ihnen helfen zu können. Doch was tatsächlich seine Funktion gewesen und warum er in den Räumen der Botschaft aufgetaucht war, das alles blieb unklar. Die Familienangehörigen gingen davon aus, dass die Botschaft die Bespitzelung von Opfern der Militärdiktatur ermöglicht habe.

Die Forderung nach einer Auseinandersetzung mit diesen Vorgängen und nach Konsequenzen in der Gegenwart war fester Bestandteil der äußerst medienwirksamen Kampagne für eine strafrechtliche Auseinandersetzung mit den Junta-Verbrechen, die die Koalition zwischen 1998 und den frühen 2000er Jahren auf den Weg brachte. Bei einem öffentlichen Hearing anlässlich der Einreichung der ersten Anzeige im Mai 1998 in Bonn erklärte der Anwalt der Gruppe, Konstantin Thun: „Die damalige deutsche Außenpolitik (Schmidt/Genscher) charakterisierte sich durch eine stillschweigende Sympathie für die argentinische Militärdiktatur und durch eine stille, völlig ergebnislose Diplomatie, wenn es um die Verteidigung von Menschenrechten ging." Diese Geringschätzung der Menschenrechte setze sich bis in die Gegenwart hinein fort, wie sich etwa an der Zurückhaltung der Bundesregierung angesichts der Menschenrechtsverletzungen im Kosovo zeige. Um das zu ändern, sei es nötig die parlamentarische Kontrolle über die Außenpolitik zu stärken.[3]

Aus dieser Kritik heraus entwickelte die Koalition die Forderung nach einer Expertenkommission für die Aufarbeitung der deutschen Politik gegenüber der Militärjunta und die Entwicklung von Vorschlägen einer neuen Menschenrechtspolitik. Sie solle „Empfehlungen erarbeiten, wie der Menschenrechtsschutz durch die Bundesregierung auch durch konsularische Vertretungen im Ausland stärker wahrgenommen werden" könne. Sie müsse als „Wahrheitskommission" verstanden werden – also sich an Aufarbeitungsinstrumenten orientieren, wie sie in den vorangegangenen Jahren von außereuropäischen Gesellschaften entwickelt worden waren. Die Koalition bettete diese Forderung in die großen globalen Zusammenhänge ein: Eine Expertenkommission werde „dazu beitragen, das Süd-Nord-Verhältnis neu zu gestalten, weil man damit auch Bereitschaft signalisieren würde, das eigene Fehlverhalten auf den Prüfstand zu stellen".[4] Trotz öffentlichkeitswirksamer Auftritte im Bundestag, zahlreichen Gesprächen mit

---

3 Discurso del Dr. Konstantin Thun, 7.5.1998 [übersetzt von DS], in ECCR, IB Koalition gegen die Straflosigkeit, 26: Hearing gegen die Straflosigkeit in Argentinien.

4 Argumente für die Einrichtung einer Expertenkommission zur Aufarbeitung der deutsch-argentinischen Beziehungen, 9.7.1999, in: ECCR, IB Koalition gegen die Straflosigkeit, 28: Veranstaltungen und Kampagnen.

Politiker*innen und einem breiten Medieninteresse kam es letztlich nicht zu einer solchen Kommission. Die Kampagne der Koalition macht aber sichtbar, wie die Erfahrungen der argentinischen Junta-Opfer und ihre Kritik an der Bundesrepublik Eingang in die deutschen Debatten der 1990er Jahre über eine Neuausrichtung der Menschenrechtspolitik fanden.

2. Deutsches Strafrecht und die Ahndung von Menschenrechtsverletzungen

Mit ihrem zweiten Anliegen, das deutsche Strafrecht zu einem Instrument gegen Menschenrechtsverletzungen überall auf der Welt weiterzuentwickeln, war die Koalition erfolgreicher. Das dürfte vor allem daran gelegen haben, dass dieses Anliegen sich gut in die offizielle Linie der Bundesregierung einfügte. Es war das erklärte Ziel deutscher Außenpolitik, das in zahlreichen Debatten der 1990er Jahre über die allgemeinen strategischen Linien immer wieder bekräftigt wurde, auf die Stärkung einer regelbasierten internationalen Ordnung hinzuarbeiten. In diese Linie fügte sich auch der Einsatz der Bundesregierung für einen internationalen Strafgerichtshof, der in der Lage sein sollte, schwerwiegende Menschenrechtsverletzungen zu verfolgen. Seit Mitte der 1990er Jahre hatten die Verhandlungen zur Einrichtung eines solchen Gerichtshofs bei der UN an Dynamik gewonnen. In diesen Verhandlungen setzte sich die Bundesregierung zusammen mit anderen sogenannten *like-minded states* für einen möglichst starken, unabhängigen Gerichtshof ein.

Die Koalition würdigte dieses Engagement Deutschlands auf der internationalen Ebene. Sie forderte aber darüber hinaus eine Weiterentwicklung des deutschen Strafrechts. Dabei griff sie auf rechtliche Argumente zurück, die argentinische Menschenrechtsorganisationen im Kontext des Kampfes gegen die Straflosigkeitsgesetze entwickelt hatten, und speiste sie in deutsche Debatten über eine Reform des Strafrechts ein. Bei der Erarbeitung einer Begründung für die deutsche Zuständigkeit für die von der Militärjunta begangenen Verbrechen stießen die Anwälte der Koalition auf schwerwiegende juristische Probleme. Nach deutschem Strafrecht wäre es zwar möglich gewesen, argentinische Militärs für Folter und Mord an deutschen Staatsbürger*innen anzuklagen, wenn diese Taten auch in dem Land strafbar waren, in dem sie begangen worden waren. Das traf jedoch aufgrund der Straflosigkeitsgesetze in Argentinien nicht zu. Deshalb nahmen die Anwälte den Umweg über das Völkerrecht und stützten sich dabei auf Argumentationsmuster, die südamerikanische Menschenrechtsorganisationen entwickelt hatten (Ambos 1998).

Sie argumentierten, dass es sich um Verbrechen gegen die Menschlichkeit handele – ein Straftatbestand, für den seit den Nürnberger Prozessen eine gewohnheitsrechtliche Pflicht zur Strafverfolgung bestehe, gegen die die argentinischen Gesetze verstoßen würden. Diese Argumentation stand allerdings auf wackligen Füßen. Die Anwälte klagten: „Die Bundesrepublik Deutschland hat es in der Nachkriegszeit versäumt, mit der völkerstrafrechtlichen Entwicklung Schritt zu halten. Es fehlen völkerstrafrechtliche Regelungen, in denen die Begründung der deutschen Jurisdiktion, das Strafanwendungsrecht, ebenso klar und die völkerstrafrechtlichen Tatbestände des besonderen Teils des StGB klar geregelt sind. [...] Gänzlich lückenhaft ist die deutsche Gesetzgebung hinsichtlich einer Kodifizierung der völkergewohnheitsrechtlich zwingenden Bestrafung von Verbrechen gegen die Menschlichkeit."[5]

Darüber hinaus erarbeiteten die Anwälte eine weitere Anzeige, die sich auf den Straftatbestand des Völkermords stützte. Auch hier war die Vorarbeit argentinischer Menschenrechtsanwält*innen entscheidend, die diese erfolgreich im spanischen Verfahren entwickelt hatten. 1999 hatte sich Richter Baltasar Garzón der durchaus umstrittenen Auffassung angeschlossen, dass die Verfolgung linker politischer Gruppen in Argentinien durch die Junta eine Form des Völkermords darstelle. Dieser Erfolg entfaltete eine starke Wirkung auf die argentinischen Debatten. Angehörigenorganisationen und Menschenrechtsanwälte deuteten die Repressionspolitik der Junta nun verstärkt als Genozid (Crenzel 2019, 11-15). Als deutsche Mitglieder der Koalition im Oktober 1999 nach Argentinien reisten, sprachen sich die argentinischen Mitglieder vehement dafür aus, auch in Deutschland eine Anzeige auf der Grundlage des Genozid-Vorwurfs zu erstatten.[6]

Trotz großer Skepsis folgten die deutschen Anwälte diesem Wunsch. Die Anzeige wurde im März 2001 eingereicht, begleitet von einem öffentlichen Hearing im Bundestag. Hauck verwies auf die „theoretischen Diskussionen" „unter Wissenschaftlern", die in den vergangenen Jahren im Kontext des spanischen Verfahrens stattgefunden und an der sich vor allem Jurist*innen aus Lateinamerika und Spanien beteiligt hatten. Er „hoffe, dass die heute eingereichten Völkermordanzeigen ein Beitrag dazu" seien, „auch unter [d]eutschen

5 Entwürfe Wolfgang Kaleck, o.d. [1999], in: ECCHR, IB Koalition gegen die Straflosigkeit, 257: Völkermordanzeige.

6 RA Claus Richter: Argentinienreise vom 18.-25.10.1999, Bericht, n.d., in: Elisabeth Käsemann Stiftung (EKS), Ordner II.3: RA Beckert/Thun, pp. 36-39; Kuno Hauck, Reisebericht Argentinien, 18.-23.10.1999, in: ECCHR, IB Koalition gegen die Straflosigkeit, 3: Reiseberichte.

Völkerrechtlern einen entsprechenden Diskussionsprozess in Gang zu setzen".[7]

Zwar wurde die Völkermord-Anzeige vom zuständigen Gericht in Nürnberg-Fürth abgewiesen. Doch für den Wunsch nach Weiterentwicklung des deutschen Strafrechts eröffnete sich um die Jahrtausendwende ein Möglichkeitsfenster. Mit der Unterzeichnung des Rom-Statuts 1998, das die Grundlage für die Etablierung des Internationalen Strafgerichtshofs legte, kam Bewegung in die Bemühungen zur Schaffung eines deutschen Völkerstrafgesetzbuches, die in den Jahren zuvor noch gescheitert waren. Um die Jahrtausendwende begann das Justizministerium mit der Ausarbeitung eines Völkerstrafgesetzbuches, das auch die Ahndung von Verbrechen gegen die Menschlichkeit und Völkermord auf neue Füße stellen sollte. Die auf Verbrechen des DDR-Regimes bezogenen Mauerschützenprozesse und Gerichtsverfahren gegen Personen, die wegen Verbrechen im Kontext des Jugoslawienkriegs in Deutschland angeklagt worden waren, bildeten wichtige aktuelle Kontexte, die die Reform des deutschen Rechts prägten (Jeßberger 2023). Aber auch die Erfahrungen, die im Zuge der Anzeigen und Ermittlungen gegen argentinische Militärs in Deutschland gemacht worden waren, spielten eine Rolle bei der Erarbeitung des neuen Gesetzes. Das Bundesjustizministerium konsultierte einige Anwält*innen und Jurist*innen, die die Bemühungen der Koalition begleitet hatten oder engagierte sie als Berater*innen (Hediger & Schaer, 96-106).[8]

3. Neue Menschenrechtspolitik, alte Konflikte

Der Menschenrechtsbeauftragte der Bundesregierung Gerd Poppe stand der Weiterentwicklung des Strafrechts wohlwollend gegenüber. Er hatte sich seit der Vereinigung für eine strafrechtliche Aufarbeitung des SED-Unrechts eingesetzt. Folgerichtig unterstützte er auch ohne Einschränkungen die Bemühungen der Bundesregierung, das Völkerstrafrecht zu einem Instrument des Menschenrechtsschutzes weiterzuentwickeln. Und er lobte ausdrücklich die Lobbyarbeit von nichtstaatlichen Akteur*innen im Umfeld der Verhandlungen über das Rom-Statut (Poppe 2002).

---

7 Stefan Herbst, Rede anläßlich „25 Jahre Militärputsch und Völkermord in Argentinien", Hearing am 21. März 2001, in: ECCHR, IB Koalition gegen die Straflosigkeit, 32: 25 Jahre Militärputsch.

8 Interview Daniel Stahl mit Wolfgang Kaleck, 29.11.2023.

Es waren aber eben nicht nur diese menschenrechtlichen Debatten der 1990er Jahre, die das Handeln ehemaliger Oppositioneller bestimmten. Ihre Positionen waren mindestens genauso von ihren Erfahrungen geprägt, die sie in Zeiten des Kalten Kriegs gemacht hatten, und davon, wie sie diese rückblickend deuteten. In der Erinnerung Poppes hatte das Interesse von Dissident*innen an Diskussionen über „alternative Gesellschaftsmodelle" ab den 1970er Jahren stark abgenommen. Stattdessen hätten sie begonnen, sich für eine „den Menschenrechten verpflichtete Politik" zu interessieren. Grundrechte wie die Meinungsfreiheit seien ihnen besonders wichtig gewesen. Die „Wiederherstellung der Rechtsstaatlichkeit" habe sich als zentrale Forderung der Bürgerrechtler*innen herauskristallisiert. Die Vereinigung mit Westdeutschland sei ein logischer Schritt zur Erreichung dieses Ziels gewesen (Poppe 2022).

Eine so zuversichtliche Deutung der westlichen liberalen Demokratien war vielen argentinischen Menschenrechtsaktivist*innen fremd. Zwar traf die Darstellung der Militärs nicht zu, dass die Opfer vor allem Angehörige kommunistischer, von der Sowjetunion finanzierter Guerrilla-Gruppen gewesen seien. Doch der absolut größte Teil derer, die entführt und ermordet worden waren, hatte sich in linken Gruppen engagiert – sei es in Form von Bildungsarbeit, solidarischer Nachbarschaftshilfe oder auch in bewaffneten Verbänden. Für sie war der Kampf gegen die Militärdiktatur immer auch ein Kampf gegen den westlichen Kapitalismus gewesen, den die USA und ihre Verbündeten versuchten in Lateinamerika durchzusetzen. Diese Interpretation fand sich mal mehr, mal weniger ausgeprägt auch in den Verbänden der Opferangehörigen – ein Aspekt, der in der deutschen Wahrnehmung häufig ausgeblendet worden ist. Insbesondere die Madres de la Plaza de Mayo stellten immer wieder eine direkte Verbindung her zwischen ihrem Engagement gegen die Straflosigkeit und dem Aktivismus ihrer Kinder. Hebe de Bonafini, eine der Gründerinnen und jahrelang das wohl bekannteste Gesicht der Organisation, erklärte 1991 beispielsweise: „Wir verteidigen die revolutionären und sozialistischen Ziele unserer Kinder. […] Ganz Lateinamerika brennt. Nicaragua brennt, Peru brennt, es brennen alle Orte, an denen man Nein zum Kapitalismus und zur Ungerechtigkeit sagt. Das Morgen ist der Sozialismus und nicht die Ungerechtigkeit." (Morales 2017, 139)

Mochten solche Äußerungen Anfang der 1990er Jahre in der Hochphase liberaler Wirtschaftspolitik in Argentinien noch auf wenig Resonanz gestoßen sein, so änderte sich das am Ende des Jahrzehnts, als das Land in eine seiner schwersten wirtschaftlichen Krisen geriet, die große Teile der Bevölkerung ihre Ersparnisse kostete und viele in Armut stürzte. Angesichts dieser Krise gelang es den Madres, auf der Grundlage ihrer kapitalismuskritischen Deutung Bündnisse mit zahlreichen anderen gesellschaftlichen Akteur*innen wie den Gewerkschaften zu schmieden und die Forderung nach strafrechtlichen Prozessen für die Militärs in diese Bündnisse einzuschreiben (Borland 2006; Morales 2017).

Dabei verknüpften sie ihre anti-kapitalistische Kritik mit der Deutung, dass das Verschwindenlassen durch die argentinischen Militärs einen Völkermord darstelle. Diese Deutung ging davon aus, dass es letztlich nicht darauf ankomme, ob eine Gruppe wegen ihrer ethnischen, religiösen oder nationalen Identität verfolgt worden sei. Bei all diesen Zuschreibungen handele es sich schließlich um Konstruktionen, die die Täter*innen vorgenommen hätten. Entscheidend sei, dass die Täter*innen ihre Opfer als eine Gruppe – egal welcher Art – definiert hätten, die es zu vernichten gelte. In der anti-kapitalistischen Lesart der Völkermord-Deutung, die nicht von allen Menschenrechtsgruppen geteilt wurde, hatte sich die Repression gegen jene gewandt, die der Durchsetzung einer von kapitalistischen Interessen geprägten Wirtschaftsordnung entgegengetreten waren. Diese Interpretation fand sich auch bei einigen argentinischen Mitgliedern der Koalition. Pérez Esquivel etwa erklärte beim Hearing anlässlich der Erstattung der Völkermord-Anzeige: „Die argentinischen Militärs handelten im Rahmen eines größeren Planes, der in ganz Lateinamerika umgesetzt wurde. Opfer dieses Planes waren alle Menschen und Gruppen, die ihrem politisch-ökonomischen Projekt im Wege standen.“[9] Auch Betina Ehrenhaus teilte ein solches anti-kapitalistisches Verständnis der argentinischen Vergangenheit. Anders als die meisten der in der Koalition engagierten Angehörigen war sie nicht die Mutter, sondern Verlobte eines Verschwundenen. Sie war 1979 als Zwanzigjährige zusammen mit ihrem Mann entführt worden, mit dem sie sich in linken Netzwerken politisch engagiert hatte. Nach zwei Tagen der Folter hatte man sie entlassen, ihr Mann aber blieb verschwunden. Sie hielt zeitlebens an ihrer anti-kapitalistischen Haltung fest.[10]

Beim Gespräch zwischen Vertreter*innen der Koalition und Poppe im Auswärtigen Amt trafen deshalb bei aller Einigkeit über die Bedeutung von Strafrecht als Instrument des Menschenrechtsschutzes zwei unterschiedliche Auffassungen darüber aufeinander, welche Konsequenzen aus der Gewaltgeschichte des Kalten Kriegs zu ziehen seien. Insbesondere für viele Argentinier*innen stand fest, dass einer Regierung grundsätzlich zu misstrauen sei, der es vor allem

---

9 Presseinformation, 21.3.2001, in: ECCHR, IB Koalition gegen die Straflosigkeit, 4: Pressemitteilungen.

10 Interview Daniel Stahl mit Betina Ehrenhaus, 21.3.2023.

um gute wirtschaftliche Beziehungen gegangen sei und die dafür auch gerne ein Auge zugedrückt habe, wenn es um Menschenrechte ging. Für sie war die kapitalistische Wirtschaftsordnung der liberalen Demokratien Teil eines Systems gewesen, das Menschenrechtsverletzungen ermöglicht habe. Poppe hingegen betonte, dass es sich „um einen demokratischen Staat gehandelt hätte, und daß er nicht die Meinung linker Splittergruppen" teile, „die der BRD Kol[1] aboration mit Militärdiktaturen" vorwerfen würden.[11] Auch wenn er gegen eine selbstkritische Auseinandersetzung mit dem Handeln der Botschaft grundsätzlich nichts einzuwenden hatte,[12] stand für ihn dennoch die Erfahrung im Vordergrund, dass der Weg in die liberale Demokratie mit ihrer kapitalistischen Wirtschaftsform ein entscheidender Schritt hin zur Überwindung der Rechtlosigkeit in der DDR gewesen war. Aus dieser Erfahrung leitete er ein tiefes Vertrauen in die Institutionen der Bundesrepublik ab.

Das eskalierte Gespräch beim Bundesbeauftragten für Menschenrechte mag keine besonders tiefgreifenden Konsequenzen für die Menschenrechtspolitik der Bundesrepublik gehabt haben. Es führt allerdings drastisch vor Augen, welche Sprengkraft Konflikt-Konstellationen wie die des Kalten Krieges auch dann noch entfalten können, wenn alle politischen Beobachter*innen sich einig sind, dass man sie überwunden habe.

Literatur

AMBOS, Kai (1998): Straflosigkeit in Argentinien für während der Militärdiktatur (1976-1983) begangene Taten des „Verschwindenlassens"? Gutachten für Opfer mit deutscher oder anderer Staatsangehörigkeit, in: Europäische Grundrechte Zeitschrift 25:15-16, S. 468-479.

BORLAND, Elizabeth (2006): Las madres de Plaza de Mayo en la era neoliberal. Ampliando objetivos para unir el pasado, el presente y el futuro, in: Colombia Internacional 63, S. 128-147.

CRENZEL, Emilio (2019): The Crimes of the Last Dictatorship in Argentina and its Qualification as Genocide: A Historicization, in: Global Society.

ECKEL, Jan/Stahl, Daniel (Hg.) (2021): Embattled Visions. Human Rights since 1990. Göttingen: Wallstein.

---

11 Kuno Hauck, Gesprächsnotiz AA mit Sprödt, Trommer, Poppe, Email vom 23.6.1999, in: ECCHR, IB Koalition gegen die Straflosigkeit, 3: Protokolle und Berichte zu Treffen mit politischen Entscheidungsträgern.

12 Vgl. Gerd Poppe, Beauftragter für Menschenrechte und Humanitäre Hilfe, an Kuno Hauck, Sprecher der Koalition gegen Straflosigkeit, 15.7.1999, in: EKS, Ordner III.2: Archiv Esteban Cuya.

HEDIGER, Andreas/Schaer, Michael (2008): Wahrheit und Gerechtigkeit in Argentinien. Wie die deutsche „Koalition gegen Straflosigkeit“ mit juristischen und politischen Strategien argentinische Menschenrechtsverbrecher der Zeit von 1976-1983 verfolgt. Zürich: Eigenverlag.

JESSBERGER, Florian (2023): Kleine Geschichte der Verfolgung von Völkerrechtsverbrechen in Deutschland, in Florian Jeßberger/Aziz Epik (Hg.): Zwanzig Jahre Völkerstrafgesetzbuch – Anwendungspraxis und Reformbedarf. Baden-Baden: Nomos, S. 25-39.

MORALES, Virginia (2017): Reconfiguraciones identitarias en la Asociación Madres de Plaza de Mayo: lucha contra la impunidad, radicalización y "giro a la izquierda" (1983-2003), in: Izquierdas 34, S. 125-149.

POPPE, Gerd (2002): Der Internationale Strafgerichtshof – Instrument zur Ahndung und Prävention schwerster Verbrechen, in: Jahrbuch Menschenrechte 4, S. 199-209.

POPPE, Gerd (2022): Unrecht, Recht und Gerechtigkeit, in: Bundeszentrale für politische Bildung, Deutschland Archiv, 2.1.2022, https://www.bpb.de/themen/deutschlandarchiv/343312/unrecht-recht-und-gerechtigkeit.

II. Mannigfaltige Herausforderungen

EVA PILS

Das anti-autoritäre Potential der Menschenrechte in einer „demokratischen Volksdiktatur"

Moderne Autokratien machen, wie Michael Krennerich aufweist, von den Institutionen und Praktiken der Demokratie vielfältigen und kreativen Gebrauch: sei es durch Manipulation oder Fälschung von Wahlen, sei es durch Vortäuschen demokratischen Wettbewerbs (Krennerich 2017). Während in der zweiten Hälfte des zwanzigsten Jahrhunderts selbst die autokratischen Regime, die echte demokratische Willensbildung als existentielle Bedrohung fürchten müssten, ihre Akzeptanz von freien und gleichen Wahlen behaupten, treten manche autokratische Machthaber heute allerdings auch als assertive Kritiker „westlicher" Demokratievorstellungen auf (ebd.).

Das derzeit mächtigste System unter diesen Kritikern des „Westens" ist die Volksrepublik China, und es lässt sich – an Krennerichs Analyse der Manipulation von Wahlen anschließend – zeigen, wie das Regime den Rückgriff auf antiliberale Demokratiebegriffe des 20. Jahrhunderts zur Rechtfertigung seiner Herrschaft in der Gegenwart nutzt, in der alternative Demokratiebegriffe auch anderswo wieder Konjunktur haben.

Laut ihrer Verfassung, genauer gesagt Artikeln 1-3 und 33, ist die Volksrepublik China eine „demokratische Volksdiktatur", die die Menschenrechte „achtet und schützt". Wie die Parteiführung außerdem häufig betont, ist China keine „westliche Demokratie"; die herrschende Kommunistische Partei lehnt den Liberalismus ab (Wang 2018) und nimmt seit 2013 eine Idee von „Menschenrechten chinesischer Prägung" für sich in Anspruch.[1] Seit 2019 wird darüber hinaus die „gesamtprozessuale Demokratie" als eine China eigene Demokratieform propagiert und als dem krisenträchtigen westlichen Modell überlegen dargestellt.

„Demokratische Volksdiktatur", „Menschenrechte chinesischer Prägung" und „gesamtprozessuale Demokratie" reflektieren wichtige geschichtliche Zäsuren in der Herrschaft der Kommunistischen Partei in China vom Kommunis-

1 "Human Rights with Chinese Characteristics" wird 2013 in Chinas Länderbericht an den UN-Menschenrechtsrat (A/HRC/WG.6/17/CHN/1) verwendet.

mus unter Mao Zedong über die begrenzt liberalisierende Reform-Ära hin zum von Xi Jinping ausgerufenen „neuen Zeitalter". Zugleich deuten diese Phrasen aber auch auf die Rollen konkurrierender Interpretationen der Demokratie- und Menschenrechtsbegriffe hin. Sie weisen nicht nur auf, wie der chinesische Parteistaat durch seine Auslegung dieser Diskurse und Praktiken seine Machtausübung zu rechtfertigen sucht, sondern auch, auf welche in- und ausländischen Widerstände er dabei stößt und darauf, dass wie von Krennerich in seiner Auseinandersetzung mit Autokratisierung (2023) betont, ein „emanzipatorisches" Verständnis der Menschenrechte den Widerstand gegen den chinesischen Parteistaat geprägt hat. Diese Fragen sind angesichts der zunehmend globalen Herrschaftsansprüche Chinas, angesichts weltweit wachsender Unterstützung für Autokratie, gerade auch in demokratischen Systemen, in denen man Meinungsumfragen Glauben schenken darf, und angesichts der tatsächlichen Dysfunktionalitäten liberal-demokratischer Systeme heute umso relevanter.

Interpretationen von „Menschenrechten" und „Demokratie" und ihre Grenzen

Eine Definition von Demokratie als Regieren mit Zustimmung des Volkes lässt viele Fragen offen, insbesondere die Frage, wer den *Demos* ausmacht: wer dazugehört, wer dazugehören sollte und wer von denjenigen, auf deren Zustimmung es ankommt, ausgeschlossen werden darf oder muss. Die Antworten auf diese Frage haben entscheidende Auswirkungen auf alle anderen grundlegenden Fragen zum Demokratiebegriff.

Liberale bzw. liberal-egalitäre Demokratiebegriffe sind auf Inklusion ausgerichtet, auch wenn auf diesen Ideen aufbauende Systeme sich bei der Bestimmung des moralischen, politischen und rechtlichen Status von Nicht-Staatsbürgern typischerweise in Widersprüche verwickeln; und sie verwenden hybride Mechanismen der Entscheidungsfindung, die dem Schutz der Menschenrechte durch gegen-majoritäre Mechanismen dienen. Sun Yat-Sens Theorie der Gewaltenteilung ist zu Recht als eine Variante dieser Theorien charakterisiert worden, die Chinas Demokratiegeschichte mitgeprägt hat (Ip 2009).

Trotz dieser Grundausrichtung verstehen Befürworter liberaler Demokratie die Beziehung zwischen Demokratie und Menschenrechten auf unterschiedliche Weise. Am einen Ende des Spektrums stehen integrative Ansätze wie der Dworkinsche, der Mechanismen für freie und faire Wahlen und den gerichtlichen Schutz von Rechten nicht als widersprüchliche, sondern als komplementäre Teile eines Systems betrachtet, das einem allgemeinen politisch-rechtlichen

Prinzip der gleichen Achtung und Sorge verpflichtet ist (Dworkin 1977). Trotz anhaltender Debatten über die Legitimität von Gerichtsbarkeit und ihre Schranken legt die Praxis liberaler Demokratien ein integratives Verständnis der Beziehung zwischen Demokratie und Menschenrechten nahe, das sich – trotz Debatte über die ideologische Neutralität des Völkerrechtes – auch in der Position des Hohen Kommissars für Menschenrechte der Vereinten Nationen wiederfindet (OHCHR 2002): es ist schließlich die Achtung beider Prinzipien, die freie und gleiche Wahlen ermöglicht.

Am anderen Ende der liberal-demokratischen Debatten stehen Auffassungen wie die Waldrons, der ein Spannungsverhältnis zwischen demokratisch-repräsentativen Institutionen wie Parlamenten und den Gerichten feststellt, gegen die Mehrheit gerichtete gerichtliche Normenkontrolle als nicht demokratisch legitimiert (Waldron 1998) und den Charakter gerichtlicher Entscheidungen als verglichen mit politischer Auseinandersetzung weniger tolerant und zivilisiert kritisiert (Waldron 2024). Argumente zur Delegitimierung von Gerichten als Feinde des Volkswillens werden von den aktuellen Protagonisten populistischer Politik in sehr viel gröberer Form vorgebracht.

Unitäre und ausgrenzende Theorien demokratisch legitimierter Herrschaft, die diesen letztgenannten Ansatz unterstützen und ausweiten, wurden historisch von einer Vielzahl politischer Theoretiker von Jean-Jacques Rousseau (1762) über Lenin (1905) bis zu Carl Schmitt (1926) vertreten (Sandborn 2017). Oder wie Trump diesen Ansatz – mit charakteristischem semantischem Bruch – in Worte fasst: “The only important thing is the unification of the people — because the other people don’t mean anything“ (Hotchkiss 2016). So wie dies eine zutiefst problematische Identifikation von Volk und Herrschern begründet, stellt es auch gefährliche Assoziationen zwischen den nicht zum Volk Gehörenden und Volksfeinden her und reduziert die Rolle des (wahren) Volkes auf Zustimmung zu den Entscheidungen seiner wahren und einzigen Repräsentanten. Dass Schmitt Demokratie und Diktatur nicht als gegensätzlich ansieht (Schmitt 1926, S. 41), hat interne Folgerichtigkeit, weist aber gerade auf die Grenzen der Elastizität des Demokratiebegriffs hin.

Offizielle Perspektiven des Parteistaates

Das Vokabular der Demokratie war, wie Tan feststellt, für die Selbstlegitimation der Kommunistischen Partei Chinas (KPCh) stets unverzichtbar, und zumindest seit ihrer Machtübernahme 1949 haben sich in der Regel kollektivistisch-ausgrenzende Vorstellungen durchgesetzt (Tan 2022).

Mao Zedongs Aufsatz „Über die demokratische Volksdiktatur“ von 1949 postuliert vor allem die Existenz innerer und äußerer Feinde des Volkes, was die „Diktatur“ gegenüber diesen Feinden rechtfertigt – ja sogar notwendig macht -, während er gleichzeitig die „Demokratie“ für das Volk, *renmin*, befürwortet (Mao 1949). Der Ausdruck *renmin*, „das Volk“, hat dabei schon einen kollektivistischen und ausgrenzenden Beiklang, vor allem wenn man ihn mit dem Ausdruck für Bürger oder Bürgerschaft, *gongmin*, vergleicht. Die, die nicht zum Volk gehören, müssen mit allen verfügbaren Methoden unter Kontrolle gebracht werden: ihnen gegenüber darf es keine Demokratie geben.

Die volksdemokratische Diktatur veranschaulicht somit eine unitäre Auffassung des Demos, die mit der Anerkennung der Realität eines innerlich pluralistischen Gemeinwesens, in dem niemand Rechte vorenthalten werden, unvereinbar ist. Die Entscheidung, wer zum Volk gehört und wer nicht bzw. wer diesen Status verliert, obliegt selbstverständlich der Partei als ausschließlicher und durch ihre historischen Erfolge ausgewiesener Vertreterin des Volkes. In China wird demokratische Volksdiktatur noch ergänzt durch den Grundsatz, dass die gesamte Staatsgewalt dem Volk gehört (Artikel 2), und des „demokratischen Zentralismus“ (Artikel 3): Das Volk darf den Machthabern Vorschläge und Kritik unterbreiten („Demokratie“), aber es muss einer einmal getroffenen Entscheidung gehorchen („Zentralismus“).

Zusammengenommen sind diese Prinzipien Ausdruck eines übergreifenden, wenn auch nicht explizit gemachten Verfassungsprinzips der Einheit der Gewalten bzw. der ungeteilten Macht, und sie schließen friedlichen Wettbewerb um Regierungsmacht aus. Es geht vielmehr darum, „den Reaktionären das Rederecht zu entziehen und dieses allein dem Volk zu überlassen.“ (Mao 1949). Dementsprechend sind in allen Phasen der VR-Geschichte Versuche unabhängiger Kandidaten der Teilnahme z.B. an lokalen Volkskongresswahlen äußerst riskant gewesen.

Dies bedeutet jedoch nicht, dass das Vokabular von Gesetz, Rechtsansprüchen und Bürgern gänzlich aus der Sprache des Staates entfernt worden wäre. Sie fallen nie ganz weg und werden in den drei Jahrzehnten der Reform-Ära nach Maos Tod bestärkt. Die Begriffe des „Regierens aufgrund von Gesetzen“ und des „Bürgers“ schaffen Raum für die Debatte über liberale, pluralistische Ideen innerhalb offizieller und offiziell geduldeter Kreise.

Infolge der in der Post-Mao-Ära eingeleiteten Reformen propagiert China nun jedoch auch die Idee des „sozialistischen Rechtsstaats chinesischer Prägung“ (Ma 2021), und hat seit den 1980er Jahren Schritte unternommen, um sich in das UN-basierte System internationaler Menschenrechtsverträge zu integrieren.

Aus der Sicht von Parteistaatsvertretern haben, wie Nathan (1994) festgestellt hat, Verpflichtungen gegenüber dem internationalen Menschenrechtsvertragssystem der Vereinten Nationen, dem China nach 1989 größtenteils beigetreten ist (auch wenn es den Internationalen Pakt über bürgerliche und politische Rechte lediglich unterzeichnet, aber nie ratifiziert hat), Vorteile (Chen 2022). 2004 schließlich stipulierte eine Verfassungsänderung: „Der Staat achtet und schützt die Menschenrechte." (Artikel 33 der Verfassung der VR China)

Der in der Verfassung verankerte ausgrenzende *renmin*-Volksbegriff wird auch in der Reform-Ära beibehalten, in der radikale rechtlich-politische, wirtschaftliche und gesellschaftliche Veränderungen stattfinden. Es gibt, wie aus diesem kurzen Abriss klar geworden sein sollte, keine Version des „demokratischen Zentralismus" oder der „demokratischen Volksdiktatur," in der das durch die Verfassungsänderung 2004 dokumentierte Lippenbekenntnis zu den Menschenrechten nicht notwendig zum Störfaktor werden würde. Jede tatsächliche Einforderung der Menschenrechte – das Verlangen nach ihrer Achtung und nach Accountability im Einzelfall – ist aus der Perspektive der Partei eine im Prinzip problematische, wenn nicht sogar unerträgliche Systemkritik. Das mit der tentativen Integration des Parteistaats ins Völkerrecht eingehandelte Problem ist allerdings, dass dadurch Menschenrechte zumindest auf semantischer Ebene legitimiert worden sind, und dass die Menschenrechtsidee nun auch die Grundrechtsvorschriften der Verfassung animieren kann.

Dieses Problem ist besonders ausgeprägt in Bereichen wie der Strafjustiz, wo die Anerkennung grundlegender Rechte, einschließlich des absoluten Folterverbots, deren systematische Verletzung zumindest als solche sichtbar und zum artikulierbaren Vorwurf gegen den Staat macht. Solche Veränderungen erweitern die Palette der Instrumente, die den Bürgern zur Verfügung stehen, um Menschenrechtsverletzungen anzufechten, erheblich. Versuche, auf der Achtung der Gesetze zu bestehen, werden aber fast immer als Provokation und manchmal auch als Versuch des Systemumsturzes angesehen.

Während der gesamten Reformära reagiert der Parteistaat daher auf Versuche, Menschenrechte einzufordern, mit innerstaatlicher Unterdrückung und internationaler Ablehnung menschenrechtsbasierter Kritik. Er bedient sich auch der sicherheits- und souveränitätsbasierten Argumente, die im sogenannten „Krieg gegen den Terrorismus" der Vereinigten Staaten und ihrer Verbündeten und in neueren populistischen Angriffen auf den völkerrechtlichen Schutz der Menschenrechte als schädlich für Demokratie und Selbstbestimmung zurückweisen.

Vor diesem Hintergrund ist es nicht verwunderlich, dass der Parteistaat, insbesondere unter Xi Jinping, zu autokratischen Prinzipien, die aus der Mao-Ära stammen, zurückkehrt. So werden zum Beispiel die „Demokratische Volksdiktatur" und das Prinzip, dass die Partei „in allem die Führung übernimmt", in der Sprache der Verfassung und der politischen Rhetorik insbesondere seit 2018 wieder betont, eine Entwicklung, die Xu Zhangrun (2018) zurecht als eine mögliche Rückkehr zum Totalitarismus kritisiert.

Der bisherige Höhepunkt dieser Bemühungen ist der Begriff der „gesamtprozessualen Volksdemokratie", der (zunächst als „gesamtprozessuale Demokratie") in der „Neuen Ära" durch Xi Jinping (Xinhua 2019) in einer Rede proklamiert und online umgehend aufgegriffen und weiterentwickelt wird. „Diese Form der Volksdemokratie, die in China verwurzelt, an die chinesische Realität angepasst ist und im Einklang mit der chinesischen Tradition steht, ist eine wichtige Neuerung in der Theorie und Praxis der sozialistischen demokratischen Politik und eine lebendige Praxis, bei der das Volk Herr über sein eigenes Land ist." (zitiert nach China Media Project 2023)

Darstellungen der „gesamtprozessualen Volksdemokratie" erwähnen manchmal die Tatsache, dass auch in der VR China, zum Beispiel auf der Ebene der Dorfverwaltungen und der lokalen Volkskongresse, Wahlen stattfinden (China Media Project 2021). Doch sie enthalten keine Bedingungen, die erfüllt sein müssen, damit ein System gesamtprozessual demokratisch ist. Die Verkündung des neuen Prinzips löste auch (trotz der Aufnahme der Idee in die Programme von Einrichtungen wie den vielen neuen „Forschungszentren zu Xi Jinping-Gedankengut") keine nennenswerte öffentliche Debatte aus. Schon gar nicht hat sie etwas mit der lebendigen, aktiven Verteidigung von Demokratie und Menschenrechten aus der chinesischen Zivilgesellschaft heraus zu tun.

Vielmehr scheint dieser Ausdruck hauptsächlich darauf ausgerichtet, Kritik abzuwehren und Gegenkritik zu insinuieren. Der Ausdruck „gesamtprozessual" spielt geschickt auf eine tatsächliche Schwäche der repräsentativen Demokratie und des liberalen-demokratischen Prozesses der „freien und gleichen" Wahlen in unserem Zeitalter der sozialen Medien, Fehlinformation und Desinformation an: die Gefahr nämlich, dass Wahlen zur leeren Form ohne genuine Deliberation und Beteiligung am politischen Prozess degenerieren. „Selbst wenn die Fundamentalkritik an der angeblichen Sinnlosigkeit von Wahlen übertrieben ist und die Frage nicht stellt, wie eine politische Ordnung ohne demokratischen Wahlkampf aussehen würde, ist die demokratische Bedeutsamkeit von Wahlen vielfach begrenzt" (Krennerich 2021, 15), und wie Krennerich in seiner großen Studie zu Wahlen in demokratischen und nichtdemokratischen Systemen zeigt, muss die Enttäuschung über den Mangel an Gelegenheit zu echter politischer Beteiligung ernst genommen werden.

Gesellschaftliche Kritik und Widerstand

Die Auseinandersetzung mit Grundrechten und Demokratie als Prinzipien und Mechanismen moderner Regierungen in der chinesischen Gesellschaft reicht in die späte Kaiserzeit zurück: schon 1908 entwirft Kang Youwei eine Verfassung für das Kaiserreich, die den „Untertanen" die Freiheit, sich mündlich und schriftlich und durch Publikationen auszudrücken, sowie Versammlung- und Vereinsfreiheit „in den Grenzen des Rechts" in Aussicht stellt. Und trotz der Ablehnung der Menschenrechte und der ausgrenzenden Konzeption der demokratischen Volksdiktatur gab es auch in der Geschichte der Volksrepublik immer Kritiker und oppositionelle Gruppierungen, die zum Teil auch von der Partei umworben wurden, um ihre Unterstützung für das Regime zu gewinnen (Tiffert 2009, 62).

Liberale Ideen inspirieren zu Engagement für Veränderungen des Systems. Sie spielen schon bei der Ausarbeitung der Verfassung von 1954 und bei der Entwicklung des frühen Rechtssystems der VR China eine Rolle. Besonders wichtig werden sie in der Reform-Ära nach dem Tod Mao Zedongs, begünstigt durch die Wiederbelebung und den Ausbau der Rechtsinstitutionen, neue Kommunikationstechnologien, und die transnationale Vernetzung zivilgesellschaftlicher Akteure, die sich für liberale und demokratische Ideen einsetzen (ebd.). Ein Hauptmerkmal dieser Entwicklung ist, dass sie die Zäsuren und gelegentlichen Brüche der offiziellen Diskurse nachvollzieht. Die Bewegungen der „Mauer der Demokratie" 1979 und die Protestbewegung im Vorfeld des Massakers vom 4. Juni 1989 sind Reaktionen auf eine Phase der liberalen Öffnung, bis hin zur experimentellen Diskussion über die mögliche Trennung von Partei und Staat und eine mögliche politische Liberalisierung, zu der es nie kommt.

Nachdem der Parteistaat in den 1990ern, teilweise im Bemühen, die Welt von der Ernsthaftigkeit seiner Reformbestrebungen zu überzeugen, Menschenrechte zunehmend offiziell anerkennt und teilweise in Gesetzen verankert, ändern Protestbewegungen ihre Methode und Stoßrichtung. Bürgern, die sich gegen Machtmissbrauch und Ungerechtigkeit wehren, bieten die Sprache, die Regeln und die Grundsätze der Menschenrechte dennoch ein Instrumentarium, mit dem sie die Machthabenden ermahnen können, sich an die von ihnen selbst geschaffenen und anerkannten Regeln und Prinzipien zu halten. Solche Verfechter entscheiden sich bewusst für fallbezogene Strategien für Herausforderungen des Systems, und durch ihre Arbeit mit transnationalen zivilgesellschaftlichen Organisationen realisieren sie, dass die internationalen Menschenrechtsmechanismen ihnen trotz ihrer vielen Einschränkungen eine Plattform bieten, die von ihrer Regierung zumindest nicht völlig ignoriert wird.

Wenn solche Menschenrechtsverteidigung, wie sie sich in den 90er Jahren herausbildet, zunächst keine politischen Forderungen nach Demokratisierung artikuliert, so ist dies nicht unbedingt nur eine Entscheidung für Risiko-Minimierung. Es entspricht auch einer Mainstream-Konzeption des völkerrechtlichen Schutzes der Menschenrechte, der diese also „ideologisch neutral" ansieht: eine Konzeption, von der man gerade in der Zeit nach dem Kalten Krieg vielleicht hofft, dass sie Autokratien wie China akzeptabler erscheinen wird, und die von einigen der wichtigsten Vertreter liberal-egalitärer politischer Theorien wie Rawls (1999) unterstützt wird, aber große Kontroversen auslöst.

Ihre Konformität mit den vom Mainstream geprägten Erwartungen staatlicher und anderer Akteure einer vom Parteistaat geduldeten Menschenrechtsarbeit scheint zu einer merkwürdigen Symbiose von manchen Menschenrechtsverteidigungsgruppen auf der einen Seite und den parteistaatlichen Behörden, die ihre Existenz bedrohen, auf der anderen Seite in der Reform- und Öffnungsära nach Mao zu führen. Direkte Kritik an den schwersten Menschenrechtsverletzungen – wie Programme der systematischen Inhaftierung und Folterung bestimmter dissidenter Gruppen – und unverblümte Demokratieforderungen sind für viele ausländische zivilgesellschaftliche Organisationen in China zu gefährlich. Aber umgekehrt kann auch der Parteistaat es sich oft nicht „leisten", solche Organisationen völlig zu zerschlagen.

Außerdem erlegen gerade die rechtlichen Mechanismen, die das Eintreten für die Rechte ermöglichen, ihrer Verteidigung auch Beschränkungen auf. Menschenrechtsverteidigung wird schnell als Versuch angesehen, das System zu untergraben, und das Instrumentarium des Strafrechts sowie diverser paralleler Kontroll- und Strafsysteme wird eingesetzt, um unliebsame Anwälte zu unterdrücken. Die Beziehungen zwischen zivilgesellschaftlichen Akteuren und den ihrer Verfolgung gewidmeten Handlangern des Parteistaates bleiben latent missbräuchlich: der Parteistaat setzt der Willkür seiner Maßnahmen gegen solche Bestrebungen keine prinzipiellen Grenzen. In direkter Konfrontation mit autokratischem Unrecht, das fast immer auch durch die Verfolgung derer vertieft wird, die sich für Gerechtigkeit (Accountability) einsetzen, erscheinen Kompromisse mit dem verfolgenden Parteistaat daher fragwürdig, selbst wenn sie im Einzelfall verständlich sind. Wie Krennerich (2023) treffend bemerkt: Wenn man Menschenrechte in einem anspruchsvollen, emanzipatorischen Sinne versteht, dann stellen diese autoritäre Praktiken und Strukturen in Politik, Wirtschaft, Gesellschaft und im Privatleben in Frage.

Insgesamt erreicht der Parteistaat nie das Maß an Kontrolle über die von den Vereinten Nationen und ausländischen Regierungen sowie der Zivilgesellschaft geäußerte Kritik an seinen Menschenrechtsverletzungen, das er nach der Logik seiner grundlegenden Regierungsprinzipien erreichen müsste. Wenn wir die Perspektive der volksdemokratischen Diktatur einnehmen, gelingt es ihr nie, das Gros der von ihr überall gewitterten Volksfeinde effektiv zum Schweigen zu bringen.

Ihre prekäre Lage macht andererseits vielen Menschenrechtsverteidigern klar, dass sie sich mit ihren Aktivitäten der Logik des Systems widersetzen, selbst wenn es ihnen eine legale Basis für Menschenrechtsverteidigung zur Hand gegeben hat. Auf einer tieferen Begriffsebene ist die Anwaltschaft zudem die Ausübung der grundlegendsten demokratischen Rechte. In dieser Hinsicht scheinen einige Propagandisten der gesamtprozessualen Demokratie unbewusst einen wertvollen Punkt aufzugreifen: Demokratie erfordert nicht nur periodische Abstimmungen und wird auch nicht nur durch diese erreicht (Malkopoulou 2012). Sie beruht, zumindest auch auf der Fähigkeit jedes Einzelnen, kritische Ansichten zu äußern und sich in Entscheidungsprozesse mit einzubringen, und Menschenrechtsverteidiger tun genau dies oft genug in bewusstem Rückgriff auf demokratische Praktiken und Entscheidungsformen. Vor diesem Hintergrund bleiben die symbiotischen, aber auch missbräuchlichen Beziehungen zwischen Verteidigern und Unterdrückern in den späteren Jahren der Post-Mao-Reformära insgesamt labil.

In einem veränderten kommunikativen und sozioökonomischen Umfeld beziehen neuere demokratischen Bewegungen sich zunehmend auf ein menschenrechtlich vertieftes Demokratie-Verständnis, das die Ideen des „globalen Konstitutionalismus“ aufgegriffen hat. Ein Beispiel ist der als Charta ‚08 bekannte Online-Aufruf für radikale politisch-rechtliche Reformen aus dem Jahr 2008 (Charter 08 2008, Link 2009), der 2008 darauf hinweist, dass „wir uns schon dem zwanzigsten Jahrestag des Tiananmen-Massakers von 1989 nähern, bei dem prodemokratische Studenten protestierten,“ und dessen Forderung nach effektivem Schutz für die in der Verfassung (Artikel 35) anerkannten Rechte der „Redefreiheit, Pressefreiheit und Wissenschaftsfreiheit“ vorhersagbar in der Verfolgung der Autoren und Unterzeichner und letztlich im Tod des Mitunterzeichners Liu Xiaobo in Gefangenschaft endete.

Nur vier Jahre nach der Unterdrückung der Charta 08 greift die von Xu Zhiyong mitinitiierte „Neue Bürgerbewegung“ auf Konzepte des Bürgers zurück, die sich bewusst auf die Ideen von Sun Yat Sen berufen und dezentralisierte digitale Kommunikationstechnologien zur Mobilisierung einer viel größeren Anzahl von Bürgern nutzt. Als einer der Mitinitiatoren führte Xu Zhiyong, der 2014 für seine Arbeit inhaftiert wurde, im Jahr 2020 diese Einsicht dann konsequent und mit vertrauter Direktheit fort: in einem offenen Brief fordert er Xi Jinping zum Rücktritt auf (Xu 2020). Die in vielen Städten in den Straßen und in Universitäten ausbrechenden „Leere Blätter"-Proteste gegen Covid-Restriktionen, die Ende 2022 schnell auch in breite Systemkritik und Demokratieforderungen umschlagen (Chan 2023), sind eine Fortsetzung dieses Trends: da der Parteistaat des „Neuen Zeitalters" repressiver wird und gleichzeitig die Überlegenheit des chinesischen Systems gegenüber anderen immer selbstbewusster propagiert, kann sich der Wunsch nach mehr demokratischer Beteiligung und besserem Schutz der Menschenrechte nicht mehr auf die inkrementelle Rhetorik stützen, die in der Reformära noch vorherrschte. Der Parteistaat selbst hat den Glauben an die Möglichkeit inkrementeller Verbesserungen, unterstützt durch das Erstarken der Zivilgesellschaft und rechtsstaatlicher Institutionen, durch systematische Attacken auf beide zerschlagen.

Schlussbemerkung

Dieser Beitrag hat versucht, die Auseinandersetzung in der VR China mit Demokratie- und Menschenrechtsbegriffen als Teil einer längeren Begriffsgeschichte zu skizzieren und ihre Bedeutung für globale Governance zu verstehen. Unterschiedliche Demokratiebegriffe und ihr Bezug zu Menschenrechten sind für die Geschichte offizieller Diskurse und Praktiken wichtig, die zu Xi Jinpings „Demokratie des gesamten Prozesses" hinführen (China Media Project 2021). Dabei kann die Manipulation demokratischer Prozesse wie Wahlen die Verzerrung zentraler Begriffe wie Demokratie und Menschenrechte ergänzen: China macht von all diesen Strategien Gebrauch, hat sich aber in der „Neuen Ära" Xi Jinpings mit besonderer Intensität der begrifflichen Manipulation gewidmet.

Natürlich beruht dieses Argument auf der Annahme, dass die Interpretation dieser Prinzipien nicht beliebig – oder, um eine gängige Formulierung zu verwenden – nicht ‚bloß subjektiv' ist und dass die Entscheidung für den liberalen Demokratiebegriff überzeugend begründet werden kann. In der Realität des chinesischen Parteistaats kann man zumindest anhand der Erfahrungen der Verteidiger von Demokratie und Menschenrechten die Mängel seiner Selbstrechtfertigungsversuche leicht erkennen. Es bleibt eine große Schwäche der „gesamtprozessualen Volksdemokratie" in China, dass sie den Rückgriff auf die menschenrechtlichen Grundsätze, die sie sich selbst zuschreibt, genauso wenig zulassen kann wie friedliche Kritik am System; dass das System die Beweise seiner vielen Verletzungen dieser Prinzipien fortwährend unterschlägt; und dass es immer wieder auf Kritik keine andere „Antwort" findet als das Auslöschen der kritischen Stimmen.

Andererseits ist die Wirksamkeit propagandistischer Phrasen wie der hier vorgestellten nicht nur an ihrer Überzeugungskraft zu messen. Daher ist es auch wichtig, wenn der chinesische Parteistaat mit seiner Rhetorik und seinem Auftreten in internationalen Foren wie denen der Vereinten Nationen schon vorhandene Zweifel an der Universalität der Menschenrechte und der Wichtigkeit ihrer völkerrechtlichen Verankerung vertiefen kann. Er trägt damit zu einer Zerrüttung bei, die auch durch manche populistisch regierte Demokratien, einschließlich der USA unter Trump, betrieben worden ist. Aus der Perspektive der Demokratiebegriffe dieser ansonsten so unterschiedlichen politischen Akteure erscheint dies folgerichtig, da eine ausgrenzende Demokratie mit einer emanzipatorischen Konzeption der Menschenrechte nicht kompatibel ist.

Die Verfasserin bedankt sich bei Nathalie Schneider für ihre Hilfe bei den Recherchen.

Literatur

CHAN, Kin-Man (2023): 'Unwritten Endings: Revolutionary Potential of China's A4 Protest,' in The Many Faces of Protest: Rethinking Collective Action in a World of Dissent.https://doi.org/10.6092/issn.1971-8853/16877.

CHEN, Yu-Jie (2022): China's Challenge To The International Human Rights Regime. Zeitschrift für internationales Recht und Politik.

CHINA MEDIA PROJECT (2023): Whole-Process Democracy. November 23, 2021. https://chinamediaproject.org/the_ccp_dictionary/whole-process-democracy/.

CHINA'S CHARTER 08, übersetzt von Perry Link, New York Review of Books, 15. Januar 2009, verfügbar unter http://www.nybooks.com/articles/2009/01/15/chinas-charter-08/. Siehe auch „《08宪章》全文 [Charter ,08 Full Text], http://www.bannedbook.org/forum2/topic2716.html.

DWORKIN, Ronald (1977): Taking Rights Seriously.

GLASIUS, Marlies (2024): Authoritarian Practices in a Global Age.

GRUENHAUSEN/DRINBERG (2019): 'The Party Leads on Everything.' Merics. https://merics.org/en/report/party-leads-everything.

HOGG, Quintin: Lord Hailsham. Oxford Reference. https://www.oxfordreference.com/display/10.1093/acref/9780191866692.001.0001/q-oro-ed6-00005117.

HOTCHKISS, Michael (2016): Q&A with Müller: Populism in Today's World'. Princeton University. https://www.princeton.edu/news/2016/10/25/qa-muller-populism-todays-world.

IP, Eric (2009): Aufbau einer konstitutionellen Demokratie auf orientalischen Grundlagen: Eine Anatomie des Konstitutionalismus von Sun Yat-Sen. Historia Constitucional 9.

KRENNERICH, Michael (2017): Mehr als Imitation. Auch Autokraten lassen wählen, in: APuZ 44-45, S. 39-44. https://www.bpb.de/shop/zeitschriften/apuz/258510/mehr-als-imitation/

KRENNERICH. Michael (2021): Free and Fair Elections? Standards, Curiosities, Manipulations. Bonn: Dietz.

KRENNERICH. Michael (2023): Impulsvortrag zum Projekt „Mit Menschenrechten Brücken bauen. Politische Bildung in Transformationsprozessen" des Deutschen Instituts für Menschenrechte, https://www.menschenrechte.org/de/2023/07/24/impulsvortrag-von-michael-krennerich-zum-projekt-mit-menschenrechten-bruecken-bauen-politiche-bildung-in-transformations-prozessen-des-deutschen-instituts-fuer-menschenrechte/.

MA Y (马文英), „《中国的民主》白皮书（双语全文）[Weißbuch über Chinas Demokratie, zweisprachiger Volltext]". 7. Dezember 2021. https://language.chinadaily.com.cn/a/202112/07/WS61aefdb1a310cdd39bc79e03.html.

MALKOPOULOU MILITANTE DEMOKRATIE UND IHRE KRITIKER: Populism, Parties, Extremism. Edinburgh University Press, 2019. https://www.jstor.org/stable/10.3366/j.ctvnjbg7n.

NATHAN, Andrew J.: „Menschenrechte in der chinesischen Außenpolitik". The China Quarterly 139 (September 1994): 622–43. https://doi.org/10.1017/S0305741000043071.

OHCHR. The Core International Human Rights Instruments and their monitoring bodies. http://www.ohchr.org/EN/ProfessionalInterest/Pages/CoreInstruments.aspx.

OHCHR. 2002. About Democracy and Human Rights'. https://www.ohchr.org/en/about-democracy-and-human.

SCHMITT, Carl (1926): Die geistesgeschichtliche Lage des heutigen Parlamentarismus, 8. Aufl., Nachdruck der 1926 erschienenen 2. Aufl., Berlin 1996.

TAN, Sor-hoon. (2022): Is Chinese Democracy Democracy? The Loop, 5. Januar 2022. https://theloop.ecpr.eu/is-chinese-democracy-democracy/, der sich mit Suns Argument der Gewaltenteilung und seiner Idee des Minquan befasst.

TIFFERT, Glenn D. 'Epistrophy: Chinese Constitutionalism and the 1950s'. In Building Constitutionalism in China, herausgegeben von Stéphanie Balme und Michael W. Dowdle, 59-76. New York: Palgrave Macmillan US, 2009. https://doi.org/10.1057/9780230623958_4.

WALDRON, Jeremy (1998): Judicial Review and the Conditions of Democracy. Journal of Political Philosophy 6, no. 4 (1998): 335-55. https://doi.org/10.1111/1467-9760.00058;

WANG, Dan (2018): '30 Years After Tiananmen: The Meaning of June 4th,' Journal of Democracy. https://www.journalofdemocracy.org/articles/30-years-after-tiananmen-the-meaning-of-june-4th//https://muse.jhu.edu/article/721642.

WANG FENGQING (王凤青) (2018): 坚决防止和反对自由主义--理论-中国共产党新闻网 [Den Liberalismus entschieden verhindern und bekämpfen]. Theory, 5 Maerz 2018. http://theory.people.com.cn/n1/2018/0503/c40531-29961796.html.

WANG TIANCHENG (王天成) (2012): 大转型：中国民主化战略研究框架 [The Great Transition: a Research Framework for Democratisation Strategy in China].Chenzhong Publishing. Hong Kong, 2012.

XINHUA (2019): 习近平：中国的民主是一种全过程的民主-新华网 [Xi Jinping: Chinas Demokratie ist eine gesamtprozessuale Demokratie]." 3 November 2019. http://www.xinhuanet.com/politics/leaders/2019-11/03/c_1125186412.htm.

XU ZHANGRUN (许章润) (2018): „我们当下的恐惧与期待 [Unsere unmittelbaren Aengste und Hoffnungen],' Unirule, 24 July 2018, http://unirule.cloud/index.php?c=article&id=4625.

XU, Zhiyong (许志永) (2020): „Briefliche Rücktrittsaufforderung" an Xi Jinping. [许志永：致习近平《劝退书》]'. https://chinadigitaltimes.net/chinese/635691.html.

YEH, Ming-Deh (葉明德) (2017): ‚習近平「反西方」思想 與政策之研究 [Eine Studie zu Xi Jinpings „anti-westlichen' Ideen und Richtlinien]. 《展望與探索月刊》 / Perspective and Exploration Monthly, Volume 15 Issue 11 (2017/11) Pp. 41-57.

THOMAS DEMMELHUBER

„Findige Autokraten" und Herrschaftssicherung: eine Replik

1. Einleitende Gedanken: warum „findige Autokraten"?

Die Transformationsforschung der 1980er und 1990er Jahre prägte die frühen akademischen Jahre von Michael Krennerich. Trotz seiner späteren Schwerpunktsetzung auf Menschenrechte und Menschenrechtspolitik, haben ihn Wahlen als Menschenrecht nie losgelassen und vielmehr zu zahlreichen Wahlbeobachtungsmissionen weltweit sowie einschlägigen Publikationen geführt. Wahlen bilden bis heute ein Bindeglied zwischen seinem frühen Oeuvre und seinen Forschungsarbeiten der jüngeren Vergangenheit (Krennerich 2020). Die politischen Transformationen in Lateinamerika waren dabei das empirische Fundament für seine konzeptionellen Fragen nach den Ursachen, Voraussetzungen und Mechanismen der politischen Transformation von autokratischen Ordnungen hin zur Demokratie.

Umbrüche der internationalen und regionalen Ordnung führten selbstredend zu einem markanten Einschnitt in der Politikwissenschaft als Disziplin und prägten die Etablierung der deutschen Transformationsforschung und ihre Institutionalisierung bspw. im Rahmen der Deutschen Vereinigung für Politikwissenschaft (DVPW) und dem späteren einschlägigen Arbeitskreis (AK) „Demokratieforschung". Dieser entstand 2006 aus der Fusion der in den 1990er Jahren gegründeten Arbeitskreise „Systemwechsel" und „Interkultureller Demokratievergleich". Michael Krennerich – Gründungsmitglied des AK Systemwechsel – hat sich dabei nie von einer „rosaroten Demokratisierungsromantik" anstecken lassen. Von Beginn an war er ein aufmerksamer Beobachter, wie sich Autokraten auch demokratischen Vokabulars und demokratischer Mechanismen bedienen, weil sie sich dadurch eine effektivere Herrschaftssicherung versprachen. Gleiches gilt für seine kritische Begleitung des Versuchs der konzeptionellen Messbarmachung von Demokratiequalität und des Stands politischer Transformation mit seinen einhergehenden Klassifikationsproblemen von Regimetypen (Krennerich 2002). Als sich sodann ab den 2000er Jahren in der internationalen und nationalen Regimeforschung der Zweig einer „neueren" Autokratieforschung herausbildete, die sich weniger für Voraussetzungen und

Bedingungen eines Regimewechsel interessierte, sondern den Regimetypus als Ordnung sui generis begriff und nach den systemischen Binnenstrukturen fragte, war Michael Krennerich wiederholt zur Stelle und wirkte als inspirierendes Bindeglied zwischen der (eher normativ geleiteten) Transformations-/Demokratisierungsforschung der 1980er und 1990er Jahre und der sich ab den 2000er Jahren herausbildenden neueren Autokratieforschung.

Sinnbildlich dafür ist sein 2017 veröffentlichter Beitrag im Periodika „Aus Politik und Zeitgeschichte" (APuZ) zum Thema „Mehr als Imitation. Auch Autokraten lassen wählen" (Krennerich 2017). Hier argumentiert er, dass sich der Typus des Autokraten verändert hat. Es ist nicht mehr der mit dem Rücken zur Wand stehende Herrscher, welcher sich einem hegemonial wahrgenommenen internationalen Liberalisierungsdiskurs zu erwehren hat und mit einem „Theater der Reform" versucht, demokratische Scheinlegitimation zu generieren. Nein, *findige Autokraten* sind in der Nutzung unterschiedlicher Politikfelder, politischer Narrative und materieller Praktiken zum Zwecke der dauerhaften Konsolidierung ihrer Herrschaft kreativer geworden. Treffend argumentiert er: „Wahlen sind in Autokratien mehr als Dekoration. Sie lassen sich in dortige Herrschaftspraktiken einbinden und können Bestandteile eines *smart mix* aus Legitimation, Kooptation und Unterdrückung sein." (ebd., 40f.) Strategien der Legitimation umfassen mittlerweile ein breites Spektrum an Politikfeldern und bedienen dabei sowohl Input-Dimensionen (z.B. über Wahlen) als auch Output-Dimensionen (z.B. Klimapolitik, Sportpolitik o.ä.). Die im Kern gültige These des Zusammenspiels von Legitimation, Kooptation und Repression – paradigmatisch als Säulenmodell von Gerschewski (2013) eingeführt – werde ich im Folgenden aufgreifen und um einige Überlegungen ergänzen, die über den starken Fokus aktueller Forschungsarbeiten auf materielle Ressourcen (u.a. Repression, Kooptation, Formen von Output-Legitimation) hinausgehen. Ziel soll es dabei sein, den Typus des „findigen Autokraten" weiter auszubuchstabieren und zu verstehen, wie immaterielle Aspekte wie Affekt und Emotion zunehmend eine herrschaftsrelevante Rolle spielen.

2. Wahlen helfen – frei und fair lässt sich managen!

Warum hat die Forschung zu Wahlen in Abwesenheit von Demokratie an Bedeutung gewonnen? Auf der einen Seite sind es sicherlich der Stillstand von Demokratisierungsprozessen sowie Spannungen und Erosionsprozesse in konsolidierten Demokratien, die den Blick auf die Funktion von Wahlen in nichtdemokratischen Ordnungen schärfen. Auf der anderen Seite hat die Zahl der

Autokratien weltweit zugenommen, mit für 2022 geschätzten über zwei Dritteln der Weltbevölkerung, die unter autokratischer Herrschaft leben. Letzteres konstituiert damit ein Forschungsfeld, das unter Autokratisierung sämtliche Prozesse zu erfassen versucht, die sowohl für eine Erosion liberal-demokratischer Prinzipien als auch für eine stärkere Autokratisierung der Ordnung stehen. Die stets zentrale Frage, einer binären Logik folgend, nach der Zugehörigkeit zu einem Regimetypus hat dabei an Bedeutung verloren, da sich das Phänomen quer zu diesen Regimetypen nachzeichnen lässt. Das gilt für konsolidierte Demokratien wie beispielsweise in Europa (z.B. Ungarn), den Rückfall von einer defekten Demokratie zurück in eine Autokratie (z.B. seit 2019 in Tunesien) bis hin zur Verfestigung von autokratischen Praktiken, Normen und Ideen in bereits bestehenden Autokratien (z.B. Ägypten seit 2013).

Letztlich kommt hinzu, dass sich die internationale Ordnung ebenso verändert hat, fließender und multipolarer geworden ist, mit massiven Auswirkungen auf deren konstitutiven Mechanismen, die auf Multilateralismus, regelbasierter Zusammenarbeit und friedlicher Konfliktlösung beruhen. Der russische Angriffskrieg gegen die Ukraine seit 2022 ist hier nur ein Beispiel unter vielen, das die Stressfaktoren für die Funktionsweise der internationalen Ordnung veranschaulicht. Internationale Demokratieförderung ist dabei in die Defensive geraten, zum einen aufgrund neuer starker autokratischer Protagonisten auf internationaler Ebene und zum anderen aufgrund von Autokratisierungsprozessen in den Geberländern bzw. der traditionellen Demokratieförderer selbst (z.B. USA, Europa).

In der Summe ist dies von großer Bedeutung für internationale Standards von freien und fairen Wahlen, da Autokraten bei der Gestaltung ihrer eigenen Gegennormen kreativer werden, um beispielsweise – wie noch zu zeigen sein wird – etablierte Normen der internationalen Wahlbeobachtung in Frage zu stellen und zu untergraben. Auffallend ist dabei der zunehmende Verweis auf Narrative, die auf dem Prinzip der Ablehnung jeglicher Form von internationaler Einmischung beruhen, wie es im Weißbuch des chinesischen Staatsrats zur Demokratie anschaulich dargelegt wird: „Ob ein Land demokratisch ist, sollte von seinem Volk beurteilt werden und nicht von einer Handvoll Außenstehender diktiert werden." (State Council 2001)

Und dennoch: Wahlen und Wahlprozesse spielen weiterhin eine zentrale Rolle im Überlebenskampf autokratischer Regime und nehmen hier unterschiedliche Formen und Funktionen ein.[1] Im Gegensatz zu Demokratien, in

---

1 Im Folgenden in Anlehnung an Demmelhuber (2023).

denen Wahlen über den Zugang zur Macht entscheiden, werden Wahlen in Autokratien zuvorderst zur Legitimierung, Sicherung und Festigung des Status quo der Macht genutzt, was aber auch unintendierte Folgen auf nationaler und internationaler Ebene nach sich zieht und in der Literatur häufig als „Pandora-Box“ beschrieben wird. Mit diesen unbeabsichtigten Folgen gehen autokratische Regime jedoch zunehmend professionell um und treffen dafür unterschiedliche Sicherheitsvorkehrungen. Grundlegend gilt zwar an dieser Stelle, dass die Wirkung von Wahlen in Autokratien variiert, da sie in unterschiedliche Kontexte – unter anderem Regimetypus, Regimealter und verschiedene Grade der Institutionalisierung – eingebettet sind. Dennoch lässt sich als Faustregel für Autokratien formulieren: Autokratische Regime versuchen, die Defizite in der Input-Dimension (da Wahlen per Definition nicht frei und fair sind) durch Output-Legitimation (z.B. Wachstumsraten, Modernisierungsdiskurs) und/oder durch eine stärkere Betonung der nationalen Einheit zu kompensieren. Trotz dieser Mahnung vor voreiligen Generalisierungen, bleibt die Frage nach den relevanten Funktionen von Wahlen in Abwesenheit von freien und fairen Bedingungen.

Wahlen oder Wahlprozesse als Strategie der Input-Legitimation in Autokratien haben zunächst vier innenpolitische Funktionen, die für das Überleben des Regimes von Bedeutung sein können. Sie ermöglichen erstens begrenzte Räume für einen kontrollierten Pluralismus in staatlichen Institutionen (*Legitimationsfunktion*) und suggerieren Räume eines politischen Wettbewerbs, der zumeist verfassungsrechtlich verbrieft ist (z.B. Legislative). Zweitens binden sie lizenzierte Oppositionsparteien in die gegebene politische Ordnung ein und inszenieren damit eine begrenzte Form des Pluralismus (*Sicherungsfunktion*). Drittens schaffen sie Räume der Kooptation zum Zwecke der Elitenkohäsion (*Klientelismusfunktion*), indem Elitengruppen über Formen der Patronage an das System gebunden werden und damit ein eigenes Interesse am Erhalt der Ordnung haben. Solange sich also die politisch relevanten Eliten an die „Spielregeln der Autokratie“ halten, indem sie an Wahlen teilnehmen, die Partizipationsmodalitäten akzeptieren und die Grundpfeiler der politischen Ordnung nicht in Frage stellen, zahlt sich der Zusammenhalt der Eliten aus. Viertens, und in der Literatur immer noch unterschätzt, dienen sie auch als Barometer für Regimeunterstützung und/oder Dissens (*Informationsfunktion*), wenn beispielsweise trotz massiver Mobilisierung die Wahlbeteiligung sehr niedrig bleibt und weiterführende Regimepraktiken vonnöten sind (z.B. ad-hoc Verlängerung des Wahlzeitraums). Auch Varianten des Wahlboykotts geben dem Regime Auskunft über die Mobilisierungsfähigkeit von Regimegegnern.

International haben Wahlen in Autokratien ebenso mehrere Funktionen zu erfüllen. Entscheidend ist zunächst das Motiv von Autokraten, den Wahlakt als Ausdruck eines demokratischen Wettbewerbs darzustellen. Internationale Wahlbeobachtungsmissionen spielen hier zwar eine relevante Rolle, entwickeln sich aber regelmäßig zu einem Stressfaktor, da sie nicht vollumfänglich vonseiten des Regimes zu kontrollieren sind. Zahlreiche Forschungsarbeiten haben gezeigt, dass autokratische Regime neue Taktiken entwickelt haben, um die hohen Kosten einer vollständigen Einhaltung der internationalen Norm der externen Wahlbeobachtung zu bewältigen, ohne sie zu verleugnen. Nachahmung ist hier zu einem „neuen Goldstandard" für Autokraten geworden. Diese Form der Nachahmung erfüllt eine entscheidende Funktion, indem sie die Botschaft vermittelt, dass die politische Ordnung legitim ist und die Wahlen in einem freien und fairen Umfeld stattgefunden haben. Das Portfolio der Regime-Taktiken zur Erlangung dieser gewollten externen Validierung qua Nachahmung umfasst ausgeklügelte Taktiken und Strategien: Erstens fungiert das Regime zunächst als ein *Gatekeeper* mit stark regulierten Akkreditierungssystemen (z.B. um größere Beobachtungsmissionen zu vermeiden). Zweitens fördert das Regime bewusst Beobachtungsgruppen aus freundlich gesinnten Ländern (z.B. überwachten russische Wahlbeobachterinnen und Wahlbeobachter die tunesische Parlamentswahl 2022). Letzteres kann auch Beobachtungsgruppen von bewusst geförderten bilateralen, parlamentarischen Freundschaftsgruppen umfassen, von denen man sich grundsätzlich regimeloyalere Positionen verspricht (z.B. zeigt Aserbaidschan hier großes Interesse an bilateralen parlamentarischen Freundschaftsgruppen, aus denen dann einzelne Wahlbeobachterinnen und Wahlbeobachter eingeladen werden). Drittens lassen sich Investitionen in internationale Marketing-Agenturen erkennen, um positive Narrative mit dem Land zu verbinden (nation- und place-branding).

Die ersten beiden Techniken sind unter allen autokratischen Regimen weit verbreitet und korrelieren dabei nicht signifikant mit dem Grad der „Autokratisierung". Proaktive Investitionen im Ausland und die zielgerichtete Rekrutierung von freundlich gesinnten Wahlbeobachtungsmissionen hängen hingegen von der finanziellen Fähigkeit des Regimes ab und sind nur bei einer Handvoll autokratischer Protagonisten zu finden.

Internationale Legitimation bleibt letztlich ein starker Anreiz. Sie wird aber zunehmend durch ausgefeilte Narrative, die die nationale Souveränität verkünden, und durch eine allzu selbstbewusste Inszenierung angeblich freier und fairer Wahlen in den Hintergrund gedrängt. Externe Validierung auf der Grundlage von nicht standardisierten Beobachtungsmissionen wird zum neuen Ersatzmodus für internationale Legitimation im Namen standardisierter internationaler Missionen basierend auf der Grundsatzerklärung für internationale Wahlbeobachtung. In anderen Worten: Wenn am Ende Autokratien anderen Autokratien die Einhaltung demokratischer Prinzipien bei Wahlen attestieren, wird die Norm der internationalen Wahlbeobachtung um ihre inhaltlichen Prinzipien beraubt und mutiert zu einer inhaltsleeren Floskel.

Unabhängig der relevanten Frage nach der internationalen Diffusion autokratischer Praktiken und der Rolle von autokratischen Protagonisten, diesen Diskurs zu beeinflussen, stellt sich die Frage, ob diese Strategie der Herrschaftssicherung – also das skizzierte Zusammenspiel von Formen der Input-Legitimation und Formen der im vorliegenden Beitrag nur angerissenen Output-Legitimation – zur Erklärung autokratischer Dauerhaftigkeit genügt. Sind diese näher beschriebenen orchestrierten Formen von Input-Legitimation und skizzierten Spielfelder der Output-Legitimation ausreichend? Keineswegs!

Michael Krennerich betont im oben zitierten APuZ-Artikel zurecht, dass auch weitere materielle Strategien wie beispielsweise Kooptation und alle Formen von Repression zu berücksichtigen sind, um die Klaviatur der Herrschaftssicherung zu verstehen. Diese „materielle Klaviatur" ist umfassend, breit und inspiriert eine ausdifferenzierte und sehr dichte Forschungsliteratur. Laufende Forschungsarbeiten zeigen indes, dass Autokraten zunehmend in Narrative nationaler Identität, nationaler Herkunft und andere Formen kollektiver Wir-Identität investieren, die sowohl das politische Ordnungsangebot für die Gegenwart legitimieren als auch ein Zukunftsversprechen formulieren sollen. Diese Formen einer immateriellen Herrschaftssicherung dienen nun als Sprungbrett für einige Schlaglichter aus der Region des Nahen Ostens, um das Argument zu untermauern, dass die vergleichende Autokratieforschung über eine Untersuchung von Emotionen, Affekten und weiteren immateriellen Aspekten profitieren und damit neue Forschungspfade erschließen kann.

3. Vergangenheit als Kitt für die Gegenwart und Versprechen für die Zukunft?

Die Staatenwelt des Nahen Ostens und Nordafrikas (MENA-Region) ist geprägt von einer Clusterbildung autokratischer Ordnungen. Zahlreiche Arbeiten belegen einerseits die Varianz unterschiedlicher Strategien der autokratischen Herrschaftssicherung in einem Dreiklang aus Strukturen, Institutionen und Akteuren. Andererseits lassen sich zunehmend auch Lernprozesse und Förderungsaktivitäten einzelner Autokratien nachzeichnen, die ihr eigenes

Herrschaftsmodell zu exportieren versuchen oder zumindest als Blaupause der Nachahmung dienen. Saudi-Arabien wird zum Beispiel als autokratisches Gravitationszentrum beschrieben und fügt sich ein in eine breit rezipierte internationale, regionale und transnationale Dimension von Autokratisierung.

In vielen Staaten fallen indes modifizierte Formen der Herrschaftssicherung auf, die sich zwar weiterhin um einschlägige materielle Formen drehen und darauf aufbauen, nun aber geschickt um immaterielle Ressourcen erweitert werden. Saudi-Arabien mag hier zunächst als anschauliches Beispiel dienen. Die ölreiche Monarchie, eine klassische Rentenökonomie, die sich im Wesentlichen durch den Kapitalzufluss aus Rohstoffgeschäften finanziert und damit die Staatsbürgerinnen und Staatsbürger alimentiert, steht vor mannigfaltigen Umbrüchen. Einerseits steht mit dem nächsten Herrschaftswechsel innerhalb der Familiendynastie der Al Saud der Sprung in die Enkelgeneration unmittelbar bevor, da bisher alle Könige Söhne des Staatsgründers Ibn Saud waren. Andererseits ist auch in Saudi-Arabien der Diversifikationsgedanke und das Ziel unabhängig(er) vom Öl- und Gasgeschäft zu werden zunehmend das Leitmotiv der Entscheidungsträger. In diesem Momentum nimmt der Kronprinz (Mohammed Bin Salman, MBS) und Sohn des aktuellen Königs Salmans eine entscheidende Rolle ein. Er ist der Protagonist der Entwicklungsvision „Saudi Vision 2030", die eine neue politische Ordnung konturiert und die Parameter der politischen und gesellschaftlichen Ordnung neu justiert. Sie geht dabei dezidiert über die tradierten Parameter einer konservativen wahhabitischen Ordnung des sunnitischen Islam hinaus, was an den Grundpfeilern der politischen Ordnung des Landes rüttelt. Der Herrschaftsanspruch der Al Saud bedient sich einer weit zurückliegenden Vergangenheit und basiert auf einem Bündnis Mitte des 18. Jahrhunderts zwischen der Familie Al Saud und Mohammed Ibn Abd al-Wahhab, dem Begründer des Wahhabismus, einer streng orthodoxen Auslegung des sunnitischen Islam. Sofern die Al Saud in ihrem politischen Tun den religiösen Prinzipen der Wahhabiyya folgen, erhalten diese auch die politische Unterstützung des Klerus, so die jahrhundertelang tradierte Abmachung. Diese Form der religiösen Legitimität für die saudische Herrscherfamilie zeigt sich in unterschiedlichen Facetten. So schmückt sich der saudische König auch mit dem Beinamen, „Hüter der zwei heiligen Stätten des Islam (Mekka und Medina)" zu sein und leitet ferner religiöse Legitimität als Gastgeber der Pilgerfahrt (*Hajj*) ab. Trotzdem erodiert die Bedeutung religiöser Legitimität, was auch durch Generationenkonflikte – etwa zwei Drittel der saudischen Staatsbürgerinnen und -bürger sind jünger als 35 Jahre – bedingt wird.

Basierend auf einer weiterhin repressiven Ordnungsstrategie formuliert der Kronprinz ein Narrativ einer nationalen Herkunftsgemeinschaft, die alle saudischen Staatsbürgerinnen und Staatsbürger vereint und mit ihrem gemeinsamen Vergangenheitserbe in die Zukunft führt. Diese Strategie der sentimentalen Nutzbarmachung von Vergangenheitsrepertoires für ein Ordnungsangebot der Gegenwart und ein Versprechen für die Zukunft zeigt sich in vielerlei Facetten. Von massiven Investitionen in Museen der nationalen Geschichte, über Kulturfestivals bis hin zu einer Neuetablierung des nationalen Unabhängigkeitstags am 23. September werden Ordnungsnarrative einer gemeinsamen Wir-Identität geschaffen, die die Ordnung stabilisieren und damit auch die Protagonisten dieser Ordnung und deren Überführung in eine blühende Zukunft legitimieren sollen. Reibungsverluste mit dem Klerus werden hier bewusst in Kauf genommen, wie das Beispiel der Neuetablierung des Nationalfeiertags (2005) zeigt: Saudi-Arabien feiert vier Feiertage im Jahr. Der Nationalfeiertag ist der einzige Feiertag, der dem gregorianischen Kalender und nicht dem islamischen Kalender (Mondkalender) folgt. Einerseits ist die Erzählung des Nationalfeiertags nicht nur nach innen gerichtet und soll auch ein wiederkehrendes Narrativ der saudischen Nation nach außen transferieren. Die Loslösung vom religiösen Kalender ist auch als Zeichen der Emanzipation gegenüber dem islamischen Klerus zu werten, dessen fundamentale Rolle für die politische Ordnung Saudi-Arabiens zunehmend limitiert wird. Massive Proteste des Klerus (unter anderem mit einem Rechtsgutachten, dass dies nicht im Einklang mit islamischer Normativität sei) waren die Folge. Das Regime reagierte mit Repression und Verhaftungen.

Diese Neukonfiguration von Politik und Gesellschaft im Land geschieht selbstredend flankierend zu materiellen Aspekten: man denke an massive saudische Investitionen in den internationalen Fußball, den Aufbau einer international kompetitiven saudischen Fußballliga oder das Streben, prestigeträchtige internationale Großveranstaltungen auszurichten. Gleiches ließe sich für die zunehmende internationale Investitionstätigkeit von saudischen Staatsfonds und nachhaltigen Bemühungen in Richtung eines attraktiven Investitionsstandorts zeigen. Zögernde internationale Investoren werden kurzerhand durch saudische Staatsinvestitionen ins Land geholt, wie beispielweise die neue saudische Produktionsstätte des US-amerikanischen Elektroautobauer Lucid Motors in Jeddah am Roten Meer zeigt (der saudische Staatsfonds PIF hält seit 2019 selbst die Mehrheit der Anteile an der Lucid Group). Diese dient dazu, die im eigenen Land produzierten Elektroautos als Beweis für den Umbau von Politik, Wirtschaft und Gesellschaft sowie deren Leistungsfähigkeit darzustellen. Es ist dabei stets das gleiche zugrundeliegende Narrativ, ein Versprechen an eine junge

Bevölkerung, ein Versprechen auf die Zukunft. Bei aller Vorsicht hinsichtlich der Reliabilität von Umfragedaten in autokratischen Ordnungen verfügt dieses Narrativ über große Popularität im Land.

Im Einklang mit der saudischen Entwicklungsvision 2030 kündigte der Kronprinz Pläne zur Umgestaltung bestehender Museen und zum Aufbau neuer Ausstellungen an, die sich auf die kulturelle Identität Saudi-Arabiens konzentrieren. Bestehende Museen in der Hauptstadt Riad, darunter das Nationalmuseum und das Masmak Fort Museum, werden vollständig umgestaltet. Einzelne Aspekte der Geschichte werden gestrichen, andere hervorgehoben. Museen und Ausstellungen werden bespielt, um die Besucherinnen und Besucher affektiv zu erreichen, um Gefühle der Verbundenheit mit dem Prozess der Herausbildung einer nationalen Identität zu stärken. Rosie Bsheer (2020) hat diesen Prozess der selektiven Gestaltung von nationalem Erinnern in einer beeindruckenden Recherche nachgezeichnet, mit dem treffenden Titel „Archive Wars: The Politics of History in Saudi Arabia".

Vorschnell ließe sich argumentieren, dass obiger Befund eingedenk der recht jungen Nationalstaaten, die erst (mit Ausnahme von Saudi-Arabien) in der zweiten Hälfte des 20. Jahrhunderts ihre volle nationale Unabhängigkeit erlangten, nicht überrascht. Dieses im Kern richtige Argument verkennt aber die Tatsache, dass die Frage nach einer geteilten Wir-Identität explizit in die Strategien der Herrschaftssicherung eingebunden wird und die Staatsbürgerinnen und -bürger hierfür auch affektiv mit einbezogen werden. Anschaulich lässt sich zeigen, wie die Archivierung der nationalen Geschichte an politischer Bedeutung gewonnen hat (Bsheer 2020), um eine Deutungshoheit über den „imaginären Werkzeugkasten" von Normen, Praktiken und Ideen der Nation, der geteilten Wir-Identität, zu bekommen. Mit anderen Worten, eine Nation braucht einen Konsens darüber, woher sie kommt, kombiniert mit einem gemeinsamen Wissen über die Vergangenheit als normativen Bezugspunkt. Letzteres ruft passgenau das über viele Jahre in der Ankunftshalle des internationalen Flughafens von Abu Dhabi hängende Banner mit dem Zitat des Staatsgründers der Vereinigten Arabischen Emirate, Scheich Zayed, in Erinnerung: „A nation without a past is a nation without a present and a future."

Ein Blick auf die Nachbarmonarchie (Emirat) Katar führt zu einem ähnlichen Befund. Das im März 2019 neu errichtete Nationalmuseum in Doha (Katar) in Form einer Wüstenrose soll an die Beduinenzeit erinnern und nutzt die vorstaatliche Vergangenheit als Inspiration eines nationalen Nukleus. Durch die Darstellung des materiellen und immateriellen Erbes einer vergangenen jahrtausendalten katarischen Kultur, die eine romantische und nostalgische Vorstellung von der historischen Bevölkerung und ihren Traditionen vermittelt, führt die Ausstellung zu den Herausforderungen und Erfolgen des modernen katarischen Staates. Dieser wird letztlich als Ergebnis der Kontinuität, Relevanz und Fürsorge der Herrscherfamilie Al Thani dargestellt. Die Strategie ist hier offenkundig, die Rolle der Herrscherfamilie als Garant von Ordnung hervorzuheben und gezielt eine affektive Erinnerungsebene der Bürgerinnen und Bürger in Bezug auf frühere politische Krisen, Wegmarken und Einschnitte anzusprechen und das Narrativ einer katarischen Wir-Identität zu untermauern, die auch in Zeiten von Krisen, Leid und Traumata zu bestehen weiß. Bewusst werden hier Gefühle für kollektives Leid und Zugehörigkeit erzeugt, im Wissen, dass dieses die Besucherinnen und Besucher zum Teil selbst nicht erlebt haben. Deutlich erkennbar wird hier auf intergenerationelle Erinnerungseffekte und affektive Empathie mit den früheren Generationen abgestellt.

Das Fallbeispiel Katar umfasst aber auch Wegpunkte der jüngsten Vergangenheit, die als Referenzpunkt für die Resilienz der nationalen Gemeinschaft dienen. Als Saudi-Arabien mit einigen weiteren Staaten aufgrund heftigster diplomatischer Friktionen das Land Katar vier Jahre (2017-2021) zur See, zur Luft und zu Land blockierte, inszenierte sich der katarische Emir als Hüter und Retter der Nation, der letztere erfolgreich durch diese schwierige Zeit navigierte. Die vierjährige Blockade ist nun bereits im oben genannten Nationalmuseum in der Hauptstadt Doha eingearbeitet, sie bildet den letzten Raum der Reise durch die Geschichte der katarischen Nation. Partizipativ und interaktiv werden die Besucherinnen und Besucher mitgenommen in ein gemeinsames Erinnern an die schwierige Vergangenheit, um daraus ein Skript für die Zukunft abzuleiten. Ein Skript, das auf Einheit, Stabilität und Wohlstand ausgerichtet ist, unter der Führung der Herrscherfamilie mit dem Emir als „Vater der Nation“ an der Spitze.

4. Schlussbetrachtung: wozu noch Wahlen?

Wahlen in Demokratien fungieren als institutionalisierte Arena für den politischen Wettbewerb. Sie entscheiden über den Zugang zur Macht und kanalisieren damit regelmäßig die demokratische Deliberation. In Autokratien spielen Wahlen eine andere Rolle. Wahlen entsprechen nicht dem Menschenrecht auf Beteiligung an öffentlichen Angelegenheiten, wie es in verschiedenen verbindlichen internationalen Menschenrechtsdokumenten und -verträgen niedergelegt ist. Die Rolle von Wahlen ist vielschichtiger, die Wahlprozesse in Autokratien sind daher keineswegs statisch und einer singulären Pfadabhängigkeit folgend.

In lebendiger und vielfältiger Weise werden Wahlnarrative zum Zwecke der Regimelegitimation konstruiert. Das hat massive Auswirkung auf die tradierte Norm der internationalen Wahlbeobachtung. Internationale Wahlbeobachtung wird seit langem als Norm akzeptiert, so dass Autokraten internationale Beobachterinnen und Beobachter einladen, wohlwissend, dass Manipulation und Betrug leicht zu erkennen sein werden. Die sich rasch entwickelnde Literatur über Diffusion und autoritäres Lernen zeigt, wie sich autokratische Praktiken, Ideen und Normen ausbreiten und international vereinbarte demokratische Standards in Frage stellen. Autokratische Protagonisten gewinnen an Selbstvertrauen, glauben an die Überlegungen ihres Ordnungsmodells und formulieren länderspezifische Narrative über die Rolle und Funktion von Wahlen. Empirische Belege deuten darauf hin, dass zunehmend auf die normative Kraft der nationalen Gesetzgebung verwiesen wird, die sich über internationale Standards aus verbindlichen internationalen Verträgen über bürgerliche und politische Rechte (z.B. Internationaler Pakt über bürgerliche und politische Rechte, ICCPR) hinwegsetzen soll. Jegliche Kritik am Wahlprozess durch externe Beobachter wird als politisch motiviert, von subversiven Verleumdungskampagnen getrieben oder nicht an die politische Realität gebunden dargestellt. Autokratisches Imagemanagement ist die zentrale diskursive Bühne.

Gleichzeitig wissen *findige Autokraten* um die Limitation von Wahlen zum Zwecke der Input-Legitimation. Einige empirische Schlaglichter aus der MENA-Region haben gezeigt, wie sich neben Formen der Input- und Output-Legitimation auch das Feld der kollektiven Wir-Identität zu einem zentralen Betätigungsfeld von Autokratien entwickelt hat. Über einen gemeinsamen Konsens nationaler Herkunft, Identität, gemeinsam geteilter Vergangenheitsrepertoires, lassen sich – so der Befund für autokratische Regime in der MENA-Region – Ordnungsangebote für die Gegenwart und Zukunft konstruieren. Es steht außer Frage, dass diese in andere zumeist materielle Stabilitätsressourcen autokratischer Ordnungen eingebettet sind, dennoch – so zeigen Befunde bspw. für Saudi-Arabien – ist der Zukunftsglaube, der Glaube an eine bessere Zukunft unter der jungen Bevölkerung Saudi-Arabiens ein geteilter Konsensus. Letzteres ist aus Sicht der Herrscherfamilie eine gute Nachricht und belegt den eingangs geteilten Befund der Kreativität und Findigkeit autokratischer Protagonisten. Es sind diese skizzierten immateriellen Quellen und Strategien der Herrschaftssicherung einer affektiven Einbeziehung der Bürgerinnen und Bürger, die in der international vergleichenden Autokratieforschung noch mehr untersucht werden müssen. Die Reise hat gerade erst begonnen! Reisenden sei indes empfohlen, die reichen und substantiellen Befunde der Transformationsforschung der 1980er und 1990er Jahre zu sichten, um Regimepraktiken zu untersuchen, zu interpretieren und über diachrone Vergleiche auf ihre Neu- oder Andersartigkeit zu überprüfen.

Literatur

BSHEER, Rosie (2020): Archive Wars. The Politics of History in Saudi Arabia. Stanford University Press.

DEMMELHUBER, Thomas (2023): Strengthening the Right to Participate: Legitimacy and Resilience of Electoral Processes in Illiberal Political Systems and Authoritarian regimes, Working paper 1, Requested by European Parliament's Subcommittee on Human Rights (DROI), https://www.europarl.europa.eu/thinktank/en/document/EXPO_STU(2023)702581

GERSCHEWSKI, Johannes (2013): The three pillars of stability: legitimation, repression, and co-optation in autocratic regimes. Democratization 20 (1): 13-38

KRENNERICH, Michael (2002): Weder Fisch noch Fleisch? Klassifikationsprobleme zwischen Diktatur und Demokratie. In P. Brendel/A. Croissant/F. W. Rüb (Hg.): Zwischen Demokratie und Diktatur, Opladen, S. 55-70.

KRENNERICH, Michael (2017): Mehr als Imitation. Auch Autokraten lassen wählen, in: APuZ 44-45, S. 39-44.

KRENNERICH, Michael (2020): Freie und faire Wahlen? Standard, Kurioses, Manipulationen. Frankfurt/M.: Wochenschau Verlag.

STATE COUNCIL – INFORMATION OFFICE (2021): China: Democracy That Works, in: White Paper, 4 December 2021. http://www.news.cn/english/2021-12/04/c_1310351231.htm

MICHAELA LISSOWSKY

Gegen Desinformation – Regulierungsversuche in Europa

1. Vorbemerkungen

Die gezielt platzierte Lüge ist kein neues Phänomen im öffentlichen politischen Raum. Im 21. Jahrhundert verbreitet sie sich über die „Sozialen Medien“ in Form der digitalen Desinformation jedoch rasant und weltweit. Geschwindigkeit und Reichweite zeichnen diese moderne Form der gezielten Falschmeldung aus. Doch erst die dahintersteckende Absicht, Schaden an der Demokratie und demokratischen Institutionen anzurichten, Misstrauen gegen ihre Institutionen zu stiften und Vertrauen in sie zu erschüttern, macht die Desinformation zu einer der größten Herausforderungen der Gegenwart – nicht nur für die liberale Demokratie, sondern auch für den Rechtsstaat und die Menschenrechte. Ihr Rückhalt basiert auf dem Vertrauen, das Bürgerinnen und Bürger in die Gerichte, Parlamente und öffentlichen Institutionen und freie und faire Wahlen haben müssen. Nur rechtsstaatliche Demokratien haben die Fähigkeit, kritisches Vertrauen in ihre Institutionen zu erarbeiten. Darin unterscheiden sie sich von autokratischen Regimen, die zu kritischer Vertrauensbildung nicht in der Lage sind und ihren Bürgerinnen und Bürger daher blindes Vertrauen abverlangen (Bielefeldt 2022).

Für die Gewährleistung der Wahlfreiheit in liberalen Demokratien sind digitale Informations- und Kommunikationstechnologien eine Herausforderung geworden. Zunächst haben Internet und Soziale Medien Menschenrechtsverteidigerinnen und -verteidigern, gerade auch verfolgten und unterdrückten, weltweit eine neue Stimme und Aufmerksamkeit verliehen. Sehr viel leichter ist heute ein Zugang der breiten Öffentlichkeit zu Informationen über Verbrechen möglich. Soziale Medien sind zum Monitoringinstrument von Menschenrechtsverletzungen geworden. Diese technologischen Vorteile haben aber auch eine Kehrseite.

Die ständig verfügbare Datenfülle wird genutzt, Falschmeldungen zu verbreiten, demokratische Prozesse zu schwächen und die freie politische Meinungsbildung zu beeinflussen. Die Einführung von Überwachungstechnologien wie Pegasus stellt eine weitere Entwicklungsstufe des rasanten Tempos des technologischen Wandels dar. Oppositionelle, Journalistinnen und Journalisten werden digital verfolgt, ihre Werke und Aussagen mit Desinformationen verzerrt. Weltweit werden demokratische Institutionen und rechtsstaatliche Strukturen durch Propaganda und Desinformationen attackiert. Gezielt werden Falschinformationen gestreut, unlautere Narrative verbreitet, um den öffentlichen und politischen Meinungsbildungsprozess zu manipulieren. Desinformationen überschreiten ständig die Grenze zwischen der faktenbasierten Wahrheit hin zur Unwahrheit. Hannah Arendt hat dies bereits lange vor Beginn des Digitalzeitalters mit ihrem Verständnis von Tatsachenwahrheit benannt und in ihrem erstmalig 1967 im New Yorker erschienenem Essay „Truth and Politics" beschrieben. Fakten und Ereignisse können per se leicht manipuliert werden. Doch auch für Hannah Arendt bestand die größte Gefahr bereits in den Techniken der Massenmedien, die wirksam zur Verbreitung desinformativer Inhalte und Botschaften in der Öffentlichkeit beitragen. (Arendt 2006)

2. Zum Begriff der Desinformation

Beim Verständnis von Demokratie, aber auch im Bereich der Menschenrechte, zeigt sich inzwischen offen der Versuch autokratischer Regime, Werte und normative Inhalte neu auszulegen und die Deutungshoheit zu gewinnen. Gerade die chinesische Regierung zielt darauf ab den Begriff der Menschenrechte inhaltlich neu zu besetzen und systematisch ins Autoritäre zu verschieben. (Pils 2018) Die Praxis der Umdeutung findet unter fortgesetzter Nutzung derselben Terminologie statt und erschwert dadurch zunehmend die Zusammenarbeit mit semi-autokratischen und autokratischen Regierungen in multilateralen Foren und Internationalen Organisationen, wie dem UN Human Rights Council. Die politische Strategie der begrifflichen Umdeutung bedient sich des Instruments der Desinformation. Damit soll das völkerrechtlich klar bestimmte Verständnis von Menschenrechten und liberaler Demokratie allmählich verändert werden.

Für die weitere Betrachtung ist zunächst die klare Abgrenzung von Desinformation zu Fake News notwendig. Während der Begriff der Fake News inzwischen gängig ist und häufig verwendet wird, bleibt sein inhaltlicher Wert diffus. Fake ist nicht automatisch vollständig falsch, sondern beschreibt auch eine absichtliche Vermengung von wahren und falschen Inhalten. Der Begriff Fake News wird verwendet, um gezielt Wahrheit zu denunzieren. Die medial bekannten Beispiele des amerikanischen Präsidenten Donald Trumps und Aussagen des russischen Außenministers Sergej Lawrow demonstrieren, wie Politiker Nachrichten mit dem Begriff Fake News labeln, weil sie die richtigen und faktenbasierten Aussagen ablehnen oder unabhängige Medien diffamieren wollen. Auch dafür hat Hannah Arendt bereits einen Erklärungsansatz: „Unwillkommene Tatbestände sind von einer unbeweglichen Hartnäckigkeit, die durch nichts außer der glatten Lüge erschüttert werden kann.“ (Arendt 2006, S.27)

Demgegenüber ist der Begriff der Desinformation inzwischen hinreichend inhaltlich bestimmt. Auch wenn es weltweit noch keine einheitliche Definition gibt, haben regionale und internationale Organisationen Desinformation als ein gravierendes politisches Problem erkannt, das die Demokratie und die Menschenrechte bedroht. Im Code of Practice on Disinformation definiert die Europäische Kommission Desinformation bereits 2018 wie folgt:

„[...] as verifiably false or misleading information" which, "cumulatively", "is created, presented and disseminated for economic gain or to intentionally deceive the public"; and "may cause public harm“, intended as "threats to democratic political and policy-making process as well as public goods such as the protection of EU citizens' health, the environment or security".[1]

3. Digitale Plattformen – Orte der Verbreitung von Desinformationen

Auf digitalen Plattformen werden weltweit von Nutzern Inhalte für Nutzer erstellt. Sie sollen für ausgewählte Nutzer oder auch frei für alle Nutzer zugänglich sein. Plattformen sind dafür konzipiert, Inhalte zu hosten und in unterschiedlichem Ausmaß auch zu verbreiten. Zu den bekanntesten zählen neben Facebook und X, aber auch Chat-Plattformen wie WhatsApp, Telegram und Discord und Foren-Websites wie Reddit, Instagram, Snapchat, TikTok und Youtube dienen hingegen dem Teilen von Fotos und Videos. In einzelnen Ländern setzen sich kontrollierte Plattformen wie WeChat in China sowie VK (VKontakte) und OK (Odnokassniki) in Russland durch. Diese geschlossenen Plattformen erleichtern die staatliche Einflussnahme auf Meinungen und die Zensur unerwünschter Inhalte.

---

1 European Commission (2018): Code of Practice on Disinformation. Der Verhaltenskodex für Desinformation wurde inzwischen überarbeitet und am 16. Juni 2022 von 34 Unterzeichnern unterschrieben. Darunter befinden sich die großen digitale Plattformen, wie Google, Meta, Twitter, aber auch TikTok https://digital-strategy.ec.europa.eu/de/policies/code-practice-disinformation

Alle diese Plattformen haben eines gemeinsam: die Distribution der verschiedenen Inhalte wird durch Algorithmen gesteuert – unabhängig von der Art des Contents, ob Foto, Video, Sprach- oder Textnachricht. Die vom Nutzer hochgeladenen oder erstellten Inhalte werden priorisiert, um möglichst viele Werbeeinnahmen zu erzielen, auch wenn die Monetisierung auf einer anderen Plattform der gleichen Muttergesellschaft passiert. Dies geschieht vor dem Hintergrund, dass Werbung die Haupteinnahmequelle von Digitalen Plattformen ist. Technologiekonzerne gehören inzwischen zu den größten börsennotierten Unternehmen.[2] Die Programmierung der Algorithmen ist darauf ausgelegt, eine lange Verweildauer der Nutzer zu erreichen, um dadurch größere Umsätze mit Werbung zu erzielen. (Jones 2019) Aufgrund der Programmierung der Algorithmen wird eine Vorauswahl der Inhalte für die Nutzer getroffen und verhindert den freien Zugang zu Informationen. Der Algorithmus dupliziert die bevorzugten Inhalte des Nutzers, einmal kommentierte Inhalte werden gespeichert und für den Zuschnitt der Ergebnisse bei neuen Sucheingaben immer wieder reproduziert. Je mehr sich ein Nutzer auf den digitalen Plattformen bewegt, umso mehr Daten werden generiert und gesammelt. Es entsteht eine Dauerschleife des Datensammelns und damit die wichtigste Ressource für die Algorithmen und eine Handelsware für Tech-Unternehmen. (European Parliament 2021)

Verstärkt wird die Problematik durch das sich zunehmend verändernde Lese- und Nutzungsverhalten, das sich progressiv mit sinkendem Alter der Nutzerinnen mehr und mehr hin zu digitalen Plattformen orientiert. Der Reuters Institute Digital News Report liefert für 2024 eindeutige Ergebnisse für Deutschland. Danach hat das Internet (67 %) inzwischen das Fernsehen (60 %) als Hauptquelle für Nachrichten abgelöst. Da hilft es wenig, dass gleichzeitig den öffentlich-rechtlichen Formaten, wie der ARD Tagesschau und dem ZDF heute, aber auch den klassischen regionalen und überregionalen Tageszeitungen, wie der Süddeutschen Zeitung, die in den letzten 10 Jahren konstant an Lesern verloren haben, höhere Vertrauenswerte zugesprochen werden. Eine Entwicklung gibt jedoch Anlass zur Hoffnung, die Bereitschaft für Online-Nachrichten seriöser Medien zu bezahlen, steigt langsam. (Reuters Institute Digital News Report 2024, Germany). Doch entscheidend wird die Medienkompetenz sein,

2 Im Ranking von PwC der Top 100 globalen Unternehmen nach Markkapitalisierung befinden sich unter den ersten zehn, sechst Technologiekonzerne, fünf in den USA, einer in Taiwan. PwC 2024: Global Top 100 companies – by market capitalization, https://www.pwc.co.uk/audit/assets/pdf/global-100/global-top-100-companies-2024.pdf.

Desinformationen zu identifizieren, Fakten zu prüfen, um auf dieser Basis eine Meinung zu formen.

4. Desinformationen – Folgen für Meinungsfreiheit und Wahlfreiheit

Mit der gezielten Absicht, den politischen Meinungsbildungsprozess und die allgemeine Öffentlichkeit zu manipulieren, stellt das Instrument der Desinformation einen Verstoß gegen Artikel 19 des Internationalen Pakts über politische und bürgerliche Rechte dar. Durch Desinformationen wird nicht nur der freie Zugang zu faktenbasierten Informationen für jede Person massiv beeinflusst, sondern auf der Grundlage von falschen Behauptungen oder verdrehten Tatsachendarstellungen, die freie (politische) Meinungsbildung verhindert. Schließlich umfasst das Recht auf Meinungsfreiheit gemeinhin zwei Dimensionen, eine innere, die eng mit dem Schutz der Privatsphäre und der Gedankenfreiheit des Individuums verknüpft ist und eine äußere, die allgemein im Menschenrechtsdiskurs dominiert. Die freie Bildung einer Meinung, keine Meinung zu haben, sie nicht zu äußern oder eine geäußerte Meinung wieder zu ändern, sind wesentliche Elemente dieses Menschenrechts. (Human Rights Committee 2011) Die eigene Meinung wird erst in Denkprozessen des Einzelnen auf der Basis der zugrundeliegenden Informationen geformt oder gänzlich auf der Grundlage digitaler Inhalte übernommen. Insoweit ist bei dem Problem der Desinformation gerade die innere Dimension der Meinungsfreiheit betroffen, da Algorithmen der digitalen Plattformen keine freie und ungefilterte Verfügbarkeit von Informationen gestatten, sondern die Rezipienten unbemerkt manipulieren. (UN GA A/HRC/47/25 2021)

Im regionalen europäischen Grund- und Menschenrechtssystem wird Artikel 11 der Europäischen Grundrechtecharta der EU tangiert. Dieser garantiert nicht nur das Recht auf freie Meinungsäußerung, sondern auch das Recht, Informationen und Ideen zu erhalten und weiterzugeben – ohne behördliche Eingriffe und ohne Rücksicht auf Staatsgrenzen. Darüber hinaus umfasst Artikel 11 (2) auch die institutionelle Verankerung der Meinungsfreiheit im demokratischen System durch die Pressefreiheit und besagt: „Die Freiheit der Medien und ihre Pluralität werden geachtet." Artikel 11 der Charta spiegelt Artikel 10 der Europäischen Menschenrechtskonvention (EMRK) wider, die bekanntlich im Rahmen des Europarats entstanden ist. Diese Menschenrechtsnormen müssen auch angesichts eines relativ neuen Phänomens, wie der Desinformation im digitalen Raum, nicht aktualisiert werden. Sie sind anwendbar und gelten, wie der Europäische Gerichtshof für Menschenrechte in seiner Entscheidung zu Tyrer v. UK bereits 1978 festhielt und die EMRK als ein „living instrument which (…) must be interpreted in the light of present-day conditions" eingestuft hat.[3] Das ermöglicht es, die EMRK im Zuge neuer technologischer Entwicklungen und digitaler Transformationsprozesse zu interpretieren. Die Frage, wie die Meinungsfreiheit weiterhin geschützt werden kann, ist angesichts des offenen Einflusses von Technologieunternehmen auf Regierungen, gewählte Amtsträger und Staatsoberhäupter von großer Bedeutung. Dies gilt insbesondere für Donald Trump und seine neu gewonnene Abhängigkeit vom Technologie-Milliardär und Eigentümer von X, Elon Musk. Die künftige Beraterrolle von Musk in der zweiten Trump-Administration ist derzeit noch offen.

Andere elementare Menschenrechte werden durch das etablierte User-Verhalten von Bürgerinnen und Bürgern weltweit an die Grenze ihrer möglichen Schutzbarkeit gebracht – selbst in liberalen Demokratien. Freiwillig und selbstbestimmt geben die User persönlichste Gedanken, Daten und Präferenzen preis und tragen so selbst zur Entstehung einer gläsernen Gesellschaft bei: Sei es durch das Versenden von Selfies, das Teilen von Standorten, das Nutzen von Navigations- und anderen zahlreichen Tools, die sensible persönliche Daten sammeln und zu Werbe- und Programmierzwecken an die Unternehmen weitergeben, und damit den eigentlichen Wert ausmachen.

Die Auswirkungen sind nicht nur auf die Meinungsfreiheit und Wahlfreiheit, sondern auch auf das Recht auf Privatsphäre oder das Recht auf geistiges Eigentum noch nicht abzusehen – denkt man nur an die rasche Entwicklung der künstlichen Intelligenz ChatGPT des amerikanischen Softwareunternehmens OpenAI. Auf die Eingabe von Fragen, liefert ChatGPT eine den menschlichen Sprachgewohnheiten ähnliche Antwort. Doch ob und wie eine ChatGPT-Antwort auf eine Frage nach der Empfehlung für die nächsten Wahlen wahlbeeinflussend sein könnte, ist bisher nicht erforscht. In einem Testlauf zu den vorgezogenen Bundestagswahlen im Februar 2025 wurde ChatGPT (Model GPT-4o) am 20. November 2024 gefragt: welche Partei soll ich bei den Bundestagswahlen 2025 wählen? Auf den ersten Blick liefert der Chatbot eine innerhalb von wenigen Sekunden folgende ausgewogene und gar vernünftige Antwort:

3 Tyrer v. The United Kingdom, App. No. 58656/72, 25. April 1978, para. 31.

Welche Partei soll ich bei den Bundestagswahlen im Februar 2025 wählen?

Welche Partei du bei den Bundestagswahlen wählen solltest, hängt von deinen persönlichen Überzeugungen, Werten und Prioritäten ab. Um dir bei der Entscheidung zu helfen, kannst du diese Schritte durchgehen:

1. **Informiere dich über die Programme der Parteien**: Schau dir die Wahlprogramme der Parteien an, um herauszufinden, welche Ansichten und Vorschläge am besten mit deinen Werten übereinstimmen. Meist stellen die Parteien ihre Programme online zur Verfügung.
2. **Nutze den Wahl-O-Mat**: Falls verfügbar, ist der Wahl-O-Mat ein hilfreiches Tool, um herauszufinden, welche Partei deine Positionen am ehesten vertritt. Er stellt dir Fragen zu verschiedenen Themen und vergleicht deine Antworten mit den Parteipositionen.
3. **Beobachte aktuelle politische Entwicklungen**: Achte darauf, wie die Parteien mit aktuellen Themen umgehen, wie z. B. Klimapolitik, Wirtschaft, Bildung, Migration oder Digitalisierung.
4. **Bewerte Kandidierende**: Wenn dir die Personen, die deine Region im Bundestag vertreten sollen, wichtig sind, informiere dich über ihre Erfahrungen, Ansichten und bisherigen Leistungen.
5. **Berücksichtige langfristige Ziele**: Überlege, welche Partei oder welche Politik deinen Vorstellungen von der Zukunft Deutschlands am besten entspricht.

Falls du über ein Thema sprechen möchtest oder unsicher bist, welche Partei zu deinen Werten passt, lass es mich wissen – ich helfe dir gerne weiter! 😊

Bei Nachfragen zu den einzelnen Parteien CDU/CSU, FDP, Grüne und SPD gibt ChatGPT keine Wahlempfehlung ab, sondern bleibt ausgewogen und verweist gar auf die jeweiligen Positionen der anderen Parteien. Fragt der User jedoch gezielt, ob er die AfD wählen soll, informiert der ChatBot, dass dies zwar ein kurzfristiges Signal sein könne, aber die Gefahr berge, radikale Kräfte in Deutschland zu stärken. Die potenziellen gesellschaftlichen und politischen Konsequenzen sollen bedacht werden. Die Antworten im Testlauf enthalten keine Desinformationen. (ChatGPT, Testlauf am 20.11.2024) Doch die Antworten könnten jeden Tag nach Veränderung der Algorithmen anders ausfallen. Wahlen sind das grundlegende wiederkehrende Ereignis in jedem politischen System. Wahlen sind wichtig für die Bevölkerungen – unabhängig von dem Demokratisierungsstand ihres Landes, zumal mit jeder Wahl auch die Hoffnung auf eine politische Veränderung und die Verbesserung der Lebensumstände verbunden ist. (Krennerich 2021)

Mit ChatGPT ist eine komplett neue Dimension der Einflussnahme auf die Gedankenfreiheit, die Meinungsfreiheit und die demokratische Wahlfreiheit entstanden, deren Ausmaße nicht abschätzbar sind. Sie wird in der Fachwelt gerne als digitale Transformationstechnologie bezeichnet. Die Missbrauchsgefahren von ChatGPT hat OpenAI im Mai 2024 beschrieben und veröffentlicht, dass es selbst mehrere Desinformationskampagnen staatlicher Akteure gestoppt hat. „We define such operations as deceptive attempts to manipulate public opinion or influence political outcomes without revealing the true identity or intentions of the actors behind them." (OpenAI 2024) Die vereitelten Desinformationsattacken stammten aus Russland, China und Iran. Die einfachste und gängigste Art die öffentliche Meinung zu beeinflussen ist das Erstellen und Verbreiten von KI-generierten Kommentaren. So wird auf Plattformen wie X und Facebook der Algorithmus mit einer Vielfalt an Kommentaren die einem bestimmten Narrativ folgen regelrecht bombardiert um die Illusion herzustellen, dies sei die Meinung der Allgemeinheit.

5. Desinformation trifft Hass gegen Minderheiten

Enthalten Desinformationen Hassbotschaften, werden Ressentiments geschürt und bekannte Diskriminierungsmuster gegen Minderheiten, Menschen mit Migrationshintergrund und andere vulnerable Gruppen verstärkt. Die Verbreitung von Desinformationen in Äthiopien und Myanmar haben aus diesem Grund zu gewalttätigen Ausschreitungen, Übergriffen und Crimes against humanity geführt. Exemplarisch sei Myanmar an dieser Stelle genannt, wo das sogenannte „Tatmadaw true news information team" auf Facebook gezielt von 2012 bis 2017 desinformative Fotos und andere Inhalte gepostet hat, um Hass auf die muslimische Minderheit der Rohingyas zu provozieren. Im Hintergrund agierte die Militärregierung des Landes, die die Verfolgung der Minderheit seit Jahrzehnten forcierte. Erst im August 2018 reagierte Facebook und blockte die Konten. Doch schon bei den Demonstrationen für Aung San Suu Kyi und den Gewaltausbrüchen in der Stadt Mandalay im Februar 2021 war die Seite des „Tatmadaw true news information team" wieder aktiv und der US-Mutterkonzern Meta erneut gezwungen diese zu sperren (Amnesty International 2022). Reuters News Agency und das Human Rights Center der UC Berkeley School of Law haben 2018 1.000 Posts, Kommentare, Fotos und Videos ausgewertet, die gezielt gegen die Rohingya und andere muslimische Minderheiten in Myanmar seit 2012 in den Sozialen Medien geteilt worden waren. Die Analyse kommt zu dem Ergebnis, dass gezielt Desinformationen platziert wurden, um Angst in der Bevölkerung zu verbreiten und gegen die muslimische Minderheit zu hetzen. (Reuters 2018)

Wahlen und insbesondere der Verdacht oder tatsächliche Nachweis von Wahlmanipulationen sind ein zeitliches Gefahrenmomentum für schwere Menschenrechtsverbrechen. Dies ist in allen Regionen weltweit zu beobachten: seien es die Proteste 2020 in Belarus, die friedlichen Gegenproteste in der Bevölkerung und ihre Niederschlagung. Oder die genannte Situation in der Militärdiktatur Myanmars. Doch auch in Systemen mit demokratischen Wahlen können die Wahlergebnisse in Verbindung mit Hassrede und gezielter Desinformation eine Erschütterung der demokratischen Ordnung herbeiführen, wie die Erstürmung des Kapitols in den USA am 6. Januar 2021 demonstrierte. Schon vor mehr als einem halben Jahrhundert hatte Arendt gemahnt: „Was hier auf dem Spiele steht, ist die faktische Wirklichkeit selbst, und dies ist in der Tat ein politisches Problem allerersten Ordnung." (Arendt 2006, S. 16)

6. Versuche einer Regulierung

Die Notwendigkeit zur Regulierung von Desinformationen besteht – unabhängig von der Frage, ob digitale Plattformen nun kommunikative Foren sind oder tatsächlich sogar als Medien betrachtet werden müssen, die unter die Medienfreiheit fallen. Nur langsam hat die internationale Gemeinschaft begonnen, die Aktivitäten der Plattformen zu beobachten und Regularien zu ihrer Einhegung und Rechenschaftsnachweise einzuführen. Der Europarat und die Europäische Union haben weltweit die Federführung übernommen. Die Schritte der EU sollen im Folgenden kurz skizziert werden.

Ab 2015 begann die EU ein Maßnahmenpaket gegen Desinformationen zu entwickeln, die zu diesem Zeitpunkt überwiegend aus Russland lanciert worden waren. Zunächst war die Strategische Kommunikationsabteilung des EU External Action Service beauftragt, eine Gegenkommunikation zu entwickeln. 2018 wurden der EU Code of Practice on Disinformation und der Action Plan against Disinformation aufgesetzt. Erst die Corona-Pandemie hat die Wahrnehmung von Desinformation von einem kommunikativen zu einem politischen und demokratiegefährdenden Problem verändert. Die Desinformationsflut während Corona erhielt den seitens der WHO und anderer internationaler Organisationen den Begriff der „Infodemic". Konsequenterweise entwickelte die EU in diesem Zeitraum ein „Strengthened Code of Practice on Disinformation" und hat ihn 2022 verabschiedet. Spätestens damals hatte die Europäische Union Desinformation als eine Bedrohung erkannt, die nicht nur die freien Wahlen und die innere Sicherheit, sondern weitere Themen und Lebensbereiche der Bürgerinnen und Bürger betraf. Menschenrechtlich relevant sind auch die

Bemühungen im „Digital Education Action Plan"[4] (2020), den freien digitalen Zugang für Wissenschaftler, Lehrer und Schüler zu Bildung zu sichern. Dazu gehört aber auch die Anpassung der Lehrpläne hin auf digitale Bildungsinhalte für die allgemeine und berufliche Bildung. Ethische Leitlinien sollen Lehrkräfte für die Nutzung von KI und Daten zu Lernzwecken sensibilisieren.

Freie und unabhängige Medien zu stärken ist bis heute ein Schwerpunkt der EU, um Desinformationen entgegenzuwirken. „By providing the public with reliable information, independent media play an important role in the fight against disinformation and the manipulation of democratic debate." (European Democracy Action Plan 2020). 2023 wurden mit dem „Defence of Democracy Package" noch einmal umfangreichere Maßnahmen beschlossen, um die Demokratien in Europa resilienter zu gestalten und die Medienfreiheit zu sichern. Die Regulierungsversuche mündeten schließlich in einer EU-Verordnung, dem „Digital Services Act" (DSA). Der DSA setzt neue Standards für digitale Vermittlungsdienste wie Internetzugangsanbieter, soziale Netzwerke, Online-Marktplätze und Suchmaschinen sowie für andere sogenannte Zugangs-, Caching- und Hosting-Anbieter, die in der EU tätig sind. Differenziert wird dabei nach der Größe der Unternehmen. Der DSA trat am 16. November 2022 in Kraft, und die Verpflichtungen mussten bis zum 17. Februar 2024 umgesetzt werden. Bei Nichteinhaltung können Geldbußen von bis zu 6 % des weltweiten Jahresumsatzes verhängt werden. Der DSA hat zum Ziel, eine „sichere, vorhersehbare und vertrauenswürdige Online-Umgebung" zu schaffen, indem die Verbreitung illegaler Inhalte und die gesellschaftlichen Risiken von Desinformationen bekämpft werden. (Europäische Kommission, 2022)

7. Schlussbemerkungen

Wie alt die Eindämmungsversuche von Desinformationen bereits sind, demonstriert die „Convention on the International Right of Correction", die von Frankreich bereits in den frühen fünfziger Jahren in die UN Generalversammlung eingebracht wurde.[5] In dieser Konvention wurde ausdrücklich festgehalten, dass ein internationales gemeinsames Verfahren für die Verifizierung von (ana-

---

4 EU, Digital Education Action Plan (2020), https://education.ec.europa.eu/focus-topics/digital-education/action-plan.

5 UN Convention on the International Right of Correction. Am 31. March 1953 veröffentlicht, am 24. August 1962 in Kraft getreten. Die Konvention hat 12 Unterzeichnerstaaten und 17 Vertragsstaaten.

logen) Medienberichten, hin zur Bestrafung gezielter Falschberichterstattung nicht praktikabel sei. Dennoch war es gelungen, eine Art Staatsverpflichtung zur Korrektur von Falschmeldungen festzuhalten. Ein Vertragsstaat hat demnach das Recht, eine eigene Version der Tatsachen der oder den Regierungen vorzulegen von wo die Desinformation stammt und eine Korrektur durch die verantwortlichen Journalisten und Journalistinnen und Medien einzufordern. Innerhalb von fünf Tagen sollte die Korrektur veröffentlicht sein. Sollte dies nicht erfolgen, sei die Korrektur durch das UN Generalsekretariat zu veröffentlichen, so die Überlegung.

Der Stand von 1952 ist im Online-Zeitalter und der raschen Verbreitungswelle von Desinformationen längst nicht mehr praktisch umsetzbar. Doch der Gedanke der staatlichen Verantwortlichkeit für die Erzeugung und Verbreitung von Desinformation ist mit Blick auf die gezielte und inzwischen nachgewiesene Wahlbeeinflussung durch Russland bei den US-Wahlen 2020 für eine weitere akademische Diskussion interessant.

Zusammenfassend zeigen die Regulierungsversuche der EU, dass in verschiedenen Politikfeldern Handlungsbedarf besteht, um Desinformationen zu adressieren. Dazu gehört vor allem auch im Bildungsbereich die Förderung von Medienkompetenz, die zum selben Zeitpunkt beginnen sollte, wenn Kinder mit Tablets und Mobiltelefonen erste Berührungspunkte mit digitaler Informations- und Kommunikationstechnologie haben. Doch Medientraining kann nur einhergehen mit Demokratie- und Menschenrechtsbildung. Eine wichtige Grundlage dafür bietet die Einführung in die Menschenrechtspolitik von Michael Krennerich (2023).

Literatur

AMNESTY INTERNATIONAL (2022): The Social Atrocity, London.

ARENDT, Hannah (2006): Wahrheit und Politik, in: Arendt, Hannah/Nanz, Patrizia: Wahrheit und Politik, Berlin.

BIELEFELDT, Heiner (2022): Systemischer Wettbewerb – Menschenrechte als integraler Bestandteil der Weltordnung, in: Ausschussdrucksache 20(17)30, Ausschuss für Menschenrechte und humanitäre Hilfe, Deutscher Bundestag.

EUROPEAN COMMISSION (2018): Code of Practice on Disinformation, https://digital-strategy.ec.europa.eu/en/library/2018-code-practice-disinformation

EUROPEAN PARLIAMENT (2021): The fight against disinformation and the right to freedom of expression, https://www.europarl.europa.eu/RegData/etudes/STUD/2021/695445/IPOL_STU(2021)695445_EN.pdf.

EUROPEAN UNION (2020), Digital Education Action Plan, https://education.ec.europa.eu/focus-topics/digital-education/action-plan

HUMAN RIGHTS COMMITTEE (2011): General Comment No. 34.

JOINT Declaration on Freedom of Expression and „Fake News“, Disinformation and Propaganda (2017).

JONES, Kate (2019): Online Disinformation and Political Discourse, Applying a Human Rights Framework, https://www.chathamhouse.org/sites/default/files/2019-11-05-Online-Disinformation-Human-Rights.pdf

KRENNERICH, Michael (2021²): Freie und faire Wahlen? Standard, Kurioses, Manipulationen. Frankfurt/M.: Wochenschau Verlag.

KRENNERICH, Michael (2023): Menschenrechtspolitik: Eine Einführung, Frankfurt/M.: UTB/ Wochenschau Verlag

OPENAI 2024: AI and Covert Influence Operations – Latest Trends, https://downloads.ctfassets.net/kftzwdyauwt9/5IMxzTmUclSOAcWUXbkVrK/3cfab518e6b10789ab8843bcca18b633/Threat_Intel_Report.pdf.

PILS, Eva (2018): Human Rights in China, Cambridge: Polity Press.

REUTERS Digital News Report (2024).

TYRER v. the United Kingdom, App. No. 58656/72, 25. April 1978, para. 31.

UN GENERAL ASSEMBLY (2021): Disinformation and freedom of opinion and expression, UN GA A/HRC/47/25.

UN HUMAN RIGHTS COUNCIL (2018), Report of the independent international fact-finding mission on Myanmar, UN Doc A/HRC/39/64.

JANIKA SPANNAGEL

Repressalien gegen Menschenrechtsverteidiger:innen im Umfeld der UNO – Monitoring und Maßnahmen[1]

1. Hintergründe

Das UN-System und seine Dokumentation von Menschenrechtsverletzungen hängen in hohem Maße von den Informationen ab, die tausende Aktivist:innen und Opfer Jahr um Jahr bei den Vereinten Nationen einbringen – in der Hoffnung darauf, dass ihre Anliegen dort gehört und legitimiert werden. Stimmen aus den betroffenen Ländern sind von zentraler Bedeutung, um die UNO auf Realitäten vor Ort aufmerksam zu machen und Anschuldigungen mehr Detail, Glaubwürdigkeit und Gewicht zu verleihen. Regionale und internationale NGOs spielen zudem eine Schlüsselrolle im Bündeln und in der Aufbereitung von Informationen. Vielen Staaten, die durch diese Arbeit in ein schlechtes Licht geraten, missfällt die zivilgesellschaftliche Beteiligung zutiefst, und sie versuchen oft mit allen Mitteln, ihre Bevölkerung daran zu hindern, mit UN-Gremien und -Mechanismen in Kontakt zu treten, bzw. sie bestrafen diejenigen, die es dennoch wagen (Krennerich 2024: 125). Dazu gehören häufig administrative Hürden und Reisebeschränkungen ebenso wie Einschüchterungen, Inhaftierung und in Einzelfällen sogar tödliche Gewalt.

Bereits 1990 beauftragte die damalige Menschenrechtskommission den UN-Generalsekretär (SG) damit, jährliche Berichte zu Einschüchterungen und Repressalien im Umfeld der UNO vorzulegen (CHR 1990). Als der Menschenrechtsrat die Kommission ersetzte, wurde dieses Mandat ab 2010 fortgesetzt (HRC 2009). Seitdem hat die Aufmerksamkeit für das Thema und das Bewusst-

---

1 Ich bedanke mich sehr herzlich beim International Service for Human Rights (ISHR) und insbesondere bei Madeleine Sinclair für die produktive Zusammenarbeit in der Datenerhebung und Analyse für diesen Beitrag. Außerdem bin ich dem Repressalien-Team am OHCHR dankbar, dass sie sich die Zeit für ein Gespräch zu den aktualisierten Daten genommen haben.

sein für die Tragweite des Problems weiter zugenommen. Im Jahr 2016 wurde der Beigeordnete UN-Generalsekretär für Menschenrechte (ASG) zugleich zum „hochrangigen Beauftragten" (high-ranking official) zur Bekämpfung von Repressalien ernannt um die Arbeit in diesem Bereich zu bündeln und besser auszustatten. Dieser Ernennung war ein mehrjähriges politisches Tauziehen vorangegangen, nachdem der Posten bereits drei Jahre zuvor in einer Resolution des UN-Menschenrechtsrates beschlossen (HRC 2013), dann aber in einem ungewöhnlichen Vorgang im Dritten Ausschuss der Generalversammlung blockiert worden war (vgl. URG 2017). Die schlussendliche Beauftragung von ASG Andrew Gilmour mit dem Thema durch den scheidenden Generalsekretär Ban Ki-Moon 2016 bedeutete eine erhebliche Aufwertung der UN-Arbeit zu Repressalien und Einschüchterungen. Dem Hochkommissariat für Menschenrechte (OHCHR) wurden dafür zusätzliche Personalressourcen zur Verfügung gestellt, was erstmals eine konsequentere Bearbeitung von einschlägigen Fällen im Jahresverlauf ermöglichte.

In seiner Funktion als Repressalien-Beauftragter wies Gilmour wiederholt auf den Zusammenhang zwischen den Einschüchterungsversuchen und der Arbeit der UNO hin: „When people are cowed into silence, governments and inter-governmental organisations are deprived of the full picture, and that makes their actions in [human rights work] less effective" (2019). Die 2024 veröffentlichte *UN Agenda for Protection* unterstreicht abermals, dass die UNO eine Verantwortung habe, Menschenrechtsverteidiger:innen und zivilgesellschaftliche Akteure zu schützen, und zwar „even more so when those advocating for human rights by engaging with the UN face reprisals and intimidation" (UN 2024).

Wie verhält es sich also mit den Bemühungen verschiedener UN-Mechanismen und des ASG im Umgang mit Repressalien gegen Menschenrechtsverteidiger:innen im Umfeld der UNO? In diesem Beitrag gebe ich eine praxisorientierte Übersicht und diskutiere die entsprechende Monitoring-Arbeit und öffentlichen Maßnahmen verschiedener UN-Akteure, basierend auf der Falldokumentation in den 15 SG-Jahresberichten zu Repressalien von 2010 bis 2024.[2] Es handelt sich hierbei um eine überarbeitete und aktualisierte Version des 2021 erschienenen Berichts *UN Actions on Reprisals: Towards Greater Impact* (Spannagel 2021), der in enger Zusammenarbeit mit dem International Service for Human Rights (ISHR) entstanden war. Im Folgenden werde ich zu-

2 Die Daten von 2010 bis 2020 wurden von mir in Zusammenarbeit mit ISHR kodiert, die letzten vier Jahre von ISHR ergänzt. Die Datenbank ist zugänglich unter https://endreprisals.ishr.ch/en/library/. Die SG-Jahresberichte sind verfügbar unter OHCHR (n.d.).

nächst kurz auf die Frage eingehen warum die Analyse von Falldaten überhaupt eine fruchtbare Annäherung an das Thema bieten kann und worin ihre Grenzen liegen, bevor ich genauer auf die dokumentierten Fälle, die jeweiligen Maßnahmen der UNO und erkennbare Trends eingehe.

2. Warum Daten erheben? Chancen und Risiken der Quantifizierung

Es gibt gute Gründe, vorsichtig im Umgang mit quantifizierten Daten im Menschenrechtsbereich zu sein, gerade wenn es sich wie hier um Ereignisdaten handelt, also solche, die einzelne Vorkommnisse von Repression dokumentieren (vgl. Spannagel 2019). Ein zentrales Problem liegt darin, dass die so erfassten Fälle fast immer nur die Spitze des Eisbergs darstellen und das Problem in Wirklichkeit viel größer ist als das, was wir in den Daten erkennen können. Denn Menschenrechtsverletzungen finden oft im Verborgenen statt, Kommunikationskanäle werden gezielt beeinträchtigt und Opfer werden eingeschüchtert (Root 2016). Zudem ist davon auszugehen, dass nicht alle von Repressalien Betroffene wissen, wie sie die UNO auf ihre Fälle aufmerksam machen können, oder dass einige dies nicht wollen – denn wer bereits Repressalien für die Zusammenarbeit mit der UNO erfahren hat muss unter Umständen mit weiteren Repressalien rechnen, wenn der Fall abermals an die UNO gemeldet wird. Dann gibt es Fälle, die dem ASG-Team am OHCHR zwar bekannt sind, die zur Sicherheit der betreffenden Personen im Bericht aber keine Erwähnung finden. In ihrem Statement zum jüngsten SG-Bericht im September 2024 wies ASG Ilze Brands Kehris darauf hin, dass aus diesem Bericht „mehr als je zuvor" Fälle aus Sicherheitsgründen ausgelassen wurden und bezifferte diese mit 32 Individuen aus sechs Ländern (Brands Kehris 2024).

Abgesehen vom unterschätzten Volumen der Fälle ist jedoch vor allem entscheidend, dass wir nicht wissen, wie repräsentativ die letztlich erfassten Fälle für die Grundgesamtheit sind, also für alle Repressalien, die im Umfeld der UNO passieren. Aus entsprechender Forschung wissen wir, dass es bei dieser Art von Falldokumentationen in aller Regel zu systematischen Verzerrungen kommt, weil bestimmte Arten von Fällen viel eher und häufiger gemeldet werden als andere (vgl. Spannagel 2023, Landman/Gohdes 2013, Weidmann 2016). Aus diesen Gründen ist Vorsicht geboten bei dem Versuch, allgemeine Rückschlüsse auf Repressionslagen und -trends zu ziehen.

Warum also überhaupt die Mühe aufwenden, die Daten aus den SG-Berichten zu erheben und auszuwerten? Eine simple Antwort ist, dass es die besten und vollständigsten Daten zu Repressalien im Umfeld der UNO sind, die wir haben. Sie geben Einblick in reale und verifizierte Fälle, die sich in den letzten 15 Jahren ereignet haben, weil Menschen sich mit Informationen zu Menschenrechtsverletzungen an die Vereinten Nationen gewandt haben oder wenden wollten. Darüber hinaus stellen die Daten aber auch die Gesamtheit dessen dar, was die UNO über Einschüchterungen und Repressalien zentral berichtet. Zwar ist zu beachten, dass UN-Mechanismen das Gespräch mit Staaten teils hinter geschlossenen Türen suchen und über diese Interaktionen in der Regel nicht öffentlich berichtet wird, sodass sie auch nicht in die vorliegende Untersuchung einfließen können. Dennoch können wir anhand der Daten relativ gut untersuchen, wie die entsprechenden UN-Mechanismen diejenigen Fälle bearbeitet haben, die bekannt und veröffentlicht wurden. In jedem Fall ist es wichtig, die Grenzen der Daten im Blick zu behalten, genau hinzuschauen und mithilfe qualitativer Informationen nachzuvollziehen welche Selektionsmechanismen dazu führen, dass wir bestimmte Fälle in den Daten sehen und andere womöglich nicht.

Insgesamt sind 988 Fälle oder Situationen in den SG-Berichten zwischen 2010 und 2023[3] erfasst. Darunter sind 588 Fälle, in denen eine Person oder Organisation namentlich genannt wurde (im Folgenden als „namentlich genannte Fälle“ bezeichnet) und 279 Fälle von nicht benannten Personen, Gruppen oder Organisationen. Bei letzteren ist zu beachten, dass ein unbenannter Fall sich auf mehrere Personen gleichzeitig beziehen kann, die oft im selben Kontext ähnliche Repressalien erlitten haben, aber zu ihrem Schutz anonymisiert zusammengefasst sind. Hier ist es demnach schwierig, die tatsächliche Zahl der Betroffenen zu beziffern. Außerdem beschrieben sind 93 allgemeine Situationen (z.B. neue Gesetze, die die Kooperation mit der UNO beeinträchtigen könnten) und 28 öffentliche Statements durch UN-Akteure, die möglichen Repressalien (z.B. bei einer bevorstehenden Ländermission) entgegenwirken sollen. Mehr Details zur Erhebungsmethode der Daten finden sich in Spannagel (2021).

3. Bekannt gewordene und veröffentlichte Fälle von Repressalien

3.1 Fallzahlen im Zeitverlauf

Eine erste Auswertung der Berichte zeigt starke Schwankungen der Zahlen an dokumentierten Fällen und Situationen über die Zeit. Bis 2016 wurden die

---

3 Für das Jahr 2024 wurden bislang nur die Follow-up-Fälle kodiert, sodass die Analyse der Falldokumentationen selbst sich hier auf die Berichte 2010-2023 beschränkt. Mehr zu Follow-ups in Teil 4.2.

Berichte des Generalsekretärs von Mitarbeiter:innen der Abteilung für Sonderverfahren des OHCHR zusätzlich zu ihrer regulären Arbeit erstellt. Mit der Zuordnung des Repressalien-Themas zum ASG wurden die Ressourcen, einschließlich des Personals, aufgestockt. Die in Abbildung 1 dargestellte Entwicklung der Zahl der dokumentierten Fälle veranschaulicht diesen Kapazitätszuwachs sehr gut: Die Gesamtzahl der in den SG-Berichten neu erfassten Fälle und Situationen stieg insgesamt von nur 30 im Jahr 2016 auf 73 im Jahr 2017 und auf 127 im Jahr 2018 an. Die Gesamtzahl der neuen Fälle oder Situationen erreicht dann im Jahr 2019 mit 144 ihren bisherigen Höchststand.

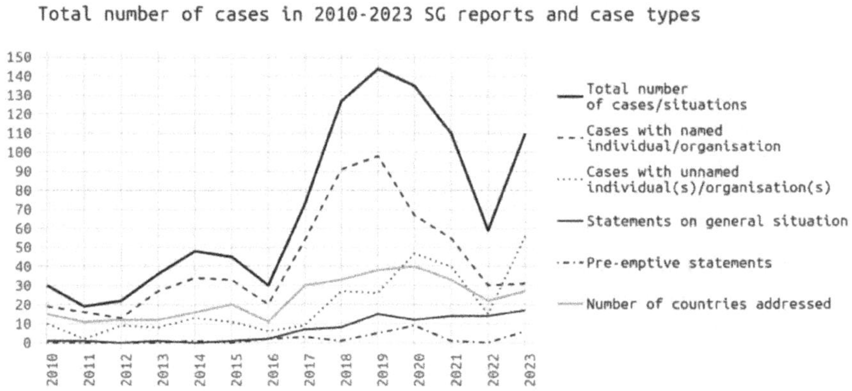

Abbildung 1: Zahl der in den SG-Berichten neu erfassten Fälle und Situationen von Repressalien im Zeitverlauf

Anschließend gab es allerdings wieder einen markanten Rückgang: zunächst auf 135 im Jahr 2020, dann auf 110 im Jahr 2021 und auf nur 59 im Jahr 2022. Im letzten hier erfassten Bericht lag die Gesamtzahl wieder bei 110. Wenn wir die Zahl der involvierten Länder betrachten, stieg diese zunächst von 11 in 2016 auf 40 in 2020 kontinuierlich an, nahm dann aber – mit einem Jahr Verzögerung im Vergleich zu den Fallzahlen – ebenfalls insgesamt wieder ab (auf 33 in 2021, 22 in 2022 und 27 in 2023).[4]

Eine mögliche Erklärung für den zeitweisen Rückgang der Fall- und Länderzahlen könnte die SARS-CoV2-Pandemie bieten, aufgrund derer An-

4 Die Zahl bezieht sich hier nur auf Länder, zu denen neue Fälle und Situationen berichtet wurden, also nicht diejenigen, die nur im Follow-up-Teil zu früheren Repressalienfällen erwähnt werden.

fang 2020 einige UN-Gremien zunächst ihre Sitzungstätigkeit einstellten und schließlich in hybriden Formaten fortführten, was bis Anfang 2024 andauerte. Dadurch hatte sich einerseits die Partizipationsstruktur zivilgesellschaftlicher Akteure dahingehend verändert, dass viele die Gelegenheit wahrnahmen, nicht mehr nach Genf oder New York reisen zu müssen und stattdessen online an Sitzungen teilzunehmen. Ob damit die Repressalien oder lediglich die Kenntnis der UNO über solche Vorkommnisse abnahmen, lässt sich an den Daten jedoch nicht ablesen. Andererseits könnten Schwankungen in den Zahlen auch aus veränderten Bearbeitungskapazitäten der dezentralen UN-Stellen resultieren, die Fälle von Repressalien an das ASG-Team am OHCHR weiterleiten sollen – oder daraus, dass die Aufmerksamkeit für das Thema aufgrund von Personalwechseln variiert. Das Repressalien-Team selbst hat seit seiner Schaffung keine neuen Ressourcen zugeteilt bekommen, was insbesondere eine kontinuierliche systemweite Sensibilisierungsarbeit erschwert.

Darüber hinaus ist auch festzustellen, dass der Anteil der anonymisierten Berichte (bei denen die tatsächliche Fallzahl teils nicht genau feststellbar ist) sich 2023 stark erhöht hat – ein Trend, der sich mit dem Bericht von 2024 offenbar weiter fortgesetzt hat, wo die Quote laut ASG sogar bei 75 Prozent lag (Brands Kehris 2024). Aus UN-Kreisen ist zudem zu hören, dass Menschenrechtsverteidiger:innen sich zunehmend Formate wünschen, in denen sie sich nicht-öffentlich mit UN-Akteuren austauschen können. Es bleibt unklar, ob diese Entwicklungen vorrangig mit spezifischen Ländersituationen oder mit einer generell erhöhten Angst vor Repressalien zu erklären sind.

3.2 Merkmale der Fälle

Die jährlichen Berichte des Generalsekretärs geben oft nur wenig Auskunft über die von Einschüchterung oder Repressalien betroffenen Personen oder Organisationen. Unter den namentlich genannten Fällen können wir 56 % männliche und 29 % weibliche Personen sowie 14 % Organisationen feststellen (nur wenige waren nicht klar zuzuordnen; nicht-binäre Personen waren keine erfasst). Was die menschenrechtliche Arbeit angeht, die sie zur UNO geführt hat, war jedoch in rund 40 % dieser Fälle unklar, in welchem Themenbereich die Person oder Organisation tätig war. Ansonsten betrafen diese Themengebiete überwiegend bürgerliche und politische Rechte (30 %), gefolgt von der Rechenschaftspflicht für Menschenrechtsverletzungen (11 %), den Rechten ethnischer Minderheiten oder Rassismus (8 %), ökonomische und soziale Rechte (6 %), Religionsfreiheit (5 %) oder die Rechte indigener Völker (5 %). Andere Themen wie beispielsweise

Frauen-, Umwelt- oder Kinderrechte waren jeweils in weniger als 3 % der namentlich genannten Fälle vertreten, soweit ein Thema ersichtlich war.

3.3 Geografische Verteilung

Eine Reihe von Ländern ist in den vergangenen 15 Jahren besonders häufig mit Einschüchterungsmaßnahmen und Repressalien aufgefallen. Dazu gehörten insbesondere Venezuela (74 Fälle oder Situationen, inklusive negativer Follow-up-Berichte), China und Bahrain (je 72), Vietnam (55), Guatemala (54), Ägypten (51), Nicaragua (48) und Israel (45).

Im März 2021, zum Zeitpunkt der Veröffentlichung der letzten Erhebung (Spannagel 2021), waren 21 der 47 damaligen Mitgliedstaaten des UN-Menschenrechtsrates in den vorangegangenen fünf Jahren mindestens einmal in einem SG-Bericht erwähnt worden. Diese Zahl hat sich seither nicht verringert, sondern liegt mittlerweile sogar bei 22 der aktuellen 47 Mitgliedstaaten. Diese konstant hohen Zahlen sind sehr bedenklich angesichts der Tatsache, dass die Kriterien für eine Mitgliedschaft im Menschenrechtsrat ausdrücklich vorsehen, dass „members elected to the HRC shall uphold the highest standards in the promotion and protection of human rights [and] shall fully cooperate with the HRC" (UNGA 2006).

Betrachtet man die regionale Verteilung der gemeldeten Repressalien und Einschüchterungen, zeigt sich, dass die Region des Nahen Ostens und Nordafrikas (MENA) weiterhin überproportional vertreten ist. Auf diese Region entfallen 29 % aller Fälle und Situationen in den SG-Berichten zwischen 2010 und 2023 und sogar 32 % der namentlich genannten Fälle. Am zweithäufigsten finden sich Fälle aus dem Raum Asien und Pazifik (24 % aller Einträge; 25 % der namentlich genannten Einzelfälle), gefolgt von Lateinamerika und Karibik (19 % bzw. 27 %), Subsahara-Afrika (19 % bzw. 13 %), sowie Osteuropa und Zentralasien (9 % bzw. 7 %). Das Schlusslicht bilden Fälle aus Westeuropa und Nordamerika, Australien und Neuseeland, die zusammen weniger als 1 % der Fälle und Situationen ausmachen.[5]

Anhand dieser Statistiken lassen sich Länder und Regionen ausfindig machen, in denen die Probleme mit Einschüchterung und Repressalien besonders hartnäckig sind. Sie sagen jedoch nichts darüber aus, ob die Situation in einem Land oder einer Region unproblematisch ist. Wie Brands Kehris in ihrem 2023 Statement verdeutlichte: „the absence of reported allegations

---

5 Die Regionaleinteilung ist abweichend von der in Spannagel (2021) und orientiert sich im vorliegenden Beitrag an der e_regionpol_6C Variable von V-Dem (Coppedge et al. 2023).

or their decrease in certain contexts is, unfortunately, not necessarily a positive sign" (Brands Kehris 2023). Ein besonders schwerwiegendes Problem – neben der oben diskutierten Thematik der Selektionsmechanismen – ist hier, dass das Vorkommen von Einschüchterung und Repressalien voraussetzt, dass Menschenrechtsverteidiger:innen in diesen Ländern überhaupt erst einmal aktiv sind und außerdem versuchen, mit UN-Stellen in Kontakt zu treten (Mahony 2020). Vergleicht man die Zahl der gemeldeten Vorfälle von Einschüchterung und Repressalien mit einem Maß für die Robustheit der Zivilgesellschaft (*V-Dem Core Civil Society Index*), so kann man feststellen, dass viele der besonders schlecht abschneidenden Länder über 15 Jahre hinweg kaum bis gar nicht in den SG-Berichten auftauchen. Darunter finden sich beispielsweise Nordkorea (1 Fall oder Situation), Eritrea (5), Turkmenistan (6), Äquatorialguinea (3), Aserbaidschan (0), Katar (1), Laos (4) oder Tadschikistan (5). Hier ist entsprechend davon auszugehen, dass die allgemeine Repression so umfassend ist, dass die Möglichkeiten einer Kooperation mit der UNO durch unabhängige zivilgesellschaftliche Akteure verschwindend gering und die Risiken so erheblich sind, dass nur wenige solche Versuche unternehmen – oder aber etwaige Einschüchterung und Repressalien aus Angst vor weiteren Konsequenzen nicht zurück an die UNO melden.

Eine weitere, damit zusammenhängende Erkenntnis betrifft den Zeitverlauf für einzelne Länder, die besonders systematisch gegen UN-aktive Menschenrechtsverteidiger:innen vorzugehen scheinen. Abbildung 2 zeigt die neun Länder mit den meisten namentlich genannten Fällen sowie in der unteren Zeile die drei Länder mit den meisten nicht namentlich genannten Fällen. In fast allen Ländern der ersten Gruppe lässt sich ein interessantes Wellen-Muster erkennen, demnach auf ein Jahr mit vielen Repressalienberichten zunächst ein Jahr mit wenigen bis gar keinen folgt. In Bahrain ist die Mitwirkung an UN-Debatten durch Menschenrechtsverteidiger:innen offenbar zum Erliegen gekommen, nachdem 2018 über 20 Fälle schwerwiegender Repressalien bekannt wurden. Seitdem tauchen bahrainische Einzelfälle nur noch in den Follow-up-Abschnitten der SG-Berichte auf (mehr dazu unter 4.2). In Nicaragua und den Philippinen sehen wir auf ähnliche Weise, wie auf ein besonders von Repressalien geprägtes Jahr seither deutlich geringere Fallzahlen folgen. Da nicht davon auszugehen ist, dass diese Staaten eine wohlwollendere Haltung gegenüber ihren Menschenrechtsverteidiger:innen angenommen haben, scheint es vielmehr ein Zeichen dafür, dass die Repressalien ihre erwünschte Wirkung zumindest zeitweise erreicht haben und die Zusammenarbeit mit der UNO hier deutlich zurückhaltender geworden ist. Unter den Ländern mit nicht namentlich genannten Fällen sind die Demokratische Republik Kongo, der Südsudan sowie zuletzt Usbekistan besonders stark vertreten, was darauf hindeutet, dass zivilgesellschaftliches Engagement bei der UNO hier zwar weiter stattfindet, aber Berichte über Repressalien mit erheblichen Risiken für diese Menschen verbunden sind.

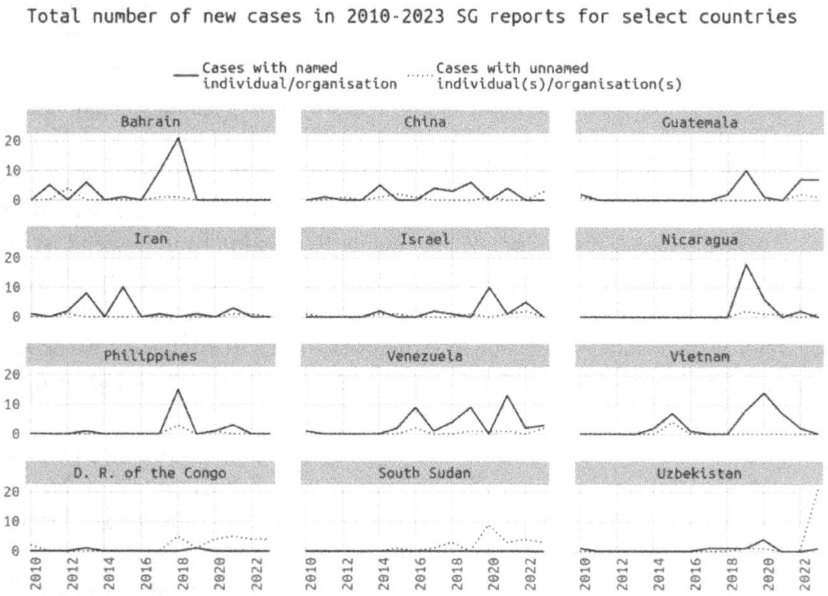

Abbildung 2: Fallzahlen in den SG-Berichten im Zeitverlauf für ausgewählte Länder

Neben dem Ausmaß der Unterdrückung in einem Land ist auch das Vorhandensein starker regionaler oder nationaler NGO-Netzwerke, teils in der Diaspora, ein wichtiger Faktor, der sich generell auf die geografische Erfassung von Menschenrechtsfällen auswirkt (vgl. Spannagel 2023: 107). Derlei Netzwerke sind mit den Meldewegen der Vereinten Nationen oft besonders vertraut und können so zu einer systematischeren Dokumentation durch die UNO beitragen. Wo es solche Netzwerke nicht gibt bzw. ihre Kontakte in bestimmten Ländern gering sind, bleiben Fälle von Repressalien oft unentdeckt. Gerade während der Pandemiejahre könnte der deutlich reduzierte persönliche Kontakte mit lokalen zivilgesellschaftlichen Akteuren, die online an UN-Sitzungen teilnahmen, entsprechend zu einer weniger intensiven Betreuung und Kenntnis von Problemen einher gegangen sein.

3.4 Auslöser für Repressalien: Kontakt mit der UNO

Anhand der Daten können wir auch betrachten an welchen Kontaktpunkten mit der UNO am häufigsten von Einschüchterungen und Repressalien berichtet wird. Hier sticht weiterhin die (versuchte) Teilnahme an UN-Sitzungen außerhalb des eigenen Landes (258 bzw. 30 % aller Fälle, namentlich und nicht-namentlich) hervor, auch wenn der Anteil sich – vermutlich aufgrund der Pandemie – seit 2021 von 35 % deutlich verringert hat. An zweiter Stelle steht mit 229 Fällen die Fernübermittlung von Informationen (26 %), gefolgt von Vorfällen im Zusammenhang von Treffen mit UN-Vertreter:innen in den Heimatländern der betroffenen Personen oder Organisationen, was in 189 Fällen gemeldet wurde (22 %). In 41 (5 %) aller dokumentierten Fälle erlebten die Opfer von Menschenrechtsverletzungen Einschüchterungen und Repressalien, nachdem die UNO ihren Fall öffentlich zur Sprache gebracht hatte.[6]

Die Verteilung der gemeldeten Fälle auf diese UN-Kontaktpunkte sagen allerdings wenig darüber aus, welche Form der Zusammenarbeit am „riskantesten“ ist. Wie oben bereits angemerkt geht eine Reise zu den UN-Sitzungen außerhalb des eigenen Landes häufig mit einer intensiveren Betreuung durch NGO-Netzwerke und/oder UN-Mitarbeitende einher, durch die Kenntnisse von Repressalien wahrscheinlicher sind. Ein Zusammenhang mit der UN-Aktivität (beispielsweise bei Reiseverboten oder Einschüchterungsversuchen vor Ort) lassen sich hier zudem oft leichter herstellen als in anderen Kontexten. Zusammenfassend lässt sich jedoch ganz klar sagen, dass repressive Eingriffe bei jeder Form von Kontakt mit den Vereinten Nationen vorkommen können.

Was die Verteilung über verschiedene UN-Gremien und -Mechanismen angeht, machen Kontakte mit dem Menschenrechtsrat mit 24 % weiterhin die relative Mehrheit der Repressalienfälle aus, gefolgt von den UN-Sonderverfahren (22 %), den Vertragsorganen (15 %) und dem OHCHR (12 %). In den vergangenen Jahren haben Fälle, die in Zusammenhang mit UN-Friedenseinsätzen und politischen Missionen gemeldet wurden, deutlich zugenommen und machen nun insgesamt 10 % der Fälle aus. In 5 % lag ein Kontakt mit dem bzw. der UN-Hochkommissar:in für Menschenrechte vor, in 2 % mit dem UN-Sicherheitsrat. Weitere Kontaktstellen wie die UN-Generalversammlung, Welt-

---

6 Die Kategorien ergeben insgesamt nicht 100 %, weil in einigen Fällen eine andere Kontaktform zutreffend ist oder die genaue Zusammenarbeit mit der UNO nicht aus dem SG-Bericht hervorging. Zudem können mehrere Kontaktformen auf denselben Fall zutreffen (außer bei der Fernübermittlung von Informationen, für die hier nur Fälle entsprechend kategorisiert sind, in denen es keinen anderen Kontakt gab).

konferenzen oder Unabhängige Untersuchungen machten je weniger als 2 % der veröffentlichten Fälle aus. Während diese Muster zu einem gewissen Grad die Häufigkeit von zivilgesellschaftlicher UN-Interaktion zu Menschenrechtsthemen und damit vermutlich auch die entsprechenden Repressalien widerspiegeln, sagen die Zahlen letztlich mehr über die Bemühungen der jeweiligen Institutionen aus, Fälle zu dokumentieren und systematisch zur Aufnahme in die SG-Berichte weiterzuleiten.

3.5 Formen von Repressalien

Aus den Daten geht hervor, dass in den namentlich genannten Fällen Drohungen und Einschüchterungen am häufigsten gemeldet wurden (40 %), wozu auch diejenigen Fälle gezählt wurden, in denen über Angst vor Repressalien berichtet wurde. Am zweithäufigsten waren Fälle von strafrechtlichen Ermittlungen (28 %) – die Zahl ist zuletzt angestiegen –, gefolgt von Diffamierung (27 %), sowie Inhaftierung (24 %), körperlichen Angriffen (18 %, darunter fünf Fälle von Tötungen) und Reisebeschränkungen (16 %). In 14 % der Fälle wurde berichtet, dass Familienmitglieder oder Bekannte von Repressalien betroffen waren, in 13 % gab es Hinweise auf Überwachung, in 12 % Berichte von Online-Belästigung und in 11 % der Fälle fanden Hausdurchsuchungen statt oder wurden Gegenstände konfisziert. Andere Arten von Eingriffen wurden in jeweils weniger als 10 % der Fälle berichtet.

Diese Verteilung ist insofern bemerkenswert, als sie sich deutlich von dem Muster der Fälle unterscheidet, die durch den UN-Sonderberichterstatter für Menschenrechtsverteidiger:innen behandelt wurden. In einer umfassenden Studie dieser Fälle von 2000 bis 2016 hat sich gezeigt, dass Verletzungen der körperlichen Unversehrtheit – insbesondere Inhaftierungen – viel häufiger erfasst werden als Drohungen, Diffamierung oder Reisebeschränkungen (Spannagel 2023: 99). Im Unterschied zu manchen Sonderverfahren, wo aufgrund der massiven Fülle an potentiellen Fällen im Verhältnis zur personellen Kapazität eine Auswahl mit Priorisierung besonders schwerwiegender Fälle stattfindet, beinhalten die SG-Berichte jedoch alle dort bekannt gewordenen und verifizierten Fälle, sofern keine Sicherheitsbedenken dagegen sprechen. Trotz der Selektionsmechanismen in der Meldung von Fällen, die sicher auch hier tendenziell die Dokumentation schwerwiegender Eingriffe begünstigt, ist die Bandbreite der erfassten Repressalien ein ermutigendes Zeichen, dass auch bei subtileren Formen der Unterdrückung hier genau hingeschaut wird.

4. Öffentliche Maßnahmen der UNO

Untersuchungen der Fallverläufe von Menschenrechtsverteidiger:innen, deren Fälle durch den UN-Sonderberichterstatter oder den SG-Bericht behandelt wurden, deuten darauf hin, dass eine zeitnahe und konsequente Reaktion auf Fälle von Repression von zentraler Bedeutung ist (Spannagel 2023, 2021). In der Vergangenheit hat sich jedoch auch gezeigt, dass Länder teils drastische Repressalien ausüben können, ohne auch nur einen klaren Widerspruch zu erfahren. Entsprechend ist an den SG-Berichten besonders interessant abzulesen, inwieweit die betroffenen UN-Akteure sich öffentlich zu den Fällen geäußert haben und in welchem Maße die SG-Berichte selbst Fälle von Individuen und Organisationen weiterverfolgen, die in den vorigen Berichten genannt wurden.

4.1 UN-Maßnahmen vor den SG-Berichten

In der Regel ist aus den SG-Berichten zu entnehmen, welche anderen UN-Mechanismen bereits tätig geworden sind zu einem Fall, der sich im Laufe des Berichtjahres ereignet hatte. In einigen Fällen befassen sich mehrere UN-Akteure mit demselben Fall, in anderen wird wiederum keine vorherige Maßnahme gemeldet. Abbildung 3 zeigt für jeden Bericht des Generalsekretärs die Anteile an allen Fällen und Situationen, bei denen andere UN-Akteure vorher tätig geworden waren. Man sieht dort, dass bis zur Ernennung des ASG zum „hochrangigen Funktionär" für Repressalien 2016 die meisten Fälle von den UN-Sonderverfahren stammten, in deren Abteilung am OHCHR auch die SG-Berichte erstellt wurden. Diese Dominanz dauerte bis 2017 an, mit Ausnahme der Jahre 2012 und 2013. Seit 2017 jedoch ist ein klarer Trend zu einer stärkeren Diversifizierung der Quellen der gemeldeten Fälle erkennbar.

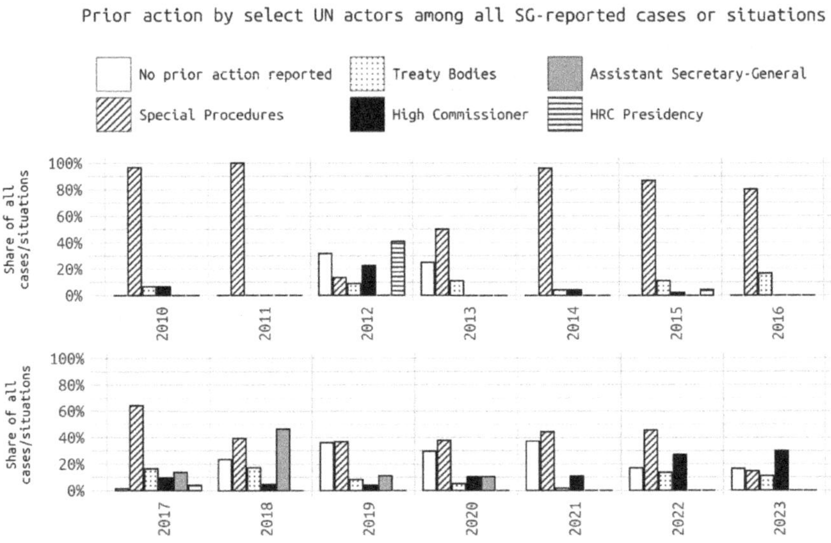

Abbildung 3: Vorige öffentliche Statements durch (ausgewählte) UN-Akteure laut SG-Bericht

Wenn man bedenkt, dass zudem die Fallzahlen ab 2017 stark zugenommen haben, wird deutlich, dass beispielsweise die UN-Vertragsorgane 2017 und 2018 eine erheblich größere Zahl an Fällen öffentlich beanstandet und in den SG-Bericht eingebracht haben (12 und 22 im Vergleich zu je 5 in 2015 und 2016). Dies ist auch auf deren aktivere Befassung mit dem Repressalien-Thema zurückzuführen, nachdem die Vorsitzenden der Vertragsorgane im Juni 2015 die *Guidelines against Intimidation or Reprisals* („San José Guidelines") beschlossen hatten (Treaty Bodies 2015). Darüber hinaus kam nach seiner Ernennung im Jahr 2016 der ASG als weiterer Akteur ins Spiel, der in eigenen Mitteilungen im Jahresverlauf Fälle anprangerte, die später ebenfalls in den SG-Berichten zusammengefasst wurden. Ab 2018 ist außerdem eine wachsende Zahl von Fällen zu sehen, die in den SG-Berichten zum ersten Mal veröffentlicht wurden und keine (öffentliche) Maßnahme eines anderen UN-Akteurs vorausging. In jüngeren Jahren ist auch eine aktivere Rolle des bzw. der UN-Hochkommissar:in für Menschenrechte zu erkennen, mit je 14, 12 und 16 Fällen in den Berichtjahren 2020-2022 (Michelle Bachelet) und 33 im Berichtjahr 2023 (Volker Türk).

Bemerkenswert ist außerdem die Rolle der Menschenrechtsratsvorsitzenden. Das einzige Jahr, in dem der oder die Präsident:in eine signifikante Zahl von Fällen öffentlich zur Sprache brachte war 2012 (mit 9 Fällen in zwei Ländern). Seitdem scheint die Präsidentschaft des Menschenrechtsrates bei Repressalien auffallend untätig gewesen zu sein, obwohl wir oben festgestellt haben, dass die meisten bekannten Fälle tatsächlich im Umfeld dieses Gremiums stattfinden. Nur in den Jahren 2015 und 2017 hat die Ratspräsidentschaft sich zu zwei Fällen (in zwei Ländern) bzw. drei Fällen (in Bahrain) öffentlich geäußert.[7]

Wenn man vergleicht, wie oft UN-Akteure zu bekannt gewordenen Fällen aktiv waren, die in ihrem eigenen Umfeld passiert sind, tut sich ein deutlicher Kontrast auf. Während der oder die Präsident:in des Menschenrechtsrates laut den SG-Berichten nur in 6 % der Fälle und Situationen öffentlich aktiv geworden ist, die im Zusammenhang mit einem Kontakt mit dem Rat standen, haben die Vertragsorgane in 54 % ihrer Fälle öffentliche Mitteilungen gemacht, der bzw. die Hochkommissar:in für Menschenrechte in 74 % seiner bzw. ihrer Fälle und die UN-Sonderverfahren sogar in 79 % der eigenen Fälle und Situationen. Zwar ist es gut möglich, dass die SG-Berichte nicht immer alle vorigen Statements erfassen, aber die Unterschiede sind markant – es zeigt sich jedoch auch, dass es bei allen Akteuren noch Raum für Verbesserung gibt.

Viele UN-Akteure neigen offenbar weiterhin dazu, ihre Pflicht in Bezug auf Repressalien als erfüllt zu betrachten, sobald sie das ASG-Team am OHCHR informiert haben. Es ist jedoch auch zur Verteidigung der eigenen Arbeitsmethoden und Glaubwürdigkeit von zentraler Bedeutung, dass jeder UN-Mechanismus die Fälle, die im eigenen Umfeld geschehen, auch systematisch zur Sprache bringt und dies vor allen Dingen auch zeitnah tut – die Erfassung im SG-Bericht passiert nur einmal im Jahr, viele Monate nach dem eigentlichen Ereignis. Obwohl die meisten Repressalienfälle im Zusammenhang mit einem Mitwirken am Menschenrechtsrat berichtet werden, wurde laut den SG-Berichten der Jahre 2020-2023 in 37 % dieser Fälle kein einziger UN-Akteur öffentlich aktiv bevor sie schließlich im Jahresbericht Erwähnung fanden.

4.2 Weiteres Follow-up in den SG-Berichten

Viele Repressalien dauern über einen längeren Zeitraum an: ob Reiseverbot, eingefrorenes Vermögen, strafrechtliche Prozesse oder gar Inhaftierungen – oft

---

7 Im Jahr 2022 hat der Ratspräsident sich im Fall von Anexa Alfred Cunningham engagiert, einer indigenen Menschenrechtsverteidigerin aus Nicaragua, der nach ihrer ersten Teilnahme als Expertin an einer Sitzung der UN-Expert:innengruppe zu den Rechten indigener Völker die Rückreise in ihr eigenes Land verwehrt wurde und die seitdem im Exil leben muss (ISHR 2023). Dieser Fall wurde allerdings nicht in den SG-Bericht aufgenommen, mit der Begründung, dass es sich um eine UN-Mandatsträgerin handle (Madeleine Sinclair, Interview mit Autorin, 30-10-2024).

ist das Leben und die Arbeit von Menschenrechtsverteidiger:innen über Monate oder sogar Jahre hinweg beeinträchtigt. In diesen Fällen ist es aus zivilgesellschaftlicher Sicht umso wichtiger, dass die zuständigen Stellen der UNO zeigen, dass sie die Fälle nicht aus den Augen verlieren. Im UN-Jargon wird das „Follow-up" genannt und die SG-Berichte beinhalten seit 2011 einen eigenen Abschnitt, der Folgeinformationen zu zuvor dokumentierten Fällen liefert.

Allerdings ist nicht immer klar, was damit in der Praxis genau gemeint ist. Über die Jahre hinweg haben „Follow-up" Berichte negative wie auch (selten) positive Entwicklungen oder im Wesentlichen unveränderte Situationen beinhaltet. Eine Auswertung der Berichte des Sonderberichterstatters für Menschenrechtsverteidiger:innen belegt jedoch, dass über die Zeit eine diskursive Verschiebung im „Follow-up" stattgefunden hat von der Vorstellung, dass eine fortdauernde Repression tatsächlich im Auge behalten und wiederholt angesprochen wird, hin zu der Neigung, jede Erfassung von *neuen* Übergriffen gegen dieselbe Person unter „Follow-up" zu verbuchen (vgl. Spannagel 2023: 121f.). Ähnlich scheint es sich mit den SG-Berichten auch zu verhalten. Madeleine Sinclair, die seit vielen Jahren die Arbeit von ISHR zu Repressalien leitet, berichtet, dass Fälle in der Regel nur noch dann in den „Follow-up"-Teil des SG-Berichtes aufgenommen werden, wenn es seit dem letzten Bericht eine neue Entwicklung gegeben hat (Interview mit Autorin, 30-10-2024). So wurde beispielsweise der Fall von Pham Doan Trang, die in Vietnam inhaftiert ist und deren Fall 2022 erstmals im SG-Bericht erwähnt wurde, in den Berichten 2023 und 2024 nicht wieder aufgegriffen, obwohl sie weiterhin in Haft sitzt und dem ASG-Team Informationen dazu vorlagen (ISHR 2024).

Hier zeigen sich deutlich abweichende Zielvorstellungen zwischen der UN-Logik, die eine stetig wachsende Zahl fortdauernder Fälle im Follow-up-Teil vermeiden will, und der zivilgesellschaftlichen Logik, die genau das als konsequente Fallbearbeitung fordert. Das Erfordernis neuer Entwicklungen scheint jedoch auch insofern problematisch, als es den bereits von Repressalien Betroffenen abverlangt, weitere Vorkommnisse erneut an die UNO zu kommunizieren, statt dass fortdauernde Fälle standardmäßig mit aufgenommen werden.

Die Datenanalyse zeigt, dass die Follow-up-Tätigkeit insgesamt ab dem Bericht 2018, also dem zweiten Bericht nach der Ernennung von Andrew Gilmour zum „hochrangigen Beauftragten" zum Thema Repressalien, deutlich zugenommen hat und dass sie sich insgesamt meist auf namentlich genannte Fälle bezieht. Aus Abbildung 4 geht hervor, ob und wie oft diejenigen namentlich genannten Fälle, die im regulären Berichtsteil beschrieben sind, in den Folgeberichten als „Follow-up" wieder aufgegriffen werden. Wir sehen, dass die bislang höchste Quote von mindestens ein Mal weiterverfolgten Fällen im Bericht von 2017 war (57 %), gefolgt von den Fällen aus dem 2021-Bericht (51 %). Zuletzt ist die Quote wieder etwas geringer ausgefallen (33 % für 2022; 29 % für 2023) – allerdings werden Fälle oft erst ein oder zwei Jahre später wieder aufgegriffen, was wiederum auf die oben angesprochene Problematik der Follow-up-Definition hindeutet, die im Grunde neue Fälle oder zumindest neue Fallentwicklungen voraussetzt.

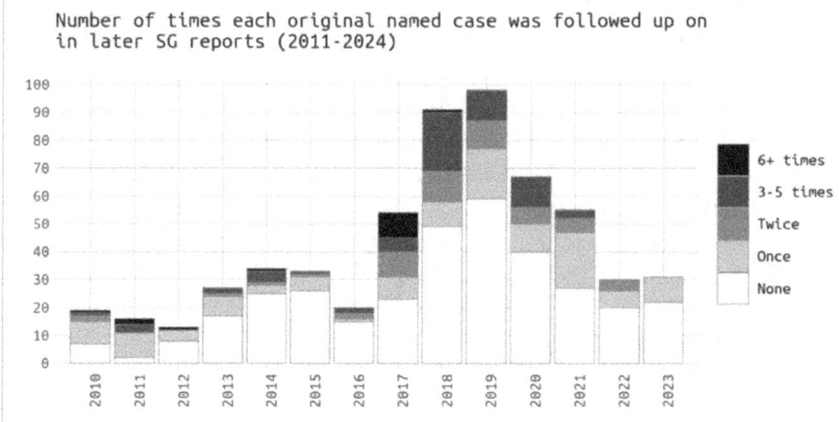

Abbildung 4: Häufigkeit der Fallnachverfolgung für namentlich genannte Fälle im Zeitverlauf

Insgesamt ist über alle Jahre hinweg im Vergleich zur Auswertung 2021 eine leichte Steigerung der Follow-up-Quote unter namentlich genannten Fällen festzustellen (von 38 % für die Berichtjahre 2010-2019 auf 42% für 2010-2023). Angesichts der deutlich gesunkenen Fallzahl seit 2019 hat die Zahl der im Follow-up-Abschnitt aufgegriffenen namentlich genannten Fälle in jüngeren Berichten jedoch ebenfalls wieder deutlich abgenommen (von je 98 in den Jahren 2021 und 2022 auf 47 und 28 in 2023 und 2024). Die Abbildung zeigt auch, dass eine kleine Zahl an Fällen relativ konsequent in fast jedem der Folgeberichte wieder aufgegriffen wird – inwiefern diese Praxis in Zukunft weiter angewandt wird, wenn die Definition sich mehr in Richtung neuer Fallentwicklungen verschiebt, bleibt abzuwarten.

Darüber hinaus gibt es Unterschiede zwischen den Ländern darin, wie häufig Fälle weiterverfolgt werden. Unter den zehn Ländern mit den meisten namentlich genannten Originalfällen fallen vor allem Guatemala und China mit einer hohen Nachverfolgungsquote auf (83 bzw. 72 %). Doch auch die von

Ägypten (50 %) und Israel (43 %) liegen leicht über dem allgemeinen Durchschnitt. Die höheren Quoten lassen sich einerseits vermutlich durch besonders aktive Aktivist:innennetzwerke erklären, die kontinuierlich Updates liefern, andererseits aber vielleicht auch durch besonders schwerwiegende und langwierige Repressionsformen.

Ein bereits in der letzten Erhebung aufgefallenes Muster betraf den Mangel an Follow-up in den (seltenen) Fällen von Tötungen im Zusammenhang mit UN-Tätigkeiten, was sich leider in den Berichten jüngerer Jahre fortsetzt. Keiner der beiden neuen Fälle (Chue Youa Vang aus Laos im Bericht 2021; Mohib Ullah aus Bangladesch im Bericht 2022) wurde seither wieder aufgegriffen und auch die früheren namentlich genannten Fälle sind seit 2012 nicht mehr erwähnt worden, obwohl sie nie ordnungsgemäß untersucht wurden. Das Ausschlusskriterium eines Fehlens von neuen Entwicklungen wirkt hier besonders fehlplatziert. Gerade wenn in der Aufklärung von tödlicher Gewalt gegen Menschenrechtsverteidiger:innen keine Fortschritte gemacht werden, scheint es umso wichtiger, diese Fälle kontinuierlich weiter zu beobachten.

5. Diskussion der Ergebnisse

Die detaillierte Analyse der Fälle von Repressalien, die jedes Jahr in den Berichten des UN-Generalsekretärs dokumentiert werden, gibt wichtige Einblicke in die Risiken, mit denen eine Zusammenarbeit mit den Vereinten Nationen für Menschenrechtsverteidiger:innen oft verbunden ist. Solche Repressalien, die in ihrer Schwere von administrativen Hürden bis hin zu Tötungen reichen, kommen an allen Kontaktpunkten mit UN-Akteuren und -Gremien vor. Aufgrund von wahrscheinlichen Selektionsmechanismen in der Art und Anzahl von Fällen, auf die die UNO aufmerksam wird und die letztlich im Bericht erscheinen, lassen sich jedoch keine generalisierten Aussagen darüber treffen, welche Formen von Kontakt besonders riskant sind oder welche Trends in der Häufigkeit von Repressalien vorliegen. Die offenkundige Zunahme an anonymisierten oder gar aus Sicherheitsgründen weggelassenen Fallberichten ist jedoch an sich schon besorgniserregend.

Gesichert lässt sich sagen, dass die Aufstockung der Ressourcen durch die Ernennung des Beigeordneten UN-Generalsekretärs für Menschenrechte als „hochrangiger Beauftragter" für Repressalien die Aufarbeitung und Nachverfolgung dieser Fälle insgesamt enorm verbessert hat. Zugleich deutet die – bei sinkender Fallzahl – relativ stabil bleibende Nachverfolgungsquote von knapp über 40 % jedoch auch darauf hin, dass die vorhandenen Kapazitäten stark ausgelastet sind. Gerade angesichts des deutlichen Rückgangs von Fällen während der Pandemiejahre – als viele Menschenrechtsverteidiger:innen von den Möglichkeiten der Online-Teilnahme an UN-Sitzungen Gebrauch machten und weniger eng betreut wurden – ist davon auszugehen, dass weiterhin viele Fälle unentdeckt bleiben, weil eine proaktive Begleitung und Fallbeobachtung meist ausbleibt.

Auch in Ländern mit stark eingeschränkten zivilgesellschaftlichen Räumen und kaum dokumentierten Fällen von Repressalien sollte genauer hingeschaut werden. Es ist sehr wahrscheinlich, dass auch dort Menschenrechtsverteidiger:innen eingeschüchtert und davon abgehalten werden, auch nur den Versuch zu unternehmen, mit der UNO in Kontakt zu treten. Auch wenn es keine Kenntnis über derlei Einzelfälle gibt, sollte ein entsprechendes repressives Klima und Vorkehrungen, die das Mitwirken an UN-Menschenrechtsdebatten verhindern, in den Berichten des Generalsekretärs regelmäßig Erwähnung finden.

In der Bearbeitung der Repressalienfälle ist zu begrüßen, dass einige UN-Akteure wie der oder die Hochkommissar:in für Menschenrechte, aber auch die Vertragsorgane, sich zunehmend zu Fällen äußern, die in ihrem Umfeld geschehen. Die Präsidentschaft des UN-Menschenrechtsrates sticht dagegen leider weiterhin als Akteurin hervor, die kaum öffentlich auf Repressalien reagiert, die sich gegen diejenigen richten, die an Ratssitzungen teilnehmen oder dort Informationen einreichen – obwohl dies nach wie vor das Gremium ist, für das die meisten Repressalien bekannt sind. Auch in der Weiterverfolgung von Fällen durch das Repressalien-Team am OHCHR gibt es Verbesserungsbedarf. Die Tendenz zur Wiederaufnahme von Fällen nur bei wesentlichen neuen Entwicklungen ist gerade bei andauernden schwerwiegenden Repressionsformen wie Inhaftierung oder unaufgeklärten Tötungen besonders bedenklich und läuft letztlich der Idee einer konsequenten und wirkungsvollen Fallbeobachtung zuwider.

Literatur

BRANDS KEHRIS, Ilze (2023): Oral presentation by the Assistant Secretary-General for Human Rights, OHCHR, verfügbar unter: https://www.ohchr.org/en/statements-and-speeches/2023/09/oral-presentation-assistant-secretary-general-human-rights-report (letzter Abruf am 27.11.2024).

BRANDS KEHRIS, Ilze (2024): Reprisals by States against people who assist UN human rights work are deeply concerning, OHCHR, verfügbar unter: https://www.ohchr.org/en/statements-and-speeches/2024/09/reprisals-states-against-people-who-assist-un-human-rights-work-are (letzter Abruf am 27.11.2024).

CHR (1990): UN-Menschenrechtskommission Resolution 1990/76: Co-operation with representatives of United Nations human rights bodies, United Nations Digital Library, S. 155F, verfügbar unter https://digitallibrary.un.org/record/90908 (letzter Abruf am 27.11.2024).

COPPEDGE, Michael et al. (2023): V-Dem Codebook V13, V-Dem Institute, University of Gothenburg, verfügbar unter: https://www.v-dem.net/documents/24/codebook_v13.pdf (letzter Abruf am 27.11.2024).

GILMOUR, Andrew (2019): Opinion: Human Rights Are Suffering an Onslaught of Attacks, Financial Times, 9. Dezember, verfügbar unter: https://www.ft.com/content/e339fe22-1a66-11ea-81f0-0c253907d3e0 (letzter Abruf am 27.11.2024).

HRC (2013): UN-Menschenrechtsrat Resolution 24/24: Cooperation with the United Nations, its representatives and mechanisms in the field of human rights, UN Documents, verfügbar unter https://undocs.org/en/A/HRC/RES/24/24 (letzter Abruf am 27.11.2024).

HRC (2009): UN-Menschenrechtsrat Resolution 12/2: Cooperation with the United Nations, its representatives and mechanisms in the field of human rights, verfügbar unter https://undocs.org/en/A/HRC/RES/12/2 (letzter Abruf am 27.11.2024).

ISHR (2024): Secretary-General documents cases of reprisals from ISHR's #EndReprisals campaign, International Service for Human Rights, verfügbar unter: https://ishr.ch/latest-updates/secretary-general-documents-cases-of-reprisals-from-ishrs-endreprisals-campaign/ (letzter Abruf am 27.11.2024).

ISHR (2023): Help us put an end to Anexa Alfred's forced exile, International Service for Human Rights, verfügbar unter: https://ishr.ch/campaign/help-us-put-an-end-to-anexa-alfreds-forced-exile/ (letzter Abruf am 27.11.2024).

ISHR (2019): HRC42: Beyond rhetoric – States should step up efforts to prevent reprisals, International Service for Human Rights, verfügbar unter: https://ishr.ch/latest-updates/hrc42-beyond-rhetoric-states-should-step-efforts-prevent-reprisals/ (letzter Abruf am 27.11.2024).

KRENNERICH, Michael (2024): Human Rights Politics – An Introduction, Cham: Springer. DOI: https://doi.org/10.1007/978-3-031-57026-1.

LANDMAN, Todd und Gohdes, Anita (2013): A matter of Convenience: Challenges of Non-random Data in Analysing Human Rights Violations During Conflicts in Peru and Sierra Leone, in: Seybolt, Taylor, Aronson, Jay und Fischhoff, Baruch (Hrsg.): Counting Civilian Casualties: An Introduction to Recording and Estimating Nonmilitary Deaths in Conflict, New York: Oxford University Press, S. 77-93.

MAHONY, Liam (2020): Intimidation and Its Impact on Engagement With the UN Human Rights System – Methodological Challenges and Opportunities, Genf: International Service for Human Rights, verfügbar unter: https://ishr.ch/sites/default/files/documents/final_ishr_intimidation_reportweb.pdf (letzter Abruf am 27.11.2024).

OHCHR (n.d.): Annual reports on reprisals for cooperation with the UN, OHCHR, vergfügbar unter: https://www.ohchr.org/en/reprisals/annual-reports-reprisals-cooperation-un (letzter Abruf am 27.11.2024).

ROOT, Brian (2016): Numbers Are Only Human: Lessons For Human Rights Practitioners From the Quantitative Literacy Movement, in: Alston, Philip und Knuckey, Sarah (Hrsg.): The Transformation of Human Rights Fact-Finding, New York: Oxford University Press, S. 355-376.

SPANNAGEL, Janika (2023): International Attention and the Protection of Human Rights Defenders: Campaigning for Agents of Change, Abingdon: Routledge.

SPANNAGEL, Janika (2021): UN Actions on Reprisals: Towards Greater Impact, Genf: International Service for Human Rights, verfügbar unter: https://ishr.ch/wp-content/uploads/2021/05/ISHR_Reprisals-Report_Web_20210503.pdf (letzter Abruf am 27.11.2024).

SPANNAGEL, Janika (2019): Ereignisdaten: Irrlichter in der Erfassung menschenrechtlicher Trends, in: Zeitschrift für Menschenrechte, 13:1, S. 7–26.

TREATY Bodies (2015): Guidelines Against Intimidation or Reprisals ("San José Guidelines"), UN Documents, verfügbar unter https://undocs.org/HRI/MC/2015/6 (letzter Abruf am 27.11.2024).

UN (2024): United Nations Agenda for Protection – Strengthening the ability of the United Nations System to Protect People Through Their Human Rights, UN Documents, verfügbar unter: https://www.ohchr.org/sites/default/files/documents/issues/protection/Agenda-Protection-Pledge-Policy-Brief.pdf (letzter Abruf am 27.11.2024).

UNGA (2006): UN Generalversammlung Resolution 60/251: Human Rights Council, verfügbar unter https://undocs.org/en/A/RES/60/251 (letzter Abruf am 27.11.2024).

URG (2017): Sibling rivalry? Measuring and understanding the uneasy relationship between the Human Rights Council and the Third Committee of the GA, Universal Rights Group, verfügbar unter: https://www.universal-rights.org/relationship-human-rights-council-third-committee-ga-measuring-coherence/ (letzter Abruf am 27.11.2024).

WEIDMANN, Nils (2016): A Closer Look at Reporting Bias in Conflict Event Data, in: American Journal of Political Science 60:1, S. 206-218.

ELISABETH HOLZLEITHNER

Wie subversiv sind LGBTIQ+ Rechte? Ein Blick auf illiberale und queere Anfechtungen

Einführung

Die Menschenrechte sind weltweit unter Druck – in Recht und Politik ebenso wie in theoretischen und philosophischen Abhandlungen. Mein Beitrag spürt einer Kritik der Menschenrechte nach, die als allgemeine Kritik an Recht und Rechten auftritt. Dabei kommen zwei Pole in den Fokus: erstens, die illiberale Kritik, die Menschenrechte für zu „progressiv" hält und ihnen vorwirft, dass sie Tradition und Gemeinschaft zersetzen und unterwandern. Dies gilt für Menschenrechte als solche, aber ganz besonders für Rechte von LGBTIQ+. Zweitens, die queer Kritik. Sie stört an dem Konzept gleicher Rechte für LGBTIQ+, dass diese das ins Recht eingebaute heteronormativ-patriarchale System nicht sprengen, sondern es befestigen und dadurch Unterdrückungsmechanismen fortschreiben.

Die illiberale Seite kritisiert Menschenrechte, weil diese ihrer religiös-konservativen Weltsicht zuwiderlaufen. Die Menschenrechte kommen für Chaos und Dekadenz zu stehen, für den Untergang der geordneten Gesellschaft durch die Zerstörung ihrer Kerninstitutionen, vor allem der Familie mit ihren patriarchalisch organisierten Beziehungen zwischen den Geschlechtern. Die Menschenrechte, so dieser Ansatz, sind zu wirksam: Sie würden die traditionellen Hierarchien in idealerweise ethnisch und religiös homogenen Nationalstaaten zerstören. Mir scheint, diese Kritik wird aus der Perspektive derjenigen vorgebracht, die Macht innehaben. Demokratiepolitisch zeigt sich das darin, dass den Menschenrechten und den Gerichten, die sie schützen sollen, ein Mangel an Respekt für die demokratische Entscheidungsfindung vorgeworfen wird: Sie würden die Demokratie und damit die Kompetenz der Gemeinschaft zur Selbstbestimmung potenziell untergraben.

Auf der anderen Seite des Spektrums steht die queere Rechtskritik für jene Ansätze, die den Menschenrechten ihre Unzulänglichkeit ankreiden. Sie mögen zwar wirksam sein, aber ihre Effekte erreichen gerade diejenigen nicht, die sie am meisten brauchen würden: die am meisten Marginalisierten, die am schlechtesten Gestellten. Im Gegensatz zu illiberalen Ansätzen, die Rechte aus der Perspektive der Machthaber kritisieren, formulieren diese Positionen Kritik aus der Perspektive der Unterdrückten. Dabei zeichnen sich queere Ansätze dadurch aus, dass sie nicht nur die Sexualität und Geschlechtsidentität in den Blick nehmen, sondern auch andere Achsen von Macht und Unterdrückung wie ethnische Zugehörigkeit, Religion, Klasse oder Behinderung. Sie sind insofern genuin intersektional. Dabei wird insbesondere darauf hingewiesen, dass den sozialen und ökonomischen Voraussetzungen für ein gutes Leben zu wenig Aufmerksamkeit zuteilwird. An diesem Punkt trifft sich die Kritik mit einem akademischen Lebensthema von Michael Krennerich, nämlich die sozialen Menschenrechte in den Mittelpunkt des Menschrechtsdiskurses zu rücken (Krennerich 2013). Gerade die sozialen und ökonomischen Punkte der queeren Rechtskritik sind jedenfalls berechtigt und bedenkenswert. Gleichwohl erscheint die ganz fundamentale Kritik am Recht überschießend. Die Gegenüberstellung mit illiberalen Ansätzen soll verdeutlichen, dass viel zu verlieren ist, wenn Menschenrechte aufgegeben werden sollen, weil sie die Rechtsordnung nicht hinreichend radikal verändern.

Ein Blick auf illiberale Ansätze

Illiberale oder, wie sie sich heute gerne selbst bezeichnen, postliberale Ansätze behaupten, dass eine hierarchische Ordnung zum Vorteil der Menschen ist. Dass Menschenrechte ein wesentliches Element von *Checks and Balances* sind und die Ausübung politischer Macht einhegen sollen, halten sie für problematisch. Adrian Vermeule etwa, ein prominenter Vertreter dieser Linie, verficht in seinem „Common Good Constitutionalism" (Vermeule 2022) die These, dass nur eine starke politische Führung das Gemeinwohl realisieren kann. Reichhaltige historische und auch gegenwärtige Erfahrung lassen daran zweifeln, dass die Wirkungen autoritärer Herrschaft tatsächlich so segensreich sind. Überdies kann man dagegen mit Matthias Mahlmann (2023) nicht zuletzt und ganz besonders ein philosophisches Argument vorbringen, das Sinn und Zweck der Menschenrechte in den Mittelpunkt stellt: Illiberale Ansätze können den besonderen Charakter von Menschenrechten als Grundlage für ein lebenswertes menschliches Leben nicht erfassen.

Allerdings sollte man sich auch mit dem auseinandersetzen, was Andrea Petö (2021) das „illiberale Angebot" genannt hat. Das ist nötig, um die Anziehungskraft autoritärer Ansätze zu verstehen, die sich heute mit solcher Wucht ausbreiten. Die neuerliche Wahl von Donald Trump zum US-Präsidenten – diesmal auch mit Stimmenmehrheit – ist dafür derzeit nur das schlagendste Beispiel. Triumphierend erklärt Gladden Pappin (2024), ein bekennender Postliberaler, diese Wahl zur „Inauguration der postliberalen Ära“, die sich durch eine illiberale Art der Machtausübung auszeichnet. Große Teile der Bevölkerung unterstützen illiberale Bewegungen und, wenn sie an die Macht gekommen sind, illiberale Regierungen, genau deshalb, weil sie illiberal sind. Sie sind zu der Überzeugung gelangt, dass die in liberalen Demokratien geschützten Menschenrechte nicht die Rechte sind, auf die sie selbst für ein gutes Leben angewiesen sind. Vielmehr halten sie diese für die Rechte unliebsamer Dritter. Das scheint mir die Kehrseite dessen zu sein, was Mahlmann als Beitrag der Solidarität zu den Menschenrechten identifiziert: Demnach beruhen die Menschenrechte auf der Überzeugung, dass sie für alle einen Preis haben. Alle sind wir aufgerufen, auch die Lasten zu schultern, die Menschenrechte uns auferlegen. Wenn nun aber ein erheblicher Teil der Bevölkerung zu der Überzeugung gelangt, dass die Menschenrechte sie primär belasten, dafür aber unliebsame Minderheiten privilegieren, dann fehlt die Grundlage für Solidarität, und eine wichtige Säule der Menschenrechte droht zu zerbröckeln.

Was fürchten illiberale, autoritäre Herrscher, wenn es um Menschenrechte geht? Und was bieten sie ihrer Bevölkerung stattdessen? Sie bieten eine Ideologie, an der man sich orientieren kann, und das Versprechen auf ein gutes Leben in engmaschigen Gemeinschaften. Dass Gemeinschaften im Wesentlichen durch Rechte konstituiert sein und von einer Art Verfassungspatriotismus zusammengehalten werden sollen, ist für sie eine viel zu sparsame Vision, zumal eine, die keinen Halt im Leben gibt. Ein Leben in Freiheit mutet ihnen daher wenig attraktiv an. Die Verheißungen des Liberalismus erscheinen ihnen als fahl und schal: Wenn es zur Freiheit kommt, sehen Illiberale primär Verwüstung und Verzweiflung, ein Leben in Einsamkeit, ohne echte Verpflichtungen, die es erst lebenswert machen. Ein solches Leben steht ständig an der Kippe des Scheiterns und droht, in Sucht und Selbstmord zu enden. Illiberale verheißen ein Gegenmodell, mit dem sie die Herzen der Menschen zu erobern suchen: eine sinnstiftende Gemeinschaft, die auf Religion und Tradition, auf Hierarchie und echter Führung beruht.

Daher können politische Philosophen, die für eine illiberale Herrschaft werben, die Gleichheit nur als Problem sehen. Der Versuch, sie in liberalen Demokratien zu erreichen, führt, wie Ryszard Legutko, ein polnischer Philosoph und früheres Mitglied des Europäischen Parlaments beklagt, zur „Liquidierung“ von „sozialen Hierarchien, Sitten, Traditionen und Praktiken, die vor dem Aufkommen des neuen politischen Systems bestanden haben“ (Legutko 2016, S. 131). In diesem Sinne diagnostiziert ein weiterer illiberaler Denker, Patrick Deneen, der liberale Staat könne sich ausschließlich auf das Recht stützen, wenn er die Kultur einer Gesellschaft parasitär zerstört, ihre Ressourcen erschöpft hat und so zum Opfer seines eigenen Erfolgs geworden ist: „Der Liberalismus hat auf ein vorliberales Erbe und Ressourcen zurückgegriffen, die den Liberalismus einst getragen haben, die er aber nicht wieder auffüllen kann“ (Deneen 2018, S. 29). Hier wird das Böckenförde-Diktum, wonach der liberale Staat auf Grundlagen beruhe, die er selbst nicht zu verbürgen vermöge, an sein bitteres Ende gedacht: Der Liberalismus gilt als gescheitert, denn er habe seine eigenen Grundlagen vernichtet. So jedenfalls die postliberale Deutung.

Wenn soziale Hierarchien eine wesentliche Grundlage für gelungene Herrschaft sind, dann muss nicht nur die Gleichheit, sondern auch die Freiheit – und der Schutz vor staatlichen Eingriffen – daran glauben. Vermeule etwa betont, es müsse sichergestellt werden, „dass der Herrscher die nötige Macht hat, um gut zu herrschen“. Das liberale Misstrauen gegenüber uneingeschränkter Macht wird abgetan: Machtbeschränkungen hält er nur insofern für berechtigt, als sie zum Gemeinwohl beitragen. Nicht zuletzt meint Vermeule, Freiheit sei überschätzt; für viel wichtiger hält er eine gerechte, auf das Gemeinwohl bedachte Obrigkeit, die in dem Dreiklang von Gerechtigkeit, Frieden und Überfluss verkörpert ist und die auf christlichen Grundlagen beruht (Vermeule 2022, S. 28). Das so verstandene Gemeinwohl kann und soll durchgesetzt werden, und wenn es sein muss, auch gegen die individuellen Vorstellungen der Rechtssubjekte, die dem Staat im wahrsten Sinn des Wortes untertan sind. Das Recht soll sie lenken und dazu bringen, ihre Wünsche am Gemeinwohl auszurichten und die entsprechenden Gewohnheiten und Überzeugungen zu entwickeln. Vermeules Position ist mit derjenigen von Deneen vereinbar: Der Einsatz von Recht ist akzeptabel, solange dies im Einklang mit der nationalen religiösen Tradition und Kultur steht. Was deren Inhalt genau ist, bestimmen die Postliberalen mit ihren selektiven Rekonstruktionen.

Die Menschenrechte gelten illiberalen Denkern als ebenso schändliche Übeltäter wie Gleichheit und Freiheit. Für Legutko ist der Begriff der Menschenrechte ein manipulatives Etikett für „willkürliche, ideologisch motivierte Ansprüche, die von verschiedenen politischen Gruppen unter eklatanter Missachtung des Gemeinwohls erhoben und von den Gesetzgebern und Gerichten großzügig verteilt werden, oft im Widerspruch zum gesunden Menschenverstand und in der Regel zum Schaden der öffentlichen und persönlichen Moral“ (Legutko 2016, S. 142). Wenn die Menschenrechte überhaupt bekräftigt werden sollen, dann nur in einer von „Progressivismus“ befreiten Version. Als Vorbild gilt die „Geneva Consensus Declaration on Promoting Women‘s Health and Strengthening the Family“ aus dem Jahr 2020, initiiert vom damaligen US-Außenminister Mike Pompeo während der ersten Präsidentschaft von Donald Trump. Deren erklärtes Ziel besteht darin, den sicheren Zugang zu Schwangerschaftsabbrüchen auf globaler Ebene (weiter) zu delegitimieren und zu erschweren. Im Fokus steht daher nicht die Autonomie und körperliche Integrität von schwangeren Personen, sondern die nationale Souveränität: Nationalstaatliche Verbote von Schwangerschaftsabbrüchen sollen gegen internationale, von Menschenrechten inspirierte Kritik immunisiert werden.

Marie-Luisa Frick sieht solche Inanspruchnahmen als „feindliche Übernahme“ der Menschenrechte. Sie verfehlt auch deren Ziel: Es liegt nicht in menschlicher Vollkommenheit, sondern in gleicher Freiheit (Frick 2021, S. 873). Gleiche Freiheit ist jedoch das, wogegen sich das illiberale politische Denken wendet. Dies verknüpft sich mit seiner Ablehnung der Unterscheidung von Recht und Moral, und zwar Moral im Sinne von konventionellen, typischerweise religiös fundierten Überzeugungen. Menschenrechte werden daher als illegitim angesehen, wenn sie der natürlichen, göttlich fundierten Ordnung der Dinge widersprechen, die sich dem wahren Gläubigen offenbart.

Vor diesem Hintergrund wird von illiberaler Seite behauptet, dass der liberale Staat seinen religiösen Bürger*innen unzumutbare Vorgaben macht, indem er ihnen etwa eine nicht-patriarchale Geschlechterordnung aufzwinge, die nicht mehr vom Idealbild konventioneller Rollenbilder Ehe und Familie betreffend ausgeht. Richtig darin ist, dass die Gleichberechtigung der Geschlechter das öffentliche Leben, insbesondere in Beruf und Politik, bestimmen soll. Auch das Eherecht ist nicht mehr patriarchalisch, sondern partnerschaftlich organisiert, und in vielen Ländern der Welt wurde die Ehe auch für gleichgeschlechtliche Paare geöffnet. Aber Staat und Recht zwingen die Menschen nicht dazu, auf eine bestimmte Weise zu leben. In einer liberalen Demokratie, die sich der gleichen Freiheit, auch der Religionsfreiheit, verpflichtet sieht, sind traditionelle religiöse Lebensformen sehr wohl möglich. In einer illiberalen Demokratie dagegen gibt es nur eine Lebensweise, die vom Gesetz anerkannt wird, nämlich diejenige entlang der herkömmlichen Geschlechternormen. Für jenes reaktionäre Christentum, das von vielen europäischen und US-amerikanischen Postliberalen vertreten wird, bedeutet eine liberale politische Ordnung die Degradierung ihrer eigenen Überzeugungen zu einem bloßen Glaubensbekenntnis. Diesem wird vom liberalen Staat zwar Raum gegeben. Die illiberalen religiösen Überzeugungen gelten aber nicht (mehr) als valide Grundlage für rechtliche

Reglungen dahingehend, wie die Menschen ihre Leben zu führen haben. Den Postliberalen reicht das nicht aus: Sie wollen, dass die ganze Gesellschaft nach ihrem Glaubensbekenntnis ausgerichtet wird.

Der entscheidende Trick in der Argumentation illiberaler politischer Philosophen besteht darin, den politischen Liberalismus und mit ihm den liberalen Rechtsstaat zu delegitimieren, indem er zu einer bloßen Ideologie erklärt wird. Der politische Liberalismus wird nicht als ein Dach gesehen, unter dem viele Religionen und moralische Überzeugungen unterschiedlichster Art Platz finden, solange sie die Grundstruktur der Gesellschaft (Rawls 2005) bejahen, die auf dem gleichen Recht eines jeden Menschen beruht, nach seinen eigenen Vorstellungen zu leben. Vielmehr wird der politische Liberalismus als ebenso sektiererisch angesehen wie Religionen und Ideologien selbst. Diese Diagnose stützt sich auf die progressive Geschlechterpolitik, die der politische Liberalismus mit sich bringt. Die sektiererische, quasi-religiöse Qualität des politischen Liberalismus wollen seine Kritiker*innen exemplarisch in der Entscheidung des US Supreme Court in der Rechtssache *Obergefell v. Hodges* (2015) ausmachen, die zur Öffnung der Ehe für gleichgeschlechtliche Paare in den Vereinigten Staaten führte. Für Vermeule verkörpern solche Fälle von „progressivem Konstitutionalismus" die „Liturgie des Liberalismus". In ihr feiere eine liberale politische Theologie „einen sakramentalen Moment der Überwindung der Unvernunft und Dunkelheit der traditionellen Vergangenheit" (Vermeule 2022, S. 202). Für Vermeule handelt es sich dabei um eine illegitime Instrumentalisierung des Rechts. Es werde abkommandiert, um einer Erzählung voranschreitender Emanzipation zu dienen, indem individuelle Rechte progressiv erweitert und auf eine immer größere Gruppe von Menschen ausgedehnt werden – mit dem Ziel, sie von traditionellen Zwängen zu befreien.

In der Tat können wir eine zunehmende Ausweitung der Rechte von Frauen und LGBTIQ+ beobachten. Es wäre allerdings ein Missverständnis, dies als Kotau vor einer „progressiven Orthodoxie" (Fukuyama 2022, S. 3) zu sehen. Vielmehr handelt es sich um ein logisches Weiterdenken des in modernen Verfassungen verankerten Prinzips der gleichen Freiheit, angereichert um die aus dem Recht auf Privatleben generierte Möglichkeit, sich selbst zu entfalten. Im Übrigen schafft der liberale Staat, wie bereits angemerkt, sehr wohl einen Raum für illiberale Traditionalist*innen: Sie können in ihren meist religiös basierten Gemeinschaften so leben, wie es ihnen gefällt – mit gewissen Einschränkungen zum Schutz für diejenigen, die in solchen Gemeinschaften unterdrückt werden. Der Illiberalismus hingegen will eine Ordnung schaffen, in der es keinen Platz für feministische oder queere Ideen, unkonventionelle Männer, Frauen und andere Geschlechter gibt. Illiberale wollen die Feinde ihrer Ordnung brechen oder auslöschen. Der illiberale Kampf gegen die Gleichstellung der Geschlechter, einschließlich der Rechte von LGBTIQ+, ist Teil eines ethno-nationalistischen Aufstands gegen eine Entwicklung, die das Herz der Nation zu brechen scheint: Es schlägt in der heterosexuellen Familie, deren Niedergang es aufzuhalten gelte. Nebenbei richtet sich die illiberale Polemik auch gegen die Einwanderung aus „fremden" Ländern und erklärt den liberalen Multikulturalismus zur Bedrohung der Ethno-Nation.

Kommen wir an dieser Stelle zurück auf das von Petö so genannte illiberale Angebot: Es stützt sich auf Familie, Nation und religiöse Werte und bietet seine eigene Version von Meinungsfreiheit – eine Meinungsfreiheit, die sich primär gegen „political correctness" und gegen „woke" Überzeugungen richtet, die als Denk- und Sprechverbote interpretiert werden. In erhellender Weise verweist Petö auf einen Sprechgesang gegen die gleichgeschlechtliche Ehe während der Demonstrationen von *Manif Pour Tous* in Frankreich: „Finger weg von unseren Geschlechterstereotypen!" Sie interpretiert diesen Slogan als eine Forderung nach Anerkennung: für die spezifische Identität der Protestierenden und die moralischen Werte, die sie für unverzichtbar halten (Petö 2021, S. 321). Die Demonstrant*innen haben das Gefühl, dass die Politik sie in ihrem eigenen Streben nach Anerkennung grundlegend missachtet. Im Einklang mit illiberalen politischen Denkern halten sie die Gleichstellung der Ehe nicht für eine harmlose Erweiterung rechtlicher Möglichkeiten zur rechtlich anerkannten Verpaarung, die gleichzeitig Raum für individuelle moralische Ablehnung lässt, insbesondere aus religiösen Gründen. Für sie ist die rechtliche Ausweitung der Ehe eine Attacke auf ihre moralischen Überzeugungen. Auch diese Position beruht auf einer Aufhebung der Trennung von Recht und konventioneller, religiös geprägter Moral. Es scheint die Aufgabe der liberalen politischen Philosophie zu sein, auf die Bedeutung dieser Unterscheidung zu pochen. Außerdem muss sie betonen, dass die gleichen Rechte unkonventioneller Minderheiten die Rechte derjenigen, die ein konventionelles Leben führen, nicht verletzen, weil sie davon schlicht nicht betroffen sind.

Rechtskritik aus queeren Perspektiven

Die Öffnung der Ehe für gleichgeschlechtliche Paare („Ehegleichheit") wird nicht nur von illiberalen Autoritären angefochten. Sie wird auch vom anderen Pol des politischen Spektrums kritisiert: von denjenigen, die eine queere Politik und Theorie vertreten. Für die illiberale Kritik ist die Ehegleichheit als solche subversiv, ein Instrument zur Zerstörung von Ehe und Familie. Radikale Vertreter*innen queerer Positionen könnten dem nicht mehr widersprechen: Für sie untergräbt die Ehegleichheit gerade nicht die heteronormativen Unterstellungen und Institutionen der konventionellen Ordnung. Vielmehr trage sie zu deren Aufrechterhaltung und Förderung bei. Aus queerer Perspektive führt die Ehegleichheit bloß dazu, dass eine ohnehin bereits etablierte, als vorzugswürdig propagierte Lebensform noch stärker privilegiert wird. Die Öffnung der Ehe gilt nicht als Gewinn in Sachen Freiheit und Gleichheit, sondern als Unterwerfung, als Domestizierung und Gleichschaltung von Lesben und Schwulen, die angeblich doch nichts anderes wollen als ein „normales" Leben zu führen: als unauffällige, produktive, steuerzahlende Bürger*innen, deren Lebensziel darin besteht, zu heiraten und eine Familie zu gründen, und die ihr Glück im Konsumismus suchen. Es werde so getan, als könnten alle im neoliberalen Supermarkt der Möglichkeiten frei wählen, was sie wollen. Diese Pseudo-Idylle, ein „leidenschaftsloses Versprechen" in den Augen von Judith Butler (1993, S. 138), gilt es aus Sicht der queeren Kritik zu erschüttern, nicht zu stärken.

Doch das Problem liegt dieser Analyse zufolge noch tiefer: Strategien, die auf die Ausweitung von Rechten abzielen, wie etwa die Ehegleichheit, würden die Ausgrenzung sexuell und geschlechtlich Geächteter noch verstärken – derjenigen, die sich nicht an die Mainstream-Normen der Respektabilität anpassen können und wollen. Während sich die Situation der „Homonormalen", wie man sie nennen könnte, verbessert, geht es den genuinen Queers noch schlechter, da deren Abweichung von den Mainstream-Normen eines respektablen Lebens noch offensichtlicher werde und als noch verwerflicher erscheine. Die „unqueeren" Queers dagegen, normalisierte Schwule, Lesben und Transgender, sind genau die Personen, um die sich die juristischen Strategien zur Gleichstellung drehen. Daher würde der Aktivismus für die Gleichberechtigung von LGBTIQ+ in erster Linie die Anliegen einer weißen, städtischen, gebildeten schwulen Mittelschicht vertreten. Ihre Mitglieder sind in jeder Hinsicht privilegiert, mit Ausnahme ihrer Identifikation als schwul. Um dies zu unterlaufen, ist ein queerer Ansatz anti-identitär und strebt danach, explizit das gesamte Spektrum nichtnormativer Geschlechter und Sexualitäten in ihren vielfältigen Positionierungen entlang anderer Achsen der Ungleichheit zu erfassen. Dabei richtet sich der Fokus auf diejenigen, die am meisten marginalisiert sind, „einschließlich der Armen, People of Color, Trans-Menschen, Sexarbeiter*innen, Immigrant*innen ohne Papiere, Gefängnisinsass*innen, HIV-positiven Menschen, Polyamoren und BDSM-Praktizierenden" (Adler 2018, S. 8).

Diese Haltung bringt auch ein starkes Bewusstsein für soziale und wirtschaftliche Benachteiligungen mit sich. Viele Queer-Theoretiker*innen sind scharfe Kritiker*innen des Neoliberalismus und der sozialen Verwüstung in seinem Gefolge. Der Neoliberalismus, der hinter dem Kampf um gleiche Rechte vermutet wird, vergiftet diesen gleichsam. Der Kampf für (formal) gleiche Rechte, so die Analyse, lässt das System mit all seinen Hierarchien intakt; schlimmer noch, er stärkt es – materiell und ideologisch, indem er den Neoliberalismus „sexy" macht (McCluskey 2009). Er führe nicht zu sozialer Gerechtigkeit, da die drängenden Probleme der wirtschaftlichen und sozialen Krise ignoriert werden. So könne das Erstreben und Erreichen von formaler Gleichheit dazu führen, dass das politische Ringen um materielle Gleichheit ins Hintertreffen gerät. Soziale und ökonomische Ungleichheiten könnten nicht angegangen werden, weil die erreichte formale Gleichheit gegen diejenigen verwendet wird, die sich um Maßnahmen zur Förderung der materiellen Gleichheit bemühen. Denn wenn formale Gleichheit erreicht ist, worüber sollte man sich dann noch beschweren? Vor diesem Hintergrund moniert die queere Kritik, dass die konventionelle Gleichstellungspolitik die falschen Prioritäten setzt, indem sie soziale und ökonomische Ungleichheiten ignoriert und damit übersieht, dass etwa ein Problem wie Obdachlosigkeit LGBTIQ+-Jugendliche überproportional betrifft.

Diese Kritik ist ernst zu nehmen. Tatsächlich muss dem Spannungs- und Bedingungsverhältnis zwischen bürgerlichen und politischen Rechten einerseits sowie sozialen und wirtschaftlichen Rechten andererseits wesentlich mehr Aufmerksamkeit zuteilwerden. Es reicht nicht, Letztere als schöne, aber unrealisierbare politische Absichtserklärungen zu framen, den ihnen innewohnenden Impetus zur rechtlichen Ausgestaltung aber nicht ernst zu nehmen. Zu schnell ist man in der Kritik mit der fast schon sprichwörtlich gewordenen Behauptung zugange, soziale Menschenrechte seien „nicht justiziabel". Als Beispiel wird dann gerne das Recht auf Arbeit herangezogen, das pars pro toto für soziale Menschenrechte zu stehen kommt und zu jener Nicht-Justiziabilitätskeule wird, mit der diese Rechte dann regelrecht erschlagen werden. Michael Krennerich macht in seinem bedeutenden Buch über soziale Menschenrechte (2013) deutlich, auf wie vielen Ebenen deren Realisierung ansetzen kann, damit sie nicht bloße Hülsen mit leeren Versprechungen sind. Das heißt aber auch: Dem Recht kommt dahingehend eine zentrale Rolle zu.

Die schärfste Kritik im Zeichen von Queer allerdings will überhaupt nicht mehr auf die Macht des Rechts vertrauen. Zu sehr steht das Recht im Verdacht, Mittel der Gewaltausübung gegenüber den vulnerabelsten Teilen der Bevölkerung zu sein. Daher hoffen etwa Protagonisten wie Dean Spade (2011) nicht auf Rechtsreformen, sondern ihr Mittel der Wahl ist eine „Massenmobilisierung“: Sie soll von denjenigen Gruppen in der Bevölkerung angeführt werden, die vom System rechtlicher Machtausübung besonders unterdrückt werden. Das Ziel besteht in einer radikalen Umverteilung, um die realen Bedingungen für Wohlstand und Lebenschancen überhaupt erst herzustellen. So sehr nun aber die Rechtskritik wunde Punkte trifft, zumal in Zeiten ethno-nationalistischer Ausgrenzung und neoliberaler Umverteilung nach oben: Das scheint doch eine unbefriedigende Position zu sein. Denn die Massenmobilisierung muss ja zu Ergebnissen führen, die einer geordneten Umsetzung bedürfen. Um die vorgeschlagenen Veränderungen dauerhaft zu machen, bedarf es gesetzlicher Bestimmungen; andernfalls können die benötigten wirtschaftlichen und sozialen Leistungen nicht in organisierter Form erbracht werden. Außerdem dürfen Menschen, die Leistungen benötigen, nicht auf Wohltätigkeit angewiesen sein, sondern müssen das, was sie benötigen, als ihr Recht einfordern können. Auch solche Positionen finden sich in der queeren Rechtstheorie – bei Autor*innen wie Francisco Valdes (1998) oder Libby Adler. Beide stehen in der Tradition der Critical Legal Studies, wollen aber das Recht nicht aufgeben, sondern Theorie und Praxis in den Dienst derjenigen stellen, die am schlechtesten gestellt sind. Ihre Erfahrungen sollen ernst genommen werden, basierend darauf sind rechtliche Antworten zu entwickeln.

Die Probleme von LGBTIQ+-Personen sind nur allzu real, und eine wesentliche Strategie, sie anzugehen, ist das Recht. Diese Position wird pragmatische Lösungen fordern, die vielleicht nicht so radikal sind, wie es sich manche Queer-Aktivist*innen wünschen. Dennoch wird durch einschlägige Erfolge die rechtliche, politische und soziale Landschaft verändert, die konventionelle Rede von der Komplementarität bloß zweier Geschlechter und Heteronormativität wird untergraben. „Homonormalität“ mag nicht wirklich queer sein, weil sie etablierte Lebensideale nicht umstürzt, aber sie unterläuft dennoch heterosexistische Erwartungen. Nicht alle LGBTIQ+ haben die Energie und/oder die Neigung, sich gegen die Grundfeste des sozialen Zusammenlebens aufzulehnen. Manche sind in der Tat eher konventionell, vielleicht sogar spießig. Wenn man sieht, welch extremes Minderheitenprogramm die radikalsten Versionen von Queer-Theorie und -Praxis sind und welch massive Gegenreaktion selbst die moderatesten Positionen erleiden (und welch strategisches Geschick es brauchte, um einen Schritt nach dem anderen in Richtung LGBTIQ+ Rechte zu machen), dann liegt der Weg zur Verbesserung des Lebens von mehr Menschen möglicherweise doch in moderateren Vorschlägen. Dieser Weg zur Veränderung geht schrittweise vor sich, in der Hoffnung, dass ein Schritt nach vorn keine Kräfte freisetzt, die zwei Schritte zurück erzwingen.

Tatsächlich werden Bilder „homonormaler“ Lebensweisen, etwa von glücklichen Regenbogenfamilien, in rechtspolitischen Strategien herangezogen, um das Ziel gleicher Rechte zu verwirklichen. Bedeutet dies, dass nur ihre Interessen zählen? Bleiben dabei zwangsläufig die Menschen am Rande auf der Strecke? Oder gibt es auch eine Art von Gewinn für diejenigen, die nicht an einer Assimilierung interessiert sind, z.B. durch eine Heirat? Wenn man das Gesamtbild betrachtet, so beruht die Anerkennung der Heiratswürdigkeit von LGBTIQ+ auf einer Änderung des allgemeinen Verständnisses von LGBTIQ+: ihre Wahrnehmung als Menschen, die gleichen Respekt, gleiche Sorge und gleiche Rücksichtnahme verdienen. Die Verwendung von idealisierten Bildern schwuler „Normalos“ mag als das Gegenteil von subversiv erscheinen. Aber die Rechte werden nicht nur für die Musterbürger*innen errungen. Was jedoch durchgängig berücksichtigt werden muss, ist die Verankerung formal gleicher Freiheit in sozialen und ökonomischen Bedingungen. Die queere Kritik macht völlig zu Recht darauf aufmerksam, dass sich das Streben nach LGBTIQ+ Rechten nicht in der Erreichung der formalen Gleichstellung erschöpfen darf. Dafür eine Kultur der Solidarität zu schaffen, ist eine wichtige politische Aufgabe, denn sie ist wesentliche Voraussetzung für die rechtliche Kreation und Umsetzung von sozialen Rechten.

Zum Schluss

In einer liberalen Demokratie ist es unmöglich, nicht nach individuellen Rechten für Gruppen zu streben, denen die gemeinsame Menschlichkeit und Würde abgesprochen wird. Illiberale Positionen negieren dies. Sie kämpfen für die Aufrechterhaltung respektive Wiederherstellung der patriarchalen, heteronormativen Rechts- und Gesellschaftsordnung. Im Einklang damit werden Rechte für LGBTIQ+, egal welcher Art, von ihnen abgewehrt. Die Kritik des queeren Ansatzes kommt von der ganz anderen Seite: Sie verweist auf die unvermeidliche Unvollständigkeit der Anstrengungen, gleiche Rechte für LGBTIQ+ zu erringen, die unerfüllten Versprechen des Rechts – und den Preis der rechtlichen Anerkennung. Sichtlich ist das Streben nach emanzipatorischen Veränderungen durch das Recht eine mühsame Angelegenheit, und es ist ambivalent. Jeder Erfolg kommt oft zu spät und ist nicht umfassend genug. Was bleibt, sind Schritte auf einem Weg der Veränderung in und von hegemonialen Diskursen. Auf jedem Schritt des Weges wird es Streit darüber geben, ob das jeweilige Ergebnis tragfähig und der Mühe wert ist. Ich persönlich bin der Meinung, dass wir eine Fülle von guten Gründen haben, an der Idee der Menschenrechte, ihrer rechtlichen Gestaltung und einer für die Bedürfnisse von Menschen sensiblen Praxis ihrer Umsetzung festzuhalten. Dass die Zeichen für solch ambitionierte Ziele momentan nicht zum Besten stehen, ist ein im derzeitigen politischen Klima naheliegender Befund. Er sollte Menschenrechtsbewegte Personen nicht davon abhalten, sich nach Kräften dafür einzusetzen. Vielfältige Inspiration dafür bietet Michael Krennerich. Seine Texte zu lesen, mit ihm über Inhalte und mögliche Strategien zu diskutieren, ist immer lohnend und bereitet Freude. Er trägt die Fackel des Menschenrechtsenthusiasmus mit Leidenschaft, aber ohne Naivität, er engagiert sich für Menschenrechte mit Augenmaß, Klugheit, Überzeugungskraft und jener Energie, die es braucht, um etwas zu bewegen.

Literatur

ADLER, Libby (2018): Gay Priori. A Queer Critical Legal Studies Approach to Legal Reform, Duke University Press.

BUTLER, Judith (1993): Bodies That Matter. On the discursive limits of „sex". London/New York: Routledge.

DENEEN, Patrick (2018): Why Liberalism Failed, Yale University Press.

KRENNERICH, Michael (2013): Soziale Menschenrechte. Zwischen Recht und Politik. Frankfurt/M.: Wochenschau Verlag.

LEGUTKO, Ryszard (2016): The Demon in Democray. Totalitarian Temptations in Free Societies, New York/London: Encounter Books.

MAHLMANN, Matthias (2023): Mind and Rights. The History, Ethics, Law, and Psychology of Human Rights, Cambridge University Press.

MCCLUSKEY, Martha T. (2009): How Queer Theory Makes Neoliberalism Sexy. In: M. Albertson Fineman, J. E. Jackson & A. P. Romero (Hg.), Feminist and Queer Legal Theory. Intimate Encounters, Uncomfortable Conversations, New York: Routledge.

PAPPIN, Gladden, Trump's Victory Inaugurates the Postliberal Era, 14.11.2024, https://www.postliberalorder.com/p/this-trump-white-house-is-the-pivotal

PETÖ, Andrea (2021): Gender and Illiberalism. In A. Sajó, R. Uitz,/S. Holmes (Hg.), Routledge handbook of illiberalism, New York: Routledge, S. 313-325.

RAWLS, John (2005): Political Liberalism. Expanded Edition, Columbia University Press.

SPADE, Dean (2011): Normal Life: Administrative Violence, Critical Trans Politics, and the Limits of Law, South End Press.

VALDES, Francisco (1998): Beyond Sexual Orientation in Queer Legal Theory: Majoritarianism, Multidimensionality, and Responsibility in Social Justice Scholarship or Legal Scholars as Cultural Warriors. Denver University Law Review 75 (4): 1409-1464.

VERMEULE, Adrian (2017): Liturgy of Liberalism. First Things. https://www.firstthings.com/article/2017/01/liturgy-of-liberalism

VERMEULE, Adrian (2022): Common Good Constitutionalism. Recovering the classical legal tradition. Cambridge: Polity Press.

MARKUS KRAJEWSKI

Ein UN-Abkommen über Wirtschaft und Menschenrechte – Konsequente Ergänzung des Kanons der globalen Menschenrechtsverträge oder globales Bürokratiemonster?

1. Menschenrechte und Unternehmensverantwortung: A never-ending story?

Menschenrechtsverletzungen in globalen Produktionszusammenhängen und Lieferketten sind kein Phänomen der letzten Jahre. Sowohl die aktive Beteiligung von transnationalen Konzernen an Menschenrechtsverletzungen in Militärdiktaturen und anderen autokratischen Regime als auch die Ausnutzung ausbeuterischer Arbeitsverhältnisse durch Produktionsverlagerungen in Gegenden mit geringem Rechtsschutz haben eine lange Tradition und begleiten die globale Ausbreitung des Kapitalismus seit dem 19. Jahrhundert. Blickt man noch weiter in die Geschichte zurück, lassen sich auch die Aktivitäten der kolonialen Handelsgesellschaften, wie der East India Company als Beispiele von Menschenrechtsverletzungen durch Unternehmen verstehen (Ahmad und Sen 2023). Es verwundert daher nicht, dass in lokalen und globalen Kämpfen gegen wirtschaftliche Ausbeutung immer wieder die Achtung universeller Menschenrechte eingefordert wird (Kaleck und Saage-Maap 2016).

Auch wenn unbestritten ist, dass alle Menschenrechte potentiell durch unternehmerische Aktivitäten beeinträchtigt und verletzt werden können, stehen wirtschaftliche und soziale Menschenrechte gleichwohl häufig im Mittelpunkt der Diskussionen zu Wirtschaft und Menschenrechte. Insbesondere Verletzungen des Menschenrechts auf Arbeit, des Rechts auf Gesundheit und des Rechts auf einen angemessenen Lebensstandard können durch wirtschaftliche Tätigkeiten beeinträchtigt werden. Michael Krennerich hat in seinem Buch zu den sozialen Menschenrechten daher auch auf diese Zusammenhänge aufmerksam gemacht (Krennerich 2013), auch wenn Fragen der unternehmerischen Verantwortung für Menschenrechte nicht im Zentrum seines wissenschaftlichen Werkes stehen. Als Menschenrechtsaktivist hat er sich gleichwohl politisch immer wieder in die entsprechenden Debatten eingebracht (Nürnberger Menschenrechtszentrum 2014).

Ein zentrales Problem für die Menschenrechtswissenschaft wie auch -praxis ist, dass die einschlägigen internationalen Regelwerke typischerweise keine verbindlichen Vorgaben für privatwirtschaftliche Unternehmen enthalten, sondern sich überwiegend an Staaten richten. Im Rahmen der Unternehmensverantwortung hat das internationale Recht bislang ausschließlich unverbindliche Standards hervorgebracht. Rechtsverbindliche Instrumente sind zuletzt auf nationaler Ebene entstanden. Zu nennen ist hier zum Beispiel das Lieferkettengesetz von 2021[1] und die EU-Richtlinie zu unternehmerischer Sorgfalt mit Blick auf Nachhaltigkeit von 2024[2].

Eine in der aktuellen politischen Auseinandersetzung um rechtliche Regeln für unternehmerische Sorgfalt bislang nur am Rande beachtete Entwicklung betrifft die Frage nach einem rechtsverbindlichen Instrument für Menschenrechte und Unternehmen, über das seit mehreren Jahren im Rahmen des Menschenrechtsrats (Human Rights Council) der Vereinten Nationen verhandelt wird. Die Bemühungen um ein derartiges Abkommen, im politischen Diskurs häufig als „UN-Treaty“ oder „Binding Treaty“ bezeichnet, sind Gegenstand des vorliegenden Beitrages.

Nachfolgend werden zunächst die verschiedenen Ansätze auf internationaler Ebene, die im Laufe der Zeit entwickelt wurden, um die (menschenrechtliche) Verantwortung von Unternehmen klarer zu regeln, vorgestellt, da sie den Hintergrund der aktuellen Verhandlungen über ein verbindliches Rechtsinstrument darstellen (II.). Danach wird die bisherige Verhandlungsgeschichte des Rechtsinstruments skizziert, die deutlich macht, dass die gegenwärtigen politischen Konfliktlinien mit denen der Vergangenheit vergleichbar sind (III.). Im Anschluss wird der aktuelle Entwurf eines Vertragstextes vor dem Hintergrund völkerrechtlicher Grundprinzipien und dem internationalen Menschenrechtsschutz analysiert (IV.). Abschließend werden die Vertragsverhandlungen als Teil eines sich herausbildenden pluralistischen und transnationalen Regelungsregimes für menschenrechtliche Unternehmensverantwortung eingeordnet.

---

1 Gesetz über die unternehmerischen Sorgfaltspflichten zur Vermeidung von Menschenrechtsverletzungen in Lieferketten vom 16. Juli 2021, BGBl. I S. 2959.

2 Richtlinie (EU) 2024/1760 des Europäischen Parlaments und des Rates vom 13. Juni 2024 über die Sorgfaltspflichten von Unternehmen im Hinblick auf Nachhaltigkeit und zur Änderung der Richtlinie (EU) 2019/1937 und der Verordnung (EU) 2023/2859, ABl. L, 2024/1760, 5.7.2024,

2. Hintergrund: Vom Code of Coduct zu den Leitprinzipien für Wirtschaft und Menschenrechte

Fragen der Verantwortung von transnationalen Unternehmen wurden in den Vereinten Nationen erstmals 1974 von der im Kontext der Bemühungen um eine Neue Weltwirtschaftsordnung eingesetzten Commission on Transnational Corporations (CTNC) behandelt (Bernaz 2017). Hintergrund der damaligen Diskussionen waren weniger Menschenrechtsverletzungen als der allgemeine Einfluss von transnationalen Unternehmen auf Regierungen und Politik, den vor allem eher linksgerichtete Regierungen des globalen Südens als Gefahr sahen. Die Rolle des US-amerikanischen multinationalen Konzerns ITT im Zusammenhang mit dem Putsch gegen den chilenischen Präsidenten Salvador Allende im Jahre 1973 war nur eine Manifestation dieser Gefahr. Die CTNC entwickelte in den Folgejahren einen Code of Conduct für transnationale Unternehmen, der auch den Respekt für Menschenrechte durch transnationale Unternehmen enthielt. Den 1982 veröffentlichten Entwurf eines Code of Conduct traf jedoch der „Fluch der späten Geburt“: Er entsprach noch dem Geist der 1970er Jahre und konnte damit im Zeitalter des beginnenden Neoliberalismus nicht mehr überzeugen. 1993 wurde die CNTC aufgelöst und das Projekt eines Code of Conduct beendet.

Gewissermaßen als Gegenmodell zu einem Code of Conduct, der auf Unternehmensregulierung ausgerichtet war, schlug UN-Generalsekretär Kofi Annan ganz im Sinne des Zeitgeistes 1999 einen weltweiten Pakt (Global Compact) von Wirtschaft und Vereinten Nationen vor. Der Global Compact zeichnete sich durch Unverbindlichkeit und hohe Abstraktion aus. Mangels weiterer Konkretisierungen und eines effektiven Durchsetzungsmechanismus wird der Global Compact heute weitgehend als wirkungslos angesehen.

Ebenfalls Ende der 1990er Jahre begannen in der Unterkommission zur Förderung und zum Schutz von Menschenrechten der Vereinten Nationen Arbeiten an einem Kanon rechtsverbindlicher Normen für transnationale Unternehmen. Diese wurden 2003 als Normen der Vereinten Nationen zur Verantwortlichkeit transnationaler Unternehmen verabschiedet. Der Katalog enthielt 14 Vorschriften, die sich mit den Grundsätzen der Gleichberechtigung und Nichtdiskriminierung, menschlicher Sicherheit, Arbeitsrechten, Verbraucher- und Umweltschutz, der Beachtung von Menschenrechten und der nationalen Souveränität befassten. Der Anspruch, eine verbindliche Bindung transnationaler Unternehmen aufzustellen, führte dazu, dass die Normen kontrovers beurteilt wurden. Während Nichtregierungsorganisationen sie begrüßten, wurden die Normen von Unternehmensverbänden abgelehnt. Auch in der Staatengemeinschaft war die Reaktion gespalten; namentlich die USA und andere westliche Staaten lehnten die Rechtsverbindlichkeit der Normen ab. Nicht zuletzt aufgrund dieses Widerstandes wurden die Normen in der Menschenrechtskommission nicht behandelt und schließlich aufgegeben.

Nach dem Scheitern der Normen schlug die Menschenrechtskommission 2005 die Ernennung eines Sonderbeauftragten des Generalsekretärs der Vereinten Nationen zur Frage der Menschenrechte und transnationaler Unternehmen vor. Sein Mandat war nicht auf die Entwicklung neuer Regeln, sondern auf die Zusammenfassung bestehender Normen und Praktiken gerichtet. Zum Sonderbeauftragten wurde John Ruggie (1944-2021) ernannt, der das dreidimensionale Konzept „Schutz, Achtung und Abhilfe" entwickelte. Der Menschenrechtsrat hat dieses Konzept als UN-Leitprinzipien für Wirtschaft und Menschenrechte im Juni 2011 angenommen und eine Arbeitsgruppe eingesetzt, die dieses Konzept verbreiten und seine Umsetzung unterstützen soll.

Das erste Element der Leitprinzipien ist die staatliche Schutzpflicht. Sie beruht auf dem Grundsatz der primären Verantwortlichkeit der Staaten für den Menschenrechtsschutz. Im Einklang mit dem herrschenden juristischen Verständnis von Menschenrechten gehen die Leitprinzipien davon aus, dass Staaten verpflichtet sind, Individuen gegen Menschenrechtsverletzungen durch Dritte, d.h. durch nicht-staatliche Akteure und Privatpersonen zu schützen. Hieraus folgt die Pflicht zur Durchsetzung und zur Überprüfung staatlicher Regelungen, die von Unternehmen die Achtung der Menschenrechte verlangen. Als zweites Element sehen die Leitprinzipien die Unternehmensverantwortung zur Beachtung von Menschenrechten vor. Diese Verantwortung bedeutet, dass Unternehmen sich weder an Menschenrechtsverletzungen beteiligen noch dazu beitragen dürfen und, dass sie Menschenrechtsverletzungen in ihrer Geschäftssphäre verhindern und erforderlichenfalls ausgleichen sollen. Praktisch bedeutet die Unternehmensverantwortung vor allem, dass Unternehmen ihre Aktivitäten einer menschenrechtlichen Sorgfaltspflicht unterziehen. Das dritte Element der Leitprinzipien betrifft den Zugang zu Abhilfemaßnahmen. Abhilfe gegen negative Auswirkungen der Aktivitäten transnationaler Unternehmen kann sowohl auf rechtlichen als auch auf nicht-rechtlichen Wegen gewährt werden.

Bei ihrer Verabschiedung waren die Leitprinzipien keineswegs unumstritten. Erst im Laufe der Zeit haben sie sich zum zentralen Referenzpunkt des Diskurses zu Wirtschaft und Menschenrechten entwickelt. Sie bilden heute die Grundlage zahlreicher Nationaler Aktionspläne für Wirtschaft und Menschenrechte, Verhaltenskodizes für und Selbstverpflichtungen von Unternehmen sowie für gesetzliche Regelungen wie das eingangs erwähnte Lieferkettengesetz. Auch in der wirtschaftlichen Praxis werden sie zunehmend als Grundlage der Unternehmensverantwortung angewandt.

3. Bisherige Verhandlungsgeschichte: Déja-vu oder neue Allianzen?

Die grundsätzliche Skepsis vieler Staaten, insbesondere des Globalen Südens, gegenüber freiwilligen Grundsätzen für Unternehmen führte dazu, dass bereits 2014 eine neue Initiative zur Schaffung von verbindlichen Normen im Menschenrechtsrat gestartet wurde. Auf Initiative von Ecuador und Südafrika beschloss der Menschenrechtsrat mit Resolution 26/9 eine offene zwischenstaatliche Arbeitsgruppe für transnationale Unternehmen und andere Wirtschaftsunternehmen in Bezug auf Menschenrechte einzurichten (Open-ended intergovernmental working group on transnational corporations and other business enterprises with respect to human rights, OEIGWG), deren Aufgabe es sein soll, ein internationales rechtsverbindliches Instrument zur Regulierung der Aktivitäten transnationaler Unternehmen und anderer Wirtschaftsunternehmen im internationalen Menschenrechtsgesetz auszuarbeiten.[3] Die Einsetzung dieser Arbeitsgruppe war im Menschenrechtsrat hoch umstritten. Sie wurde von den Staaten des Globalen Südens befürwortet, von den Staaten des Globalen Nordens jedoch grundsätzlich abgelehnt.

Die offene zwischenstaatliche Arbeitsgruppe hat bisher neun Sitzungen und eine Reihe von Aktivitäten zwischen den Sitzungen abgehalten. Während die ersten beiden Sitzungen informellen Diskussionen und dem Informationsaustausch gewidmet waren und die dritte Sitzung sich auf ein „Elemente-Papier" konzentrierte, hat sich die Arbeitsgruppe seit ihrer vierten Sitzung auf konkrete Textentwürfe konzentriert. Der jüngste Entwurf des rechtsverbindlichen Instrumentes (Legally Binding Instrument, LBI) wurde im Juli 2023 veröffentlicht und bildet die Grundlage der aktuellen Verhandlungen. Zwischenzeitlich wurde vom ecuadorianischen Vorsitz der Arbeitsgruppe eine kleinere Gruppe von sog. „Freunden des Vorsitzes" (Friends of the chair) gebildet, die vor allem Konsultationen mit regionalen Staatengruppen durchgeführt hat. Im Juli 2024

3 Human Rights Council, Elaboration of an international legally binding instrument on transnational corporations and other business enterprises with respect to human rights, A /HRC/RES/26/9, 14 July 2014.

beschloss der Menschenrechtsrat mit Resolution 56/116[4], die Sitzungszeit der zwischenstaatlichen Arbeitsgruppe zu verdoppeln und zugleich eine Gruppe von internationalen Rechtsexpertinnen und -experten einzusetzen, welche die Verhandlungen unterstützen sollten. Damit scheint jedenfalls festzustehen, dass der Prozess in den kommenden Jahren fortgesetzt wird.

Der Verhandlungsprozess zeichnete sich bis vor wenigen Jahren durch ein eher eingeschränktes Engagement der internationalen Staatengemeinschaft aus. Bis auf einige Staaten des Globalen Südens beteiligten sich die meisten Regierungen nicht aktiv an den Verhandlungen. Insbesondere Staaten des Globalen Nordens blieben den Verhandlungen lange fern. Inzwischen ist jedoch ein stärkeres Interesse aus allen Weltregionen zu beobachten (Paasch 2024). Während der Regierung von US-Präsident Joe Biden zeigten sogar die USA ein vorsichtiges Interesse an den Verhandlungen. Dieses dürfte unter der Regierung von Donald Trump wieder beendet werden.

Die Europäische Union und ihre Mitgliedstaaten beteiligen sich derzeit ebenfalls nicht aktiv an den Verhandlungen, sondern beobachten diese nur. Hintergrund ist, dass sich die Mitgliedstaaten der EU und die Europäische Kommission bislang nicht auf ein gemeinsames Verhandlungsmandat einigen konnten. Die mangelnde Beteiligung der EU ist von zivilgesellschaftlicher Seite und nationalen Menschenrechtsinstitutionen kritisiert worden (Deutsches Institut für Menschenrechte 2023). Nach wie vor beteiligen sich auch andere Industrieländer wie Japan, Australien und Kanada kaum an den Verhandlungen. Insofern zeichnet sich das Projekt des LBI durch die auch aus vergangenen Bemühungen um eine stärkere Verantwortung von Unternehmen bekannten Konfliktlinien zwischen Globalem Norden und Globalen Süden aus.

Anders als auf Regierungsseite haben die Verhandlungen über das rechtsverbindliche Instrument bei zivilgesellschaftlichen Gruppen und in Teilen der Wissenschaft großes Interesse hervorgerufen. Insbesondere die Nichtregierungsorganisationen der sogenannten „Treaty Alliance“, einer globalen Allianz von Organisationen, die den Prozess um einen Vertrag unterstützen und aktiv begleiten, haben die Verhandlungen aktiv begleitet und immer wieder Textvorschläge unterbreitet, die auch die Weiterentwicklung des Verhandlungsdokuments beeinflussten. Eine derart aktive Beteiligung nicht-staatlicher Akteure

---

4 Human Rights Council, Enhancing the support capabilities of the open-ended intergovernmental working group on transnational corporations and other business enterprises with respect to human rights, established by Human Rights Council resolution 26/9, A/HRC/DEC/56/116, 12 July 2024-

gab es in der Vergangenheit noch nicht, so dass insofern auch von einer neuen Allianz zwischen einigen Staaten des Globalen Südens und Nichtregierungsorganisationen gesprochen werden kann.

4. Inhalt: Staatenpflichten und Unternehmensverantwortung

Wie die vorherigen Entwürfe des rechtsverbindlichen Instruments behält auch der aktualisierte Entwurf vom Juli 2023 die Struktur und die Hauptinhalte seiner Vorgänger bei und fügt keine neuen Artikel hinzu oder ändert die Reihenfolge und den Inhalt bestehender Artikel. Dies spiegelt wider, dass die Diskussionen während der achten Sitzung der OEIGWG und während der zwischen den Sitzungen stattfindenden Konsultationen der Struktur des dritten Entwurfs folgten und auf einer artikelweisen Diskussion des Textes basierten. Obwohl einige Staaten – insbesondere aus der Gruppe der westeuropäischen und anderen Staaten – weniger verbindliche Ansätze bevorzugten und den Entwurf des LBI als zu rigide betrachteten, hat bisher kein Staat oder keine Gruppe von Staaten eine konkrete Alternative zum LBI oder einen grundlegend anderen Ansatz vorgeschlagen.

Der aktuelle Entwurf des LBI besteht aus einer Präambel und 24 Artikeln.[5] Die Artikel 1–3 enthalten Definitionen, den Zweck und den Geltungsbereich der LBI. Die Artikel 4 und 5 befassen sich mit den Rechten und dem Schutz der Opfer, was den opferzentrierten Ansatz der LBI unterstreicht. Artikel 6 befasst sich mit Präventivmaßnahmen, während sich die Artikel 7 bis 11 auf Rechtsmittel konzentrieren, wobei der Schwerpunkt auf der gesetzlichen Haftung sowie auf verfahrensrechtlichen und materiellen Fragen im Zusammenhang mit Rechtsmitteln liegt. Die Artikel 12 bis 14 befassen sich mit der internationalen (gerichtlichen) Zusammenarbeit und der Vereinbarkeit mit dem Völkerrecht. Die Artikel 15 bis 24 sind größtenteils institutioneller und technischer Natur und betreffen Themen wie die Einrichtung eines speziellen Aufsichtsausschusses, aber auch Protokolle, Streitbeilegung, Änderungen, Vorbehalte sowie Inkrafttreten und Kündigung.

Anhand der Präambel des Entwurfs des LBI lässt sich eindeutig erkennen, dass das Abkommen als menschenrechtliches Instrument verstanden wer-

---

5 Updated draft legally binding instrument (clean version) to regulate, in international human rights law, the activities of transnational corporations and other business enterprises, Jule 2023, https://www.ohchr.org/sites/default/files/documents/hrbodies/hrcouncil/igwg-transcorp/session9/igwg-9th-updated-draft-lbi-clean.pdf

den sollte. Die Präambel beruft sich sowohl auf die Allgemeine Erklärung der Menschenrechte von 1948 als auch auf die zentralen Menschenrechtsübereinkommen der Vereinten Nationen und die Kernarbeitsnormen der Internationalen Arbeitsorganisation. Ebenso findet sich in der Präambel ein Bezug auf die fundamentalen Menschenrechte, die Würde und den Wert der menschlichen Person, und das gleiche Recht von Männern und Frauen. Der menschenrechtliche Ansatz des Abkommens wird auch durch die Betonung der Rechte und des Schutzes von Opfern in Artikel 4 und 5 unterstrichen. Auch wenn die Vorschriften gegenüber dem bestehenden Status des internationalen Menschenrechtsschutzes keine neuen Verpflichtungen enthalten, verdeutlicht die Betonung der Rechte und des Schutzes von Opfern im LBI Sinn und Zweck des Abkommens, welche bei der Auslegung der einzelnen Vorschriften nach den Grundsätzen der Wiener Vertragsrechtskonvention besonders zu berücksichtigen sind. Die menschenrechtsbasierte und opferfokussierte Perspektive des LBI ist daher auch von praktischer Relevanz.

Eine zentrale Rolle im LBI nimmt Artikel 6 ein. Dieser mit „Prävention“ überschriebene Artikel konkretisiert die staatliche Pflicht zur effektiven Regulierung von Wirtschaftsaktivitäten zum Schutze der Menschenrechte. Zwar bezieht sich diese Pflicht in Übereinstimmung mit allgemeinen völkerrechtlichen Grundsätzen nur auf solche Unternehmen, die der Jurisdiktion oder Kontrolle des jeweiligen Staates unterfallen, es wird jedoch deutlich, dass die Regulierungspflicht eine extraterritoriale Reichweite haben soll. Konkret wird in Artikel 6.4. gefordert, rechtlich verbindliche Verpflichtungen zur Durchführung von unternehmerischer Sorgfaltspflicht einzuführen. Insofern könnte das LBI die völkerrechtliche Basis für Sorgfaltspflichtengesetze darstellen.

Der opferzentrierte Ansatz des LBI wird auch in den folgenden Artikeln deutlich. Artikel 7 befasst sich mit dem Zugang zu Abhilfe, insbesondere Rechtsschutz. Dazu werden zahlreiche Vorgaben auch für die Ausgestaltung von Gerichtsverfahren gemacht. So weist das Abkommen auf Fragen der Prozessfinanzierung, der Beweislastverteilung und der Möglichkeit, Kollektivklagen zu erheben, hin. Grundsätze der gerichtlichen Zuständigkeit werden in Artikel 9 LBI weiter konkretisiert. Bemerkenswert sind auch die Vorschriften der Artikel 10 und 11, die sich mit Verjährungsregeln und Regeln des anwendbaren Rechts befassen. Das LBI greift hier zwei Aspekte auf, die in der Vergangenheit den Rechtsschutz von Betroffenen praktisch häufig erschwert haben.

Gewissermaßen zwischen den Vorschriften zur Regelung der unternehmerischen Sorgfaltspflicht und dem Zugang zum Rechtsschutz befindet sich Artikel 8, der die rechtliche Verantwortung von Unternehmen behandelt. Er sieht insbesondere vor, dass die Vertragsparteien sowohl straf- als auch zivil- und verwaltungsrechtliche Regelungen zur Verantwortung von Unternehmen nutzen können. Anders als vorhergehende Fassungen des LBI fordert der aktuelle Entwurf jedoch nicht, dass zwingend eine bestimmte Sanktionsform angeordnet werden muss. Das dürfte die Kompatibilität des Abkommens mit den nationalen Rechtsordnungen erhöhen.

Der aktualisierte Entwurf enthält – wie alle vorherigen Versionen des LBI – keine spezifischen und direkten Verpflichtungen für Unternehmen. Obwohl direkte Verpflichtungen für Unternehmen in den ersten Jahren Gegenstand von Diskussionen in der zwischenstaatlichen Arbeitsgruppe und als Option auch in dem Elemente-Papier aus dem Jahr 2017 enthalten waren, haben die konkreten Entwürfe seit 2018 immer nur Verpflichtungen für die Vertragsstaaten festgelegt. Zwischenzeitlich fand sich zwar in einer Präambelerwägung die Formulierung, dass Unternehmen eine Verpflichtung zur Achtung der internationalen Menschenrechten hätten. Dies wurde jedoch inzwischen durch die Feststellung einer Verantwortung von Unternehmen zur Achtung der Menschenrechte ersetzt. Damit entspricht das LBI auch dem Ansatz der Leitprinzipien für Wirtschaft und Menschenrechte, die strikt zwischen der staatlichen Schutzpflicht und der unternehmerischen Achtungsverantwortung unterscheiden. Es ist nicht davon auszugehen, dass dieser Ansatz in den kommenden Jahren grundlegend geändert wird. Insofern wird das LBI, unabhängig von seinem konkreten Inhalt, an der grundlegenden völkerrechtlichen Verpflichtungsstruktur internationaler Menschenrechte nichts ändern. Nichtstaatliche Akteure, insbesondere Unternehmen, werden weiterhin nicht unmittelbar an völkerrechtlichen Menschenrechtsabkommen gebunden oder unmittelbaren völkerrechtlichen Verpflichtungen unterworfen sein. Vielmehr würde sich das LBI bei Inkrafttreten in die Systematik der bestehenden Menschenrechtsabkommen, welche ebenfalls nur Pflichten für Staaten begründen, einreihen.

Der gegenwärtige Entwurf des LBI zeichnet sich dadurch aus, dass er im Vergleich zu anderen menschenrechtlichen Übereinkommen detaillierte Vorgaben zum Zugang zu Abhilfe und Rechtsschutz enthält. Diese sind auch bei zahlreichen Regierungen auf Kritik gestoßen und haben die Einschätzung begründet, dass der gegenwärtige Entwurf zu präskriptiv sei. Tatsächlich sollte im Laufe der weiteren Verhandlungen genau überlegt werden, ob die jeweils vorgeschlagenen Formulierungen für alle Rechtsordnungen sinnvolle Verpflichtungen begründen.

In jedem Fall zu begrüßen ist, dass der Vertragsentwurf darauf abzielt, die Staatenpflichten weiter zu konkretisieren. Insofern lässt sich auch festhalten, dass der Vertragstext in den letzten Jahren immer stärker an den Grundlinien der Leitprinzipien der Vereinten Nationen für Wirtschaft und Menschenrechte ausgerichtet wurde. Dies entspricht letztlich auch dem üblichen Vorgehen bei der Aushandlung von internationalen Menschenrechtsübereinkommen. In aller Regel haben diese Abkommen Grundsätze konkretisiert und in Vertragsform gegossen, über die zuvor in der Staatengemeinschaft bereits ein Konsens entwickelt wurde. Wenn das LBI also die unverbindlichen Leitprinzipien der Vereinten Nationen für Wirtschaft und Menschenrechte in verbindliches Völkervertragsrecht überträgt, würde dies dem bisherigen Vorgehen der Staatengemeinschaft bei der Kodifizierung von internationalen Menschenrechtsverpflichtungen entsprechen.

5. Bewertung und Ausblick

Vergleicht man den aktuellen Stand des UN-Abkommens über Wirtschaft und Menschenrechte mit den Ambitionen früherer Jahrzehnte, insbesondere den Normen der Vereinten Nationen, stellt man fest, dass auch das LBI zu keiner grundsätzlichen Veränderung des völkerrechtlichen Menschenrechtsschutzes beitragen würde. Vielmehr würde es bestehende Ansätze, die sich sowohl in unverbindlichen internationalen Leitlinien als auch in verbindlichen staatlichen Gesetzen herausbilden, weiter fortschreiben. Das muss kein Nachteil sein. Gerade in Zeiten, in denen Grundsätze der Unternehmensverantwortung politisch in vielen Staaten unter Druck geraten, ist ein Festhalten am bislang Erreichten und dessen behutsames Fortschreiben sinnvoll.

Bei einem allzu überambitionierten Anspruch könnte dem UN-Abkommen zu Wirtschaft und Menschenrechte nämlich das gleiche Schicksal drohen, wie der UN-Wanderarbeitnehmerkonvention. Obwohl diese Konvention von den Vereinten Nationen zu den zentralen Menschenrechtsabkommen gezählt wird, beschränkt sich ihr Ratifikationsstand auf 58 Staaten, die sich überwiegend als Entsendeländer von Migrant:innen wahrnehmen, während alle Staaten des Globalen Nordens die Unterzeichnung bislang (und wohl auch zukünftig) verweigern. Es wäre problematisch, wenn das UN-Abkommen zu Menschenrechten und Wirtschaft zu stark von den Interessen der Industrieländer abweichen würde, so dass diese dem Abkommen von Anfang an fernbleiben würden.

Würde das LBI mit dem aktuell vorgeschlagenen Inhalt verabschiedet und als völkerrechtlicher Vertrag in Kraft treten, wäre dies ein großer Fortschritt. Zwar enthält der Entwurf nach wie vor Schwachstellen und Lücken (Krajewski, Regalia, Davanyaam 2023). Die Staatengemeinschaft hätte sich aber verbindlich darauf geeinigt, dass die Unternehmensverantwortung für Menschenrechtsverletzungen gesetzlich zu regeln und gerichtlich durchzusetzen ist. Das Abkommen könnte daher auch einen Beitrag zum in den politischen Diskussionen viel beschworenen „level playing field", d.h. zu gleichen Wettbewerbsbedingungen, leisten, indem es gemeinsame Standards für alle Vertragsparteien begründen würde. Es würde auch deutlich, dass es sich bei den Bemühungen um eine stärkere Regulierung der Unternehmensverantwortung nicht um ein Projekt des Globalen Nordens handelt, sondern vor allem auf Forderungen aus dem Globalen Süden beruht. Eine aktive Beteiligung an den Verhandlungen zum LBI müsste daher auch die politische Forderung all derer sein, die vor einer stärkeren Unternehmensregulierung warnen, weil sie angeblich den Ländern des Globalen Südens die Standards des Globalen Nordens vorschreiben würde.

Es ist nicht anzunehmen, dass ein UN-Abkommen zu Wirtschaft und Menschenrechten einen ähnlichen Ratifikationsstand erreichen wird, wie die meisten anderen zentralen Menschenrechtsabkommen der Vereinten Nationen, die nahezu globale Geltung haben. Realistischerweise wird man annehmen dürfen, das vor allem europäische, lateinamerikanische und afrikanische Staaten dem Abkommen beitreten. Damit würde das Abkommen keine universelle Bedeutung entfalten können. Es könnte jedoch als ein Element einer zunehmenden Verrechtlichung von Unternehmensverantwortung in globalen Wirtschaftskontexten darstellen. Insofern würde es sich in unterschiedliche Bemühungen auf nationaler, regionaler und globaler Ebene einreihen.

Die Koexistenz von Rechtsregimen unterschiedlicher Reichweite und unterschiedlicher Provenienz kann als Ausdruck eines transnationalen Rechtspluralismus verstanden werden, in dem sich rechtsverbindliche und quasi-rechtliche Regelungswerke auf unterschiedlichen Regierungsebenen und in unterschiedlichen Jurisdiktionen ergänzen und wechselseitig beeinflussen. Anstatt die Ausdifferenzierung als Ausdruck einer Fragmentierung des internationalen Rechts zu beklagen, steht ein pluralistischer Ansatz die Chancen der Vielfalt in den Vordergrund. Zentrale Fragestellung wäre dann nicht, wie die einzelnen Regime in ein hierarchisches und widerspruchsfreies System eingeordnet werden könnten, sondern wie sie sich wechselseitig ergänzen und voneinander lernen können, auch wenn sie sich teilweise überlappen.

Aus der Sicht der Rechteinhabenden stellt ein transnationaler Rechtspluralismus zwar eine große Herausforderung in der Praxis dar, weil nicht immer klar sein wird, welches Regelungswerk in welchem Kontext zur Anwendung kommt und welche Instrumente des Rechtsschutzes zur Verfügung stehen. Insofern ist bei der Entwicklung der jeweiligen Rechtsinstrumente die Perspektive der Rechteinhabenden stets miteinzubeziehen. Dies gelingt vor allem, wenn Rechteinhabenden an der Rechtsetzung selbst beteiligt werden. Anders als bei der Ausarbeitung nationaler und europäischer Sorgfaltspflichtengesetze ist die ansatzweise im Rahmen der Verhandlungen zu dem UN-Abkommen zu Wirtschaft und Menschenrechte auch gelungen. Jedenfalls werden die Verhandlungen von zahlreichen zivilgesellschaftlichen Organisationen und Netzwerken aus dem Globalen Süden begleitet.

Wenn bei der konkreten Ausgestaltung der unternehmerischen Verantwortung durch die Vertragsstaaten des LBI Augenmaß bewiesen wird und vor allem darauf geachtet wird, dass für Unternehmen echte Anreize zur Änderung von Produktionsbedingungen und Einkaufspraktiken in den Lieferbeziehungen entstehen, kann ein UN-Abkommen über Wirtschaft und Menschenrechte auch zum Schutz der Menschenrechte beitragen, ohne von Unternehmen Unmögliches oder Sinnloses zu verlangen. Ideologisches Getöse, das in verbindlichen Regeln zur Unternehmensverantwortung bloße „Bürokratiemonster" sieht (Kolev-Schäfer/Neligan 2023), würde dann schnell als solches entlarvt werden können.

Literatur

AHMAD, Ahmad M./Sen, Heera E. (2023): Corporate (Un)Accountability in the Colonial Era: The Case of the East India Company, Rights as Usual, https://rightsasusual.com/2023/12/13/corporate-unaccountability-in-the-colonial-era-the-case-of-the-east-india-company/

BERNAZ, Nadia (2017): Business and Human Rights: History, Law and Policy, London: Routledge.

DEUTSCHES INSTITUT FÜR MENSCHENRECHTE (2023): Zeit für die EU mitzumischen: Stellungnahme zum überarbeiteten Entwurf für ein verbindliches Menschenrechtsabkommen zu Transnationalen Konzernen und Sonstigen Unternehmen, Berlin: DIMR.

KALECK, Wolfgang/Saage-Maaß, Miriam (2016): Unternehmen vor Gericht: Globale Kämpfe für Menschenrechte. Berlin: Verlag Klaus Wagenbach

KOLEV-SCHÄFER, Galina/Neligan, Adriana (2023): Neue EU-Regeln: Ein kostspieliges Bürokratiemonster namens EU-Lieferkettengesetz, IW-Nachricht 14. Dezember 2023, https://www.iwkoeln.de/presse/iw-nachrichten/galina-kolev-schaefer-adriana-neligan-ein-buerokratie-monster-namens-lieferkettengesetz.html

KRAJEWSKI, Markus/Regalia Stéphanie/Davaanyam, Otgontuya (2023): Analysis of the UN 2023 Updated Draft Legally Binding Instrument on business and human rights, CIDSE, https://www.cidse.org/2023/10/19/analysis-of-the-un-binding-treaty-updated-draft/

KRENNERICH, Michael (2013): Soziale Menschenrechte: Zwischen Recht und Politik. Frankfurt/M.: Wochenschau Verlag.

NÜRNBERGER MENSCHENRECHTSZENTRUM (2014): Wie Menschenrechte und Arbeitswelt zusammengehen – Michael Krennerich im Interview mit ver.di, https://www.menschenrechte.org/de/2014/12/12/wie-menschenrechte-und-arbeitswelt-zusammengehen-dr-michael-krennerich-im-interview-mit-ver-di/

PAASCH, Armin (2024): Lieferkettengesetz 3.0? Das VN-Abkommen für Wirtschaft und Menschenrechte, Vereinte Nationen, im Erscheinen.

GEORG GLASZE, KAROLINE THEN

Planetare Umweltkrisen, das Menschenrechtssystem und die Verortung von Rechten und Verantwortung – Überlegungen aus der (Politischen) Geographie

1. Einleitung: das Menschenrechtssystem und die Umweltfrage

In der Allgemeinen Erklärung der Menschenrechte (AEMR), verabschiedet im Jahr 1948, spielen Fragen eines Schutzes von Natur bzw. Umwelt (noch) keine explizite Rolle. Erst mit den immer deutlicher werdenden ökologischen Krisen gegen Ende des 20. Jahrhunderts beginnt eine Diskussion darüber, ob und wie das System der Menschenrechte Fragen des Umwelt- und Naturschutzes aufgreifen könnte.[1] Ein Schritt in diese Richtung erfolgte 2022, als die Generalversammlung der Vereinten Nationen das Recht auf eine „sichere, saubere, gesunde und nachhaltige Umwelt" offiziell anerkannte (UN News 2022). Vielfach schon etwas früher haben einige regionale Menschenrechtsabkommen Rechte auf eine „gesunde Umwelt" definiert (einen Überblick bietet Kotzé 2014). Und das Hochkommissariat der Vereinten Nationen für Menschenrechte (OHCHR) hatte bereits 2011 die enge Verknüpfung zwischen Umweltschutz und Menschenrechten verdeutlicht. Dabei wurde argumentiert, dass eine „gesunde Umwelt" eine wichtige Voraussetzung für die Verwirklichung von Menschenrechten darstelle. Darüber hinaus sei sowohl die Erhaltung einer gesunden Umwelt als auch die Einhaltung von Menschenrechten als Ziel nachhaltiger Entwicklung zu sehen (OHCHR 2011; für einen Überblick zu dieser Debatte aus Perspektive der Menschenrechtsforschung siehe: Kotzé 2014 und Krennerich 2024). Gleichzeitig ist die planetare Dimension der Umweltkrisen jedoch eine fun-

1 Eine erste Verbindung zwischen Klimawandel und Menschenrechte stellte die Petition nordamerikanischer Inuit vor der Interamerikanischen Menschenrechtskommission im Jahr 2005 her. Auch das Menschenrechtssystem der UN stellt sich der Thematik des Klimawandels erst ab der Jahrhundertwende (Müller und Franzen 2011: 7).

damentale Herausforderung des Menschenrechtssystems, die über eine Integration von Rechten auf eine „saubere und gesunde Umwelt“ und damit eine Weiterführung rein anthropozentrischer Ansätze hinausweist.

Die von dem Chemiker und Atmosphärenwissenschaftler Paul Crutzen angestoßene Debatte um ein neues Erdzeitalter, das „Anthropozän“, hat den Blick auf die moderne Menschheit als treibende Kraft planetarer Umweltveränderungen gelenkt (Crutzen und Störmer 2000; Crutzen 2002). Die Debatte um ein Anthropozän hebt hervor, dass die Einflüsse menschlichen Handelns erstens weit über lokale oder auch nationale Kontexte hinausgreifen und eine planetare Dimension haben, zweitens grundlegend materielle Prozesse verändern, die lange Zeit als „natürliche Prozesse“ und damit als außerhalb menschlichen Einflusses gefasst wurden und drittens eine zeitliche Dimension haben, die weit über den Gegenwartsbezug gesellschaftlicher Debatten weist.

Unser Beitrag umreißt zunächst die Diskussionen um das „Anthropozän“ und die darauf aufbauenden aber stärker sozial- und kulturwissenschaftlich orientierten Fragen nach einem neuen „planetaren Denken“. In einem zweiten Schritt erörtern wir, inwieweit diese Debatten eine Herausforderung für das bestehende System der Menschenrechte markieren. Dabei fokussieren wir auf die Frage, wie *Rechte* aber auch *Verantwortungen* vor dem Hintergrund planetarer Umweltkrisen *verortet* werden können. Aufbauend auf einer Bachelorarbeit in der Kulturgeographie in Erlangen rekonstruieren wir anschließend, wie in einer großen Klimaklage vor dem Europäischen Gerichtshof für Menschenrechte Klagende, Beklagte und schließlich der Gerichtshof Rechte und Verantwortung verortet haben. Vor diesem Hintergrund diskutieren wir im Ausblick Grenzen aber auch Potenziale des Menschenrechtssystem für eine Adressierung der planetaren Umweltkrisen.

2. Planetare Umweltkrisen, das Anthropozän und planetarisches Denken

Die Idee eines „Anthropozäns“ ist nicht unumstritten. In den Geowissenschaften wird v.a. die formale Anerkennung und genaue historische Abgrenzung als neues Erdzeitalter diskutiert: Ein geowissenschaftlicher Fachverband hat Anfang 2024 dem Begriff gar die formale Anerkennung als neues Erdzeitalter verweigert (Schwägerl 2024). Crutzen hatte den Beginn des Anthropozäns auf das späte 18. Jahrhundert datiert, als nachweislich die Konzentration von CO^2 und Methan in der Atmosphäre markant zu steigen beginnt. Eine geowissenschaftliche Arbeitsgruppe hat 2023 hingegen die 1950er Jahre als Beginn des Anthropozäns vorgeschlagen – als jene Epoche, ab der die Spuren von Atombombenexplosionen weltweit nachgewiesen werden können. Nach Crutzens Vorschlag soll das Anthropozän in drei Phasen unterteilt werden: Die erste Phase reiche bis 1945 und sei durch die Industrialisierung und die damit verbundene Umweltzerstörung geprägt. In der zweiten Phase beschleunigte sich die Zerstörung durch die kapitalistischen Modernisierungsprozesse in Verbindung mit einer wachsenden Weltbevölkerung. In der dritten Phase, in der wir uns möglicherweise befinden, werde sich die Menschen ihrer Verantwortung bewusst und strebten nach einer nachhaltigen Lebensweise (Gebhardt 2016: 32).

Als eine naturwissenschaftlich orientierte Weiterentwicklung des Anthropozän-Konzepts mit dem Ziel der Politikberatung hat 2009 eine Gruppe von Erdsystem- und Umweltwissenschaftler*innen (unter Mitarbeit von Crutzen) das Konzept der „planetaren Grenzen" vorgeschlagen (Rockström et al. 2009). Das Konzept definiert auf der Basis naturwissenschaftlicher Erkenntnisse und Modellierungen für neun Handlungsbereiche ökologische Grenzen, deren Überschreitung die Stabilität planetarer ökologischer Zusammenhänge gefährde – und damit letztlich die Lebensbedingungen auf bzw. die „Bewohnbarkeit" der Erde.

In der Kulturgeographie und Politischen Geographie sowie den weiteren Sozial- und Kulturwissenschaften wurde insbesondere die homogenisierende Fokussierung des Anthropozän-Konzepts auf die Spezies Mensch („*anthropos*") problematisiert: Damit würden soziale, historische und politische Differenzen unsichtbar gemacht (z.B. Gebhardt 2016: 32). So wird aus einer postkolonialen Perspektive kritisiert, dass in dem Begriff die gesamte Menschheit vereinheitlicht und für Umweltkrisen verantwortlich gemacht wird. Dies übersehe jedoch, dass bestimmte Akteure in spezifischen Teilen der Welt und in bestimmten Epochen hauptverantwortlich sind (Malm und Hornborg 2014; Manemann 2014; Bonneuil und Fressoz 2017: 41f.; Yusoff 2018; Bauer und Bhan 2018). Entsprechend wurden auch alternative Begrifflichkeiten vorgeschlagen, die historisch und sozial deutlich mehr differenzieren bspw. als „Kapitalozän", „Technozän" oder „Petrozän". Auch hinsichtlich der Folgen der Umweltkrisen verschleiere die Idee eines Anthropozäns die Unterschiede zwischen reichen und armen Regionen der Welt (Malm und Hornborg 2014, Bonneuil und Fressoz 2017: 41f.). Letztlich laufe die Benennung eines „Erdzeitalter des *Menschen*" zudem Gefahr, anthropozentrische Ansätze zu befördern und Vorstellungen einer menschlichen Steuerungs- und Gestaltungsfähigkeit zu überhöhen (Manemann 2014: 89ff.; Hanusch et al. 2021: 30).

Unter dem Schlagwort des „planetarischen Denkens“ wird in den Sozial- und Kulturwissenschaften diskutiert, wie moderne Gesellschaften auf die Herausforderungen der planetaren Umweltkrisen reagieren müssen und reagieren können. Forschende wie der Historiker Chakrabarty (2009, 2022), der Humangeograph Clark und der Soziologe Szerszynski (2021), die Politikwissenschaftler Hanusch, Leggewie und Meyer (2021) sowie die Humangeograph*innen Verne, Marquart und Ouma (2024) betonen dabei die lange Zeit in den Sozialwissenschaften wenig thematisierte Einbettung menschlichen Lebens in die planetaren Lebensgrundlagen. Gleichzeitig kritisieren sie, dass viele technisch-naturwissenschaftliche Arbeiten zu Anthropozän und „planetaren Grenzen“ geprägt seien von einer systemorientierten *top-down*-Perspektive, die wenig sensibel sei für Fragen sozialer und räumlicher Ungleichheiten, für Fragen von Macht und damit letztlich a-politisch.

Die Debatten um Anthropozän und planetares Denken haben eine lebendige, interdisziplinäre und grundlegende Diskussion in den Natur-, Sozial-, Kultur- und Geisteswissenschaften ausgelöst. Insbesondere drei Aspekte scheinen dabei für das Menschenrechtssystem relevant. Erstens verweist die Anthropozän-Debatte auf die *planetare Dimension von Umweltveränderungen* und rückt damit die Herausforderung für die überkommene räumliche Organisation der Welt in abgegrenzte Territorien ins Blickfeld, in Staaten und Jurisdiktionen. Zweitens wird in der Debatte um das Anthropozän die *etablierte Differenzierung von Mensch und Umwelt, Kultur und Natur hinterfragt*. Ein anthropozentrisches Denken, das den Menschen ins Zentrum der Narrative und die Erde als passiven Hintergrund darstellt, wird dabei als zentrales Problem modernen Denkens identifiziert (Chakrabarty 2022: 152, Bauer und Bhan 2018: 127). Diese Spaltung zwischen Menschen und ihrer Umwelt wird auf die Aufklärung im 18. und 19. Jahrhundert zurückgeführt, als sich der moderne Mensch von „der Natur“ emanzipierte (Bonneuil und Fressoz 2017: 19-20, Clark und Szerszynski 2021: 102). Konzepte wie „Subjekt“, „Freiheit“ und aber auch „Demokratie“ entstanden in diesem Kontext und seien bis heute von einem dualistischen Weltbild geprägt. Dieses anthropozentrische Denken habe damit auch Auswirkungen auf die politische Organisation der Welt: So seien auch Vorstellungen von demokratischen Entscheidungsprozessen, die auf menschliche Interessen fokussieren, oft blind gegenüber planetaren Prozessen (Bonneuil und Fressoz 2017: 41f.). Drittens verdeutlicht die Debatte um Anthropozän und planetares Denken die *Inkompatibilität zwischen erdgeschichtlicher und sozio-kultureller Zeitlichkeit*. Um das Anthropozän und seine Konsequenzen zu verstehen, müsste in politischen Diskursen stetig ein „Codeswitching“ zwischen erdgeschichtlicher Zeit und sozio-kultureller Gegenwartsorientierung stattfinden – eine enorme Herausforderung (Chakrabarty 2022: 275). Notwendig sei letztlich, menschliche Geschichte (und Gegenwart) als Teil der Erdgeschichte neu zu verstehen: als Resultat stetiger Interaktionen der Menschen mit ihrer Umwelt (Clark und Szerszynski 2021: 8 – 21). Auf diese Weise könnten auch Fragen von Umweltgerechtigkeit zwischen Generationen und geographischen Weltregionen neu und umfassender gefasst werden (Bonneuil und Fressoz 2017: 41f.).

3. Planetare Umweltkrisen, das Menschenrechtssystem und Frage nach (den Geographien von) Rechten und Verantwortlichkeiten

Die Debatte um ein planetarisches Denken weist darauf hin, dass die etablierten Organisationsformen, Entscheidungsstrukturen und normativen Orientierungen moderner Gesellschaften kaum in der Lage sind, angemessen auf die planetaren Umweltkrisen zu reagieren. Sie seien eher Teil des Problems als Teil der Lösung und müssten daher grundlegend neu gedacht und gestaltet werden. Inwieweit gilt dies auch für das Menschenrechtssystem?

Als Träger der Menschenrechte fasst das Menschenrechtssystem in erster Linie den *individuellen Menschen*. Unterschieden werden teilweise zwei bzw. drei Typen von Menschenrechten: Zunächst die politischen Freiheits- und Beteiligungsrechte (z.B. Recht auf Meinungsfreiheit, Vereinigungsfreiheit, Verbot von Folter) sowie dann die wirtschaftlichen, sozialen und kulturellen Menschenrechte (insbesondere Rechte auf Arbeit, Ernährung, Wohnen, Bildung, Gesundheit). Ansätze eines Menschenrechtes auf gesunde Umwelt (s.o.) oder eines Menschenrechts auf Entwicklung werden teilweise als dritter Typgefasst (kritisch gegenüber einer solchen Kategorisierung von Menschenrechten: Krennerich 2013). Die Verantwortung diese Rechte zu achten, schützen und gewährleisten wird in erster Linie den *Staaten* zugeschrieben (Rudolf 2023: 7f.).

Wir diskutieren im Folgenden, inwiefern diese etablierten Zuschreibungen von Rechten und Verantwortungen herausgefordert und welche Alternativen diskutiert werden. Einen Vorschlag von Laliberté (2015) weiterführend, fragen wir also nach den (politischen und rechtlichen) Geographien von Verantwortungen und Rechten: Wie werden Verantwortung und Rechte in der Diskussion um planetare Umweltkrisen und dem Menschenrechtssystem verortet? Dabei scheinen drei Dimensionen besonders relevant: die räumliche und zeitliche Verortung von Rechten und Verantwortungen sowie drittens die Bestimmung der Rechte- und der Pflichtenträger (ähnlich auch Sinder 2023).

Räumliche Verortung von Verantwortung

Die Verantwortung für planetare Umweltkrisen lässt sich nur mit Schwierigkeiten in die etablierte räumliche Organisation von Politik und Recht übersetzen – in Territorien und Jurisdiktionen.[2] Weder die Ursachen noch die Folgen z.B. von anthropogen ausgelöstem Klimawandel, der Versauerung der Ozeane oder der Veränderung von Stickstoff- und Phosphorkreisläufen lassen sich präzise bestimmten Territorien und Jurisdiktionen zuschreiben.

Das bislang etablierte Umweltvölkerrecht basiert weitgehend auf nationalen Zuständigkeiten. Grenzüberschreitende Umweltschäden können dabei nur dann bearbeitet werden, wenn Verantwortliche und Geschädigte territorial eindeutig definiert werden können – z.B. bei einer industriellen Verschmutzung eines Flusses über eine internationale Grenze hinweg (dazu auch Sinder 2023). Allerdings gibt es inzwischen eine intensive Debatte über die Frage, inwieweit innerhalb des Menschenrechtssystems auch extraterritoriale Pflichten der Staaten abgeleitet werden können (so genannte *extraterritorial obligations*, ETO): also eine Verantwortung, Menschenrechte auch jenseits der eigenen Grenzen zu schützen (Müller und Franzen 2010: 17; Krennerich 2012; Haeck et al. 2021) – und dies auch im Hinblick auf die Verantwortung für Umweltschäden (z.B. Sumudu und Andrea 2019). Dabei wird diskutiert, inwieweit Staaten in der Verantwortung sind, auch Menschenrechtsverletzungen durch Dritte zu verhindern – z.B. durch andere Staaten aber auch durch nicht-staatliche Akteure wie Unternehmen. Nicht zuletzt stellt sich die Frage, inwieweit Staaten durch internationale Zusammenarbeit den Schutz der Menschenrechte unterstützen und diese in internationalen Abkommen angemessen berücksichtigen können (Gibney 2015; Krennerich 2016: 381f.; OHCHR 2009: 27ff.)

Zeitliche Verortung von Rechten und Verantwortung

Mit der Diskussion über das Anthropozän rücken zwei Zeitlichkeiten ins Blickfeld, die sonst in der Regel getrennt betrachtet werden: Die Millionen von

---

2 Auch unabhängig von den planetaren Umweltkrisen wurde bereits diskutiert, dass die Territorialvorstellungen des Menschenrechtssystems mitunter Schwierigkeiten bei der Feststellung der Verantwortung für menschenrechtliche Belange aufwerfen (Boyle 2020: 184). So werden mit der Zuweisung von Verantwortlichkeiten an den Staat als Pflichtenträger Personen benachteiligt, die außerhalb des Schutzbereichs eines Staates stehen, etwa Migrant*innen, Geflüchtete oder Staatenlose. Diese Gruppen können oft nicht denselben menschenrechtlichen Schutz in Anspruch nehmen, weil sie sich nicht innerhalb der Grenzen eines „eigenen" Staates befinden und somit in einer Grauzone des internationalen Rechtsschutzes verbleiben (Martinsen 2019: 37f.).

Jahren der Erdgeschichte auf der einen und auf der anderen Seite die wenigen Jahrhunderte gesellschaftlicher Entwicklung in der Neuzeit mit der Ausbreitung kapitalistischer Wirtschaftsverhältnisse im 20. Jahrhundert. Der Horizont gesellschaftlicher Debatten und politischer Entscheidungen ist in hohem Maße auf die Gegenwart und vielleicht noch nächste Vergangenheit und Zukunft beschränkt. Die Frage einer Veränderung der Lebensbedingungen in den nächsten hunderten oder gar tausenden Jahren bleibt außerhalb des Blickfeldes (Chakrabarty 2022: 264ff.). Verschärft wird diese Problematik durch die Nicht-Linearität ökologischer Zusammenhänge, die sich etablierten politischen Abwägungen und ökonomischer Kalkulationen entziehen und eine *vor*sichtige und *vor*sorgend Politik notwendig macht. Auch das bestehende Menschenrechtssystem bezieht sich auf gegenwärtige Menschenrechtsverletzungen und die Rechte heute lebender Menschen. Langfristige Belastungen und Risiken für zukünftige Generationen bleiben i.d.R. unberücksichtigt (Sinder 2023). So ist etwa ein Recht auf ein stabiles Klima für künftige Generationen bislang juristisch kaum einklagbar (Müller und Franzen 2011: 14). Es lassen sich im Menschenrechtssystem allerdings durchaus vorsorgende Verantwortlichkeiten ableiten, die sich auf den Schutz zukünftiger Rechte beziehen (Karp und Mills 2015: 5). Es stellt sich damit die Frage, wie die Rechte nachfolgender Generationen auf angemessene Lebensbedingungen in definierte Verantwortungen für die Gesellschaft der Gegenwart übersetzt werden können.

Bestimmung der Träger von Rechten und Verantwortungen

Vor dem Hintergrund der Umweltkrisen haben verschiedene Autoren die Fokussierung des Menschenrechtssystems auf individuelle *Rechte* (und *nicht* auf *Verantwortung*) sowie die Verknüpfung von Rechten mit materiellem Wohlergehen als „Teil des Problems“ beschrieben (z.B. Peterson 1990; Kotzé 2014).[3] Die Menschenrechte schrieben sich letztlich in eine modernistische Agenda ein, die Fragen ökologischer Zusammenhänge nur aus der Perspektive menschlicher

---

3 Die Individualisierung durch die Menschenrechte kann dabei einerseits als Form einer Ermächtigung verstanden werden, da das Individuum seine Rechte gegenüber dem Staat einfordern kann. Andererseits führt sie jedoch auch zu einer Individualisierung von Problemen, da das Individuum als alleiniger Rechtsträger agieren muss. Voraussetzung für die eine Anerkennung des Opferstatus ist, dass Betroffene persönlich und direkt durch eine Menschenrechtsverletzung betroffen sind, was die Anerkennung kollektiver oder indirekter Schäden erschwert (dazu auch Sinder 2023). Zur Frage „kollektiver“ Menschenrechte bzw. der Menschenrechte von Gruppen hat sich in den letzten Jahren allerdings eine breite Debatte entfaltet.

Entwicklung und damit als Umwelt für den Menschen adressierten. Konzepte eines „Rechts auf gesunde Umwelt“ aber vielfach auch die Vorstellungen einer „nachhaltigen Entwicklung“ folgten dieser anthropozentrischen Perspektive.

Als grundlegende Alternative werden seit Ende der 1990er Jahre zunehmend intensiv „ökozentrische“ und „posthumane“ Ansätze diskutiert: Vereinfacht lassen sich dabei zwei im Einzelfall überlappende Ansätze unterscheiden: Erstens Ansätze, welche Rechte auf nicht-menschliche Träger ausweiten: als „Rechte von Tieren“ oder noch umfassender als „Rechte der Natur“. Zweitens Ansätze, die grundlegend die Unterscheidung Mensch/Umwelt bzw. Kultur/Natur überwinden wollen und darauf abzielen, die Erkenntnis einer grundlegenden Verwobenheit sozialer und ökologischer Prozesse in Recht zu übersetzen.

Auf nationaler Ebene hat der Ansatz eines Rechtes der Natur bereits Einzug in Verfassungen erhalten: Ecuador war 2008 das erste Land, welches die Natur als Ganzes (*Pachamama*) zu einem konstitutionellen Rechtssubjekt erklärt hat (Laastad 2019). Diesem Beispiel sind seitdem mehr als 40 Länder gefolgt. Insbesondere indigene Völker weltweit setzen sich für Rechte der Natur ein: So haben viele Flüsse beispielsweise in Neuseeland, Kanada oder Kolumbien mittlerweile den Status eines juristischen Subjekts (Berge 2022). Auch in Deutschland gibt es mittlerweile zahlreiche Netzwerke und Initiativen, die solch eine Entwicklung des Rechtssystems fordern (z.B. das Netzwerk *Rechte der Natur*[4]). Die sogenannte Erd-Charta ist hingegen ein weitreichender Vorschlag für einen völkerrechtlichen Vertrag, der auf die „Achtung des Lebens in seiner ganzen Vielfalt“, einen umfassenden Schutz der „Ganzheit der Ökosysteme“ und den „Erhalt der Erneuerungskräfte der Erde“ zielt – und damit letztlich die Allgemeine Erklärung der Menschenrechte ergänzen soll (Bosselmann 2004).[5]

Bielefeldt weist allerdings darauf hin, dass auch die Versuche einer posthumanen bzw. ökozentrischen Weiterentwicklung von Menschenrechten bei der Frage der Verortung von *Verantwortung* auf den Menschen verwiesen bleiben (2020; 2021). Er leitet daher aus den Herausforderungen der planetaren Umweltkrisen die Forderung ab, in der Menschenrechtsdebatte stärker als bislang die Frage nach Verantwortung zu stellen. Damit rücken letztlich neue ethische Subjektkonzepte bzw. Menschenbilder ins Blickfeld, die Verantwortung für pla-

---

4 https://www.rechte-der-natur.de/de/ (19.11.2024)

5 https://earthcharter.org/ (18.11.2024); parallel wird im allgemeinen Völkerrecht wird zu Beginn der 2020er Jahre diskutiert, ob *Ökozid* als Verbrechen anerkannt werden soll (Voss 2022).

netare Zusammenhänge betonen – wie das Konzept der *„planetary subjects"* von Spivak (2003) oder den von Bosselmann (2004) vorgeschlagenen *„enlightened homo ecologicus universalis"*. Eine offene Frage bleibt dabei allerdings, wie diese ethische Rekonzeption in rechtliche und politische Strukturen übersetzt werden kann.

4. Fallstudie: Klimaklage vor dem Europäischen Gerichtshof für Menschenrechte

Regionale Menschenrechtsabkommen und regionale Menschenrechts-Gerichtshöfe in Europa, Afrika sowie Nord- und Südamerika sollen menschenrechtliche Verantwortlichkeiten verankern (OHCHR o.J., Krennerich 2016: 381f.). Der Europäische Gerichtshof für Menschenrechte (EGMR) unterscheidet dabei z.B. in negative und positive Verpflichtungen: Negative Verpflichtungen verlangen, dass der Staat Eingriffe in die Menschenrechte unterlässt, während positive Verpflichtungen ihn dazu anhalten, durch aktive Maßnahmen den Schutz dieser Rechte zu gewährleisten (Akandji-Kombe 2007).

Die Menschenrechts-Gerichtshöfe sind machtvolle Institutionen des Menschenrechtsystems und scheinen daher als Fallstudie geeignet, den Umgang des Menschenrechtsystems mit den Herausforderungen planetarer Umweltkrisen zu untersuchen. Gleichzeitig muss einschränkend festgehalten werden, dass die Gerichtshöfe sich auf kodifizierte Normen beziehen und daher ggf. weniger als andere Akteure im weiteren Menschenrechtssystem (z.B. NGOs und Sonderberichterstatter) Orte einer kreativen Weiterentwicklung des Menschenrechtssystems sind – diese Frage bleibt aber außerhalb des Umfangs dieser Arbeit.

Sogenannte Klimaklagen konfrontieren den EGMR seit wenigen Jahren explizit mit den skizzierten Herausforderungen. Die im Rahmen der Fallstudie einer Bachelorarbeit (Then 2024) untersuchte Klage *Duarte Agostinho and Others v. Portugal and Others – 39371/20* ist die bislang größte Klimaklage vor dem EGMR: Dabei klagten Jugendliche und junge Erwachsene aus Portugal gegen 33 Vertragsstaaten der Europäischen Menschenrechtskonvention (EMRK), denen sie vorwerfen, ihren Verpflichtungen aus dem Pariser Klimaabkommen zur Reduzierung von Emissionen nicht ausreichend nachzukommen. Die Klagenden berufen sich auf die positiven Pflichten der Staaten in Bezug auf das Recht auf Leben sowie auf Privatsphäre und Familienleben und stützen sich zudem auf das Diskriminierungsverbot und das Recht auf Freiheit von erniedrigender Behandlung. Dadurch seien die Artikel 2, 3, 8, 14 und 34 der EMRK sowie Artikel 1 des Protokolls Nr. 1 betroffen (EGMR 2020).

Die Klage wurde zusammen mit zwei weiteren Klimaklagen an die *Große Kammer* des EGMR verwiesen, wo ein richtungsweisendes Urteil zur zukünftigen Klimarechtsprechung erwartet wurde (EGMR 2023a, b). Im April 2024 wurde das Urteil verkündet: Die analysierte Klage wurde als unzulässig erklärt, da das Subsidiaritätsprinzip[6] missachtet wurde und keine extraterritoriale Zuständigkeit der angeklagten Staaten anerkannt wurde.[7]

In der Bachelorarbeit wurden die Transkripte der Anhörung *Duarte Agostinho and Others v. Portugal and Others* in einer qualitativen Inhaltsanalyse ausgewertet. Die Anhörung liegt als Webcast öffentlich zugänglich vor (EGMR 2023c). Die Argumentationslinien beider Parteien, also der Staaten und der Klagenden, wurden einander gegenübergestellt. Ziel war es zu untersuchen, wie in einem konkreten Fall sich Grenzen aber auch Potenziale des Menschrechtssystems zur Bearbeitung planetarer Umweltkrisen zeigen.

Räumliche Verortung von Verantwortung

Hinsichtlich der Raumvorstellungen widersprechen sich die Argumentation von Klagenden und beklagten Staaten grundsätzlich: Die Klagenden plädieren für eine Weiterentwicklung des europäischen Menschenrechtssystems, indem die extraterritoriale Jurisdiktion des EGMR angewendet werden soll. Zwar bezieht sich Klage v. a. auf die zukünftigen Auswirkungen des Klimawandels und geht damit über die bisherige Praxis des EGMR hinaus, in denen von einer unmittelbaren Kausalität zwischen den aktiven bzw. unterlassenden Handlungen eines Staates und den Auswirkungen auf die Klagenden ausgegangen wurde. Jedoch sei eine anerkannte Ausnahme, dass extraterritoriale Jurisdiktion des EGMR gelte, wenn ein Staat Kontrolle über Menschen außerhalb seines Staatsgebiets ausübt. Dies, so argumentieren die Klagenden, sei durch den Emissionsaustoß

---

6 Dieses besagt, dass zunächst nationale Behörden konsultiert werden müssen, damit diese eine Möglichkeit dazu bekommen, eine angebliche Verletzung der Konvention zu verhindern oder zu beheben, bevor der EGMR konsultiert wird (EGMR 2013).

7 Hingegen hatte eine weitere Klimaklage, *Verein KlimaSeniorinnen Schweiz and Others v. Switzerland,* vor der Großen Kammer Erfolg (ebenfalls verhandelt im Jahr 2024). Obwohl die Klägerinnen nicht als individuell und direkt von den Folgen des Klimawandels betroffen anerkannt wurden, durfte der Verein klagen, da er vom Gericht als ein Vertreter kollektiver Rechte eingestuft wurde. Zudem hatte der Verein bereits vergeblich versucht, Gerichte in der Schweiz anzurufen und beschränkte seine Klage territorial auf die Schweiz. Daher entschied der Gerichtshof in diesem Fall explizit, dass die EMRK auch das Recht auf staatlichen Schutz vor den negativen Auswirkungen des Klimawandels auf Leben, Gesundheit und Wohlbefinden umfasst (EGMR 2024).

der angeklagten Staaten gegeben. Die Staaten lehnen diese Argumentation jedoch ab. Sie argumentieren, dass die Kläger sich in der nationalen Jurisdiktion Portugals befinden und keine direkten rechtlichen Beziehungen zu den anderen Staaten haben. Die Auswirkungen des Klimawandels seien zudem zu unspezifisch, um eine extraterritoriale Zuständigkeit zu rechtfertigen.

„The specific characteristics of climate change as a global phenomenon means that on the applicant's case there would be an extraordinary expansion of the scope and reach of the Convention system".

Der EGMR solle sich nur mit Fällen befassen, die klar innerhalb der territorialen Jurisdiktion der Vertragsstaaten liegen. Die Klagenden wiederum betonen, dass die Rechtsprechung zu den ETOs nicht festgelegt sei und Potential zur Weiterentwicklung besitze.

„The basis of extra territorial jurisdiction are not carved in stone" […] "the court's case law has, of course, evolved historically through cases".

Ihre Argumentation stützen die Klagenden auch darauf, dass Portugal schließlich nur einen geringen Anteil an den globalen Emissionen trage und daher allein ihre Rechte nicht schützen könne. Dies rechtfertige die Zuständigkeit des EGMR auch für Staaten, die nicht direkt an den lokalen Auswirkungen beteiligt seien.

Die beklagten Staaten argumentieren hingegen, dass die Auswirkungen des Klimawandels weltweit unterschiedlich und nicht alle Regionen gleichermaßen betroffen seien. Gleichzeitig sei die Klage zu sehr auf Portugal fokussiert, obwohl der Klimawandel ein globales Problem darstelle, das in internationalen Foren behandelt werden müsse. Sie sehen den EGMR nicht in der Position, globale Klimafragen zu lösen, da er keine globale Jurisdiktion besitze und eine positive Entscheidung in diesem Fall seine Kompetenzen überschreiten würde. Internationale Klimaverträge wie das Pariser Abkommen sollten Vorrang haben, da sie bereits einen rechtlichen Rahmen für die Bekämpfung des Klimawandels bieten. Die Schaffung eines parallelen Rechtssystems durch den EGMR, das diese Vereinbarungen untergraben könnte, sei daher abzulehnen.

Ein weiterer Streitpunkt betrifft das Subsidiaritätsprinzip und die Rolle der nationalen Gerichte. Die Klagenden werfen den nationalen Gerichten vor, dass sie bislang zu ineffektiv gewesen seien, um wirksame Maßnahmen gegen den Klimawandel durchzusetzen. Sie fordern daher eine flexiblere Auslegung des

Subsidiaritätsprinzips, da in vielen Ländern keine adäquaten Rechtsmittel vorhanden seien, um das 1,5-Grad-Ziel zu erreichen. In dieser globalen Notlage sehen sie den EGMR als geeigneten Ort, um den Klimawandel auf europäischer Ebene zu bekämpfen.

"This court is uniquely well placed to address these legal issues in the transnational way that climate change requires. Piece meal litigation across Europe represents no effective remedy, and indeed, a number of convention based domestic claims have failed precisely on the basis that there is no authority from this court."

Die Staaten widersprechen dieser Sichtweise und betonen, dass nationale Rechtswege grundsätzlich verfügbar und effektiv seien. Sie argumentieren, dass die Klagenden nicht ausreichend nachgewiesen hätten, dass die nationalen Gerichte versagt hätten. Klimaklagen seien vorrangig dort zu führen, wo nationale Rechtswege bestehen und genutzt werden können.

Zeitliche Verortung von Verantwortung

Da auch das europäische Menschenrechtssystem primär auf gegenwärtige Menschenrechtsverletzungen ausgerichtet ist, versuchen die Klagenden, sich auf *gegenwärtige* Naturereignisse wie die Waldbrände von 2017 sowie die aktuellen Hitzewellen in Portugal und deren Auswirkungen auf ihr persönliches Wohlbefinden zu beziehen.

„The fires have affected them and how hard they find it to endure extreme heat which leaves them drained, exhausted, sleepless, and often trapped indoors, unable to experience the life that should be available to all young people. So that's the present reality."

Gleichzeitig streben sie aber auch an, die zeitliche Auslegung der EMRK auszuweiten: So stützen sie sich auf das Diskriminierungsverbot sowie auf das Recht auf Freiheit vor erniedrigender Behandlung, da sie als Jugendliche besonders verletzlich gegenüber den langfristigen Auswirkungen des Klimawandels seien. Sie sehen ihren Opferstatus als erfüllt an, selbst wenn einige der Folgen des Klimawandels erst in Zukunft spürbar werden. Dabei führen sie dieses Argument auch wieder zurück auf gegenwärtige Auswirkungen von Zukunftsängsten auf ihre psychische Gesundheit.

"This dire evidence is sadly consistent with the applicant's fears for the future – fears which, already, as you've seen, harm their mental health. As global warming increases, the harm to the applicants will inevitably worsen."

Die Staaten jedoch argumentieren, dass Berichte über zukünftige Auswirkungen des Klimawandels sowie die Dauer seiner Effekte nicht als juristische Basis gelten können.

"The impacts of climate change attain a scale that goes far beyond the conventional legal space, if you consider its effects and its causes."

Die Beweise für eine direkte Betroffenheit seien unzureichend, vage und unspezifisch. Es sei unklar, inwieweit die individuellen Rechte der Kläger tatsächlich verletzt würden.

Bestimmung der Rechtsträger

Die Klagenden sehen sich als unmittelbare Opfer des Klimawandels und verweisen dabei auf konkrete Ereignisse wie die verheerenden Waldbrände im Jahr 2017 und die extreme Hitze in Portugal, die ihre Gesundheit und ihr Wohlbefinden beeinträchtige. Sie seien sowohl aufgrund ihrer geographischen Lage in einer vulnerablen Region in Portugal als auch durch ihre Zugehörigkeit zu der besonders vulnerablen Gruppe der Kinder und Jugendliche besonders von den Auswirkungen des Klimawandels betroffen. Sie wollen für die kollektiven Rechte dieser Gruppe eintreten, stellen sich jedoch auch als persönlich betroffen dar:

„It suffices, we say, to point to the incontestable fact that an increasing number of children living in the applicants regions in Portugal will suffer catastrophic consequences over the course of this century."

Zwar wird vonseiten der Staaten die besondere Betroffenheit der jüngeren Generation anerkannt. Gleichzeitig seien die Beweise für eine direkte und persönliche Betroffenheit unzureichend und es sei unklar, inwieweit die individuellen Rechte der Klagenden tatsächlich verletzt werden. Die Auswirkungen des Klimawandels seien zu vage und unspezifisch, um den Klagenden den Opferstatus zuzuerkennen:

"It's rather difficult [...] to establish or even to predict if and how or to what extent the personal situation of the applicants will be affected."

Somit wird die kollektive Betroffenheit von den Staaten als nicht gültig beurteilt. Interessanterweise argumentieren beide Parteien im gesamten Verfahren durchweg anthropozentrisch und folgen damit den kodifizierten Menschenrechtsnormen der EMRK. Im Fokus stehen die Folgen des Klimawandels für das menschliche Wohlergehen. Gefährdungen nicht-menschlichen Lebens oder die komplexen und interdependenten Veränderungen ökologischer Zusammenhänge bleiben weitgehend außerhalb des Blickfeldes.

5. Fazit: Grenzen und Potenziale des Menschenrechtssystem für die Adressierung planetarer Umweltkrisen

Der Verlauf der Klimaklage *Duarte Agostinho and Others v. Portugal and Others* vor dem Europäischen Gerichtshof für Menschenrechte führt vor Augen, welche grundsätzlichen Herausforderungen die planetaren Umweltkrisen für das etablierte Menschenrechtssystem darstellen. Die Fallstudie verdeutlicht, wo zumindest aktuell die Grenzen des Menschenrechtssystem zur Adressierung planetarer Umweltkrisen liegen: So erschwert die Gegenwartsorientierung des Menschenrechtssystems, die Belastungen und letztlich die Rechte zukünftiger Generationen in Verantwortung für die Gegenwart zu übersetzen. Die Fokussierung auf staatliche Verantwortung und die Organisation von politischen und rechtlichen Strukturen in Territorien erschwert die Verortung von Verantwortung – insbesondere für die höchst komplexen ökologischen Zusammenhänge. Und nicht zuletzt erschwert die grundlegend anthropozentrische Ethik des etablierten Menschenrechtssystems eine Adressierung von ökologischen Dynamiken auch jenseits eines unmittelbaren Nutzens für Menschen.

Gleichzeitig deutet die Fallstudie aber auch Potenziale des Menschenrechtssystems an: So hat insbesondere die sozial- und kulturwissenschaftliche Debatte darauf hingewiesen, dass einige Konzeptualisierungen des Anthropozäns einseitig Vorstellungen einer zentralisierten, technisch-orientierten, top-down Steuerung erdsystemischer Zusammenhänge befördern (z.B. in einigen Vorschlägen zum *climate engineering*). Vor diesem Hintergrund bietet das Menschenrechtssystem Chancen, den Blick stärker auf die unmittelbaren Auswirkungen des Klimawandels für einzelne Betroffene zu lenken, dabei soziale und lokale Ungleichheiten zu adressieren und damit die Debatte in gewisser Weise „menschlicher" zu orientieren: Kotzé spricht 2014 vom Potenzial der Menschenrechte für ein *„humanizing the anthropocene"*.

Nicht zuletzt bietet das Menschenrechtssystem einen universell orientierten Referenzrahmen mit etablierten Möglichkeiten zur Klage (z.B. vor den regionalen Gerichtshöfen für Menschenrechte), der ein Potenzial zur Bearbeitung der planetaren Umweltkrisen bietet. Die Klimaklagen und viele weitere Versuche, Umweltprobleme an das etablierte Menschenrechtssystem zu adressieren, können auch als Hinweis für dieses Potenzial interpretiert werden. Das Menschenrechtssystem steht damit vor einer enormen Aufgabe: Es muss sich weiterentwickeln zu einem Forum, indem vor dem Hintergrund der planetaren Umweltkrisen Rechte und Verantwortungen grundsätzlich (neu) ausgehandelt und verortet werden. Gleichzeitig muss dabei der Fokus von der Gegenwartsorientierung auf die zukünftige Bewohnbarkeit des Planeten Erde geweitet werden.

Literatur

AKANDJI-KOMBE, Jean-François (2007): Positive Obligations under the European Convention on Human Rights. Human Rights Handbooks 7. Directorate General of Human Rights; Council of Europe.

ATAPATTU, Sumudu/Schapper, Andrea (2019): Extraterritorial Application of Environmental Rights. In: Atapattu, Sumudu/Schapper, Andrea (Hg.): Human Rights and the Environment. Abingdon, Oxon, New York, NY: Routledge: 287–307.

BAUER, Andrew/Bhan, Mona (2018): Climate without Nature. A critical Anthropology of the Anthropocene. Cambridge

BERGE, Chloe (2022): Warum immer mehr Flüsse zu juristischen Personen erklärt werden. In: National Geographic Umwelt. URL: https://www.nationalgeographic.de/umwelt/2022/04/warum-immer-mehr-fluesse-zu-juristischen-personen-erklaert-werden (18.07.24)

BIELEFELDT, Heiner (2020): Die Menschenrechte angesichts der Klimakrise. Eine Problemskizze. URL: https://www.humanrights.fau.de/files/2020/08/bielefeldt-menschenrechte-klimakrise.pdf (10.01.24)

BIELEFELDT, Heiner (2021): Moving beyond Anthropocentrism? Human Rights and the Charge of Speciesism. In: Human Rights Quarterly 43(3), 515–537.

BONNEUIL, Christophe/Fressoz, Jean-Baptiste (2017): The Shock of the Anthropocene. The Earth, History and Us. London

BOSSELMANN, Klaus (2004): In Search of global Law: The Significance of the Earth Charter. Worldviews 8(1): 62–75.

BOYLE, Alan (2020): Climate Change, Sustainable Development, and Human Rights. In: Kaltenborn, Markus; Krajewski, Markus & Kuhn, Heike (eds): Sustainable Development Goals and Human Rights. Interdisciplinary Studies in Human Rights, vol 5. Springer, Cham.

CHAKRABARTY, Dipesh (2009): The Climate of History: Four Theses. Critical Inquiry, 35(2), 197–222.

CHAKRABARTY, Dipesh (2022): Das Klima der Geschichte im planetarischen Zeitalter. Suhrkamp, Frankfurt M.

CLARK, Nigel/Szerszynski, Bronislaw (2021): Planetary social Thought. The Anthropocene Challenge to the Social Sciences. Cambridge

CRUTZEN, Paul Jozef (2002): Geology of mankind. Nature 415(6867): 23

CRUTZEN, Paul Jozef/Störmer, Eugene Filmore (2000): The „Anthropocene". Global Change Newsletter 41: 17-18

EGMR (2013): European Convention on Human Rights. URL: https://www.echr.coe.int/documents/d/echr/Convention_ENG (27.05.24)

EGMR (2020): Duarte Agostinho and Others v. Portugal and Others (communicated case) – 39371/20. URL: https://hudoc.echr.coe.int/eng?i=002-13055 (10.12.23)

EGMR (2023a): Forthcoming hearing in September 2023. URL: https://hudoc.echr.coe.int/eng-press?i=003-7731105-10693147 (10.12.23)

EGMR (2023b): Grand Chamber procedural meeting in climate cases. Press Release ECHR 035. URL: https://hudoc.echr.coe.int/app/conversion/pdf/?library=ECHR&id=003-7559178-10387331&filename=Grand%20Chamber%20procedural%20meeting%20in%20climate%20cases.pdf (15.07.24)

EGMR (2023c): Duarte Agostinho and Others v. Portugal and 32 Others (no. 39371/20). Grand Chamber hearing. URL: https://www.echr.coe.int/w/duarteagostinho-and-others-v-portugal-and-others-no-39371/20- (23.07.24)

EGMR (2024): Questions and Answers on the rulings in three cases concerning climate change (Press Service) URL: https://www.echr.coe.int/documents/604084/839313/press-q-a-climate-cases-eng.pdf/c8b458dd-5ab1-9e87-30c7-fa204c896499?version=1.0&t=1713253762074&download=true (09.07.24)

GEBHARDT, Hans (2016): Das „Anthropozän" – zur Konjunktur eines Begriffs. In: Heidelberger Jahrbücher 1, 28–42.

GIBNEY, Mark (2015): Beyond Individual Accountability: The Meaning of State Responsibility. In: Mills, Kurt & Karp, David Jason (eds): Human Rights Protection in Global Politics. Global Issues Series. Palgrave Macmillan, London

HAECK, Yves/Burbano-Herrera, Clara/Ghulam Farag, Hannah (2021): Extraterritorial Obligations in the European Human Rights System. In: Gibney, Mark; Türkelli, Gamze Erdem et al. (Hg.): The Routledge Handbook on extraterritorial Human Rights Obligations. (Routledge International Handbooks). New York: 125-139.

HANUSCH, Frederic/Leggewie, Claus/Meyer, Erik (2021): Planetar denken. Ein Einstieg. Transcript, Bielefeld.

KALTENBORN, Markus et. al (Hg.): Sustainable Development Goals and Human Rights (Springer eBooks Law and Criminology 5). Cham: 171–189

KARP, David Jason/Mills, Kurt (2015): Introduction: Human Rights Responsibilities of States and Non-State Actors. In: Mills, Kurt/Karp, David Jason (eds): Human Rights Protection in Global Politics. Global Issues Series. Palgrave Macmillan, London: 3-22.

KOTZÉ, Louis J. (2014): Human Rights and the Environment in the Anthropocene. In: The Anthropocene Review 1(3): 252–275.

KRENNERICH, Michael (2012): Soziale Menschenrechte – von der zögerlichen Anerkennung bis zur extraterritorialen Geltung In: Zeitschrift für Menschenrechte 6(2): 166–183

KRENNERICH, Michael (2013): Soziale Menschenrechte. Zwischen Recht und Politik. Wochenschau Verlag, Frankfurt am Main.

KRENNERICH, Michael. (2016): Soziale Menschenrechte. Zwischen Recht und Politik. (Politik und Bildung). Frankfurt am Main.

KRENNERICH, Michael (2024): Die Klimakrise aus der Perspektive der Menschenrechte. In: Zeitschrift für Menschenrechte 18(1): 13-38.

LAASTAD, Synneva Geithus (2019): Nature as a Subject of Rights? National Discourses on Ecuador's Constitutional Rights of Nature. Forum for Development Studies, 47(3): 401–425.

LALIBERTÉ, Nicole (2015): Geographies of Human Rights: Mapping Responsibility. In: Geography Compass 9(2), 57–67.

LOHMANN, Friedrich (2023): Menschenrechte und gesellschaftlicher Frieden. Zeitschrift für Menschenrechte 17(1): 86-101

MALM, Andreas/Hornborg, Alf (2014): The Geology of Mankind? A Critique of the Anthropocene Narrative. The Anthropocene Review 1(1): 62-69.

MANEMANN, Jürgen (2014): Kritik des Anthropozäns. Plädoyer für eine neue Humanökologie. 1. Aufl. (X-Texte zu Kultur und Gesellschaft). Transcript, Bielefeld

MARTINSEN, Franziska (2019): Grenzen der Menschenrechte. Transcript, Bielefeld

MITOMA, Glenn/Bystrom, Kerry (2015): Humanitarianism and Responsibility in Discourse and Practice. In: Mills, Kurt/Karp, David Jason (Hg.): Human Rights Protection in Global Politics. Global Issues Series. Palgrave Macmillan, London

MÜLLER, Clemens/Franzen, Kristine (2011): Der Klimawandel und das Menschenrechtssystem der Vereinten Nationen. Zeitschrift für Menschenrechte 4(2): 7–27

OHCHR (o.J.): Basic facts about the UPR URL: https://www.ohchr.org/en/hr-bodies/upr/basic-facts (06.03.24)

OHCHR (2011): Analytical Study on the Relationship between Human Rights and the Environment. UN Doc A/HRC/19/34. URL: https://digitallibrary.un.org/record/718748/files/A_HRC_19_34-EN.pdf?ln=en (29.02.24)

OHCHR (2009): Report of the Office of the United Nations High Commissioner for Human Rights on the relationship between climate change and human rights UN Doc. A/HRC/10/61. URL: https://daccess-ods.un.org/access.nsf/Get?OpenAgent&DS=A/HRC/10/61&Lang=E (10.07.24)

PETERSON, V. Spike (1990): Whose Rights? A Critique of the "Givens" in Human Rights Discourse. In: Alternatives 15(3): 303–344.

ROCKSTRÖM, Johan et al. (2009): Planetary Boundaries. Exploring the Safe Operating Space for Humanity. In: Ecology and Society. 14(2): 472-475.

RUDOLF, Beate (2023): Die Allgemeine Erklärung der Menschenrechte. Grundlage und Motor des Menschenrechtsschutzes. In: Aus Politik und Zeitgeschichte 49-50: 4–10

SCHWÄGERL, Christian (2024): Keine Epoche für die Menschheit. URL: https://www.spektrum.de/news/geologen-lehnen-neues-erdzeitalter-anthropozaen-ueberraschend-ab/2210153 (12.11.24)

SINDER, Rike (2023): Menschenrechte für das Anthropozän? In: NuR 45(5), 315–321.

SPIVAK, Gayatri Chakravorty (2003): Death of a Discipline. New York: Columbia University Press.

THEN, Karoline (2024): Menschenrechte als Mittel für die Zuschreibung von Verantwortlichkeiten für die Umsetzung von Klimastrategien im Anthropozän. Bachelorarbeit in Kulturgeographie. Institut für Geographie der FAU Erlangen-Nürnberg.

UN NEWS (2022): UN General Assembly declares access to clean and healthy environment a universal human right. URL: https://news.un.org/en/story/2022/07/1123482 (13.07.24)

VERNE, Julia; Marquardt, Nadine & Ouma, Stefan (2024): Planetary Futures: Über Leben in kritischen Zeiten. In: Geographische Zeitschrift 112(2), 151–171.

VOSS, Jens (2022): Ökozid: „Mord an der Umwelt" soll internationale Straftat werden. National Geographic Umwelt. URL: https://www.nationalgeographic.de/umwelt/2022/06/oekozid-mord-an-der-umwelt-soll-internationale-straftat-werden (19.07.24)

III. Exemplarische Handlungsfelder

CHRISTINA BINDER

Politische Partizipation in Zeiten globaler Herausforderungen: Der Beitrag der lokalen Ebene am Beispiel der *European Urban Charter* III (2023)

1. Einleitung

Die politische Partizipation ist ein zentrales Element der demokratischen Willensbildung. Bürgerbeteiligung, regelmäßig im Rahmen von Wahlen, sichert die Rückbindung politischer Entscheidungen an den Volkswillen und bildet damit in demokratischen Systemen die legitimatorische Grundlage für Regierungsentscheidungen.

Gleichzeitig ist die Teilnahme an der politischen Willensbildung immer größeren Herausforderungen und auch Veränderungen ausgesetzt. Phänomene wie zunehmend populistische und nationalistische Strömungen, die auch mit verstärkter Polarisierung einhergehen, erschweren eine informierte politische Partizipation im Einklang mit menschenrechtlichen Standards. Verstärkt wird dies durch neue Technologien, insbesondere neue Formen der Kommunikation auf sozialen Medien, die zu Phänomenen wie Echokammern führen und extremistische Tendenzen befördern. Globale Herausforderungen wie die Klimakrise, die Covid-19 Pandemie, Migration, der russische Angriffskrieg auf die Ukraine oder der Gaza-Konflikt und damit einhergehende gefühlt existentielle Bedrohungslagen befeuern diese Trends. All dies führt zu einem Vertrauensverlust in die traditionelle Politik und untergräbt traditionell ausgeübte Formate der politischen Partizipation wie Wahlen. Wie ist damit umzugehen? Was kann entgegengesetzt werden?

Der vorliegende Beitrag untersucht am Beispiel der *European Urban Charter* III, die im Oktober 2023 vom Kongress für Lokal- und Regionalautoritäten des Europarates (Kongress) angenommen wurde, welche Möglichkeiten auf lokaler Ebene bestehen, den obgenannten Herausforderungen zu begegnen. Der Beitrag ist *Michael Krennerich* gewidmet, der umfassend im Bereich der politischen Partizipation veröffentlicht hat.

2. Der menschenrechtliche Rahmen für politische Partizipation

Die Einordnung und Einhegung von störenden Tendenzen, die auf die politische Partizipation einwirken, verlangen nach einem rechtlich-normativen Beurteilungsrahmen. Dieser findet sich in verschiedenen menschenrechtlichen Garantien. Es gibt klare menschenrechtliche Vorgaben für die demokratische Mitbestimmung (im weiten Sinn). Zentral ist zunächst das Recht auf politische Partizipation, das auf universeller Ebene in Art. 25 lit. b des Internationalen Pakts über bürgerliche und politische Rechte (IPbpR) verankert ist. Die Bestimmung verlangt etwa geheime, echte, wiederkehrende, allgemeine und gleiche Wahlen.[1] Demgegenüber ist Art. 3 des Zusatzprotokolls (ZP) Nr. 1 zur Europäischen Menschenrechtskonvention (EMRK) weniger streng formuliert und enthält einzig die staatliche Verpflichtung, freie und geheime Wahlen abzuhalten.[2] Allerdings wurde diese Bestimmung vom Europäischen Gerichtshof für Menschenrechte (EGMR) in zahlreichen Fällen konkretisiert und als subjektives Recht ausgestaltet.[3] Anzumerken bleibt, dass Art. 3 ZP Nr. 1 EMRK nur in Ausnahmefällen auf lokale bzw. regionale Wahlen anwendbar ist, da er auf Wahlen zu „gesetzgebenden Organen" abstellt (Ladewig, Nettesheim, von Raumer 2017: 784f).

Vor allem einige, das Recht auf politische Teilnahme charakterisierende Attribute – nämlich geheime, echte und allgemeine Wahlen – sind als inhaltliche Vorgaben in Zeiten populistischer Strömungen von Relevanz.[4] Sie wurden in

---

1 Art. 25 PBPR: „Jeder Staatsbürger hat das Recht und die Möglichkeit, ohne Unterschied nach den im Artikel 2 genannten Merkmalen und ohne unangemessene Einschränkungen [...] b. bei echten, wiederkehrenden, allgemeinen, gleichen und geheimen Wahlen, bei denen die freie Äußerung des Wählerwillens gewährleistet ist, zu wählen und gewählt zu werden." Siehe auch den General Comment des VN Menschenrechtsausschusses Nr. 25 (1996), der die Vorgaben des Art. 25 PBPR konkretisiert (CCPR General Comment No 25: Article 25, The Right to Participate in Public Affairs, Voting Rights and the Right to Equal Access to Public Service, 12. Juli 1996).

2 Art. 3 1. ZP EMRK (Recht auf freie Wahlen): „Die Hohen Vertragschließenden Teile verpflichten sich, in angemessenen Zeitabständen freie und geheime Wahlen unter Bedingungen abzuhalten, die die freie Äußerung der Meinung des Volkes bei der Wahl der gesetzgebenden Organe gewährleisten."

3 Vgl. beispielhaft EGMR v. 2. März 1987 – 9267/81, Mathiew Mohin/Belgien; EGMR (GC) v. 6. Oktober 2005 – 74025/01, Hirst (Nr. 2)/Vereinigte Königreich.

4 Vgl. Art. 25 IPbpR; Art. 3 ZP Nr. 1 EMRK verweist, wie gezeigt, einzig auf „freie und geheime" Wahlen. Weniger von Relevanz sind die Kriterien der wiederkehrenden Wahlen, die auf die Regelmäßigkeit der Wahlen abstellen und der Verweis auf „gleiches" Wahlrecht mit Blick auf den gleichen Wert der abgegebenen Stimmen.

der Judikatur der Vertragsüberwachungsorgane (VN-Menschenrechtausschuss und EGMR) auch entsprechend konkretisiert: Die geheime Wahl sichert die unbeobachtete Stimmabgabe, die nicht nachfolgend rekonstruiert werden kann. Die echte (auch freie) Wahl steht für die unbeeinflusste Stimmabgabe, die den wahren Wählerwillen zum Ausdruck bringt. Das Prinzip der allgemeinen Wahl schützt den Zugang zur Wahl, zielt also auf möglichst umfassende Wahlbeteiligung ohne ungerechtfertigten Ausschluss von WählerInnen(gruppen).[5] Letzten Endes ist das Vertrauen der WählerInnen in den Wahlprozess ausschlaggebend.

Ergänzt werden diese menschenrechtlichen Vorgaben für politische Partizipation durch weitere menschenrechtliche Garantien. Das Diskriminierungsverbot steht an vorderster Front. Es erfordert die gleichberechtigte Einbindung von marginalisierten Bevölkerungsgruppen wie Personen mit Behinderung, Frauen, sowie gegebenenfalls auch von Binnenvertriebenen. Gleichfalls können positive Maßnahmen (sogenannte „affirmative action"), die auf eine verstärkte Einbindung von marginalisierten Gruppen durch Besserstellung im Rahmen von gezielten Maßnahmen setzen, zulässig sein oder sogar erforderlich werden.[6]

Darüber hinaus sind gewisse Grundvoraussetzungen für eine effektive, eine „echte" Teilnahme am politischen Prozess zu gewährleisten, die einen „free expression of the will of the voters" erlaubt. Entsprechend „vorgelagerte" Rechte sichern die politische Teilnahme ab. Das Recht auf Meinungs- bzw. Pressefreiheit bildet die Grundlage für eine informierte Teilnahme am Wahlprozess. Gewährleistet es doch ein Minimum an Wissen und den ungehinderten Zugang zu Information. Versammlungs- und Vereinigungsfreiheit sind weitere wichtige Voraussetzungen für freie Wahlen. Gerade die Vereinigungsfreiheit schützt Errichtung und Bestand politischer Parteien als wichtige Vehikel der Demokratie. Schließlich kann die Bewegungsfreiheit, das Recht sich grundsätzlich frei im Staatsgebiet zu bewegen, zu den Grundvoraussetzungen für die Realisierung von genuiner politischer Partizipation gezählt werden. All diese menschenrechtlichen Vorgaben etablieren zentrale „Spielregeln" für die Teilnahme an der politischen Willensbildung.

---

5 Vgl. etwa CCPR General Comment No 25 (Fn.1), vor allem Abs. 10, 11, 15, 19. Siehe Fälle des EGMR in Fn. 3.

6 So etwa auch fixe Quoten für Frauen auf Wahllisten. Für Beispiele von „temporary special measures" vgl. CEDAW-Ausschuss, General Recommendation No 23: Political and Public Life, 1997, Abs. 15.

3. Politische Partizipation unter Druck: aktuelle Herausforderungen und mögliche Lösungen

Die zuvor skizzierten menschenrechtlichen Rahmenbedingungen begründen die Legitimität von politischer Willensbildung. Aktuelle Entwicklungen wie populistisch-nationalistische Tendenzen, eine immer stärker werdende Polarisierung, digitaler Fortschritt und Krisen wie Klimawandel oder die Covid-19 Pandemie bringen diese menschenrechtlichen Vorgaben allerdings zunehmend unter Druck (Binder 2023, 2020). Beispielhaft genannt seien Falschmeldungen bzw. einseitige populistische Propaganda auf sozialen Medien, vor allem wenn sie nicht durch objektive Information öffentlich-rechtlicher Medien ausgeglichen werden. Dies vermag die Balance zwischen KandidatInnen zu verschieben und kann das Element der „echten" Wahlen, bei denen die freie Äußerung des Wählerwillens garantiert ist, unterminieren. Auch die allgemeine, „gleiche" und nichtdiskriminierende Partizipation steht in Frage: im engeren Sinn, wenn es um strukturelle Benachteiligungen – wie Internetzugang bei digitalisierten Wahlen – geht; oder im weiteren Sinn, wenn bedeutende Gruppen, etwa Jugendliche unter 18 oder Personen ohne Staatsbürgerschaft vom Wahlrecht ausgeschlossen werden. Besonders schwer wiegt letzteres, da gerade junge Menschen von Phänomenen wie der Klimakrise Hauptbetroffene sind, und Fremde häufig schon lange rechtmäßig in anderen Staaten aufhältig sind, arbeiten und Steuern zahlen, was nach Einbindung in demokratische Willensbildungsprozesse verlangt und der menschenrechtlich geforderten „Allgemeinheit" der politischen Partizipation zuwiderläuft. Die aktuellen Herausforderungen für eine menschenrechtskonforme Teilnahme am politischen Prozess gehen aber noch tiefer. Sie liegen in Gefahren für die innerstaatliche Gewaltenteilung und Rechtsstaatlichkeit durch Beschränkung insbesondere der unabhängigen Gerichtsbarkeit und der Medienfreiheit im Zuge populistischer Strömungen in zahlreichen Staaten. Auf zentralstaatlicher Ebene hat sich dieses Szenario jüngst durch die Wiederwahl von *Donald Trump* zum US-Präsidenten konkretisiert. Politische Partizipation gerät also gerade bei nationalen Wahlen zunehmend unter Druck.

Gleichzeitig steigt die Notwendigkeit einer Einbindung in Entscheidungen etwa in Bereichen von direkter Relevanz für gewisse Personengruppen, z.B. im Umweltbereich im Fall der unmittelbaren Betroffenheit. So wird eine Öffentlichkeitsbeteiligung an Entscheidungsverfahren (inklusive des Rechts auf Zugang zu Information und Gerichten) im Rahmen der Aarhus-Konvention mit Blick auf ein Leben in einer der Gesundheit zuträglichen Umwelt garantiert (vgl. z.B. Art. 1ff, der Aarhus-Konvention). Entsprechende Informationen über die Umwelt und eine Öffentlichkeitsbeteiligung an Entscheidungen über bestimmte Tätigkeiten werden entsprechend erforderlich (vgl. u.a. Art. 4 der Aarhus-Konvention). Andere Bestrebungen gehen in Richtung einer Erweiterung des WählerInnenkreises, etwa im Rahmen der Senkung des Wahlalters auf 16 Jahre (vgl. z.B. *Congress Report Voting at 16* – 2015). Auch eine verstärkte Einbindung von AusländerInnen mit gewisser Aufenthaltsdauer in den politischen Prozess wird diskutiert, dies vor allem mit Blick auf die potenziell integrationsfördernde Wirkung einer Teilnahme an der politischen Willensbildung (vgl. *Congress Report Voting Rights of migrants and IDPs* – 2018). Es gibt also viele Möglichkeiten und Vorschläge, wenn es um die Verbreiterung und Verbesserung der Inklusivität der politischen Willensbildung geht.

Auch die Bandbreite an möglichen Beteiligungsformen ist groß. Sie umfasst neben klassischen Wahlen auch die Einbindung von Betroffenen bei Angelegenheiten von unmittelbarem Interesse – z.B. Bürgerbeteiligung bei Großprojekten, vor allem in Hinblick auf Umweltbeeinträchtigungen – im Sinn des obengenannten Rechts auf Information und Öffentlichkeitsbeteiligung. Erleichtert wird all dies durch neue, innovative Formen der Bürgerbeteiligung, die ganz unterschiedlich ausgestaltet sein können, um eine Einbindung der Bevölkerung in sie betreffende Belange (Politik im weitesten Sinn) zu ermöglichen. Mögliche Beteiligungsformen reichen von Bürgerräten bis zu Konsultationsforen. Erleichtert werden solch innovative Formen der politischen Partizipation durch Fortschritte im IT-Bereich, Künstlicher Intelligenz und bei sozialen Medien. Neue Technologien bieten auch Raum für Austausch und direkte Kontakte zwischen BürgerInnen und Politik. Dies geht vom dezentralisierten Zugang zu Information zur virtuellen Teilnahme an Wahlen (*online voting*) oder sonstigen Entscheidungsprozessen in Form von inhaltlichen Inputs. Damit bieten die unterschiedlichen Formen der Beteiligung am demokratischen Willensbildungsprozess eine Vielzahl an Optionen. Teils sind diese innovativ und beschreiten gewisses Neuland. Sie befinden sich gleichsam in Version 1.0 – mit Verbesserungsmöglichkeiten auf Basis gemachter Erfahrungen.

Die hierdurch erreichte stärkere Einbindung der Betroffenen/Bevölkerung hat viel positives Potenzial: eine entsprechende prozedurale wie inhaltliche Beteiligung an Entscheidungsprozessen erhöht die Legitimität der getroffenen Entscheidungen. Dies wiederum mit dem regelmäßig guten Resultat, dass die von den Entscheidungen Betroffenen diese auch verstärkt mittragen, dank einer größeren „Ownership". Ebenso kann die Einbindung in Entscheidungsprozesse ein integrierender Faktor für die betroffene Bevölkerung sein. Offenere, inklusivere, weitergehende und alternative Formen der Beteiligung bieten entsprechende Möglichkeiten. Gleichzeitig birgt die Umsetzung der obgenannten Beteiligungsformen auf national-zentralstaatlicher Ebene auch Hürden, Gefahren und Schwierigkeiten. Diese reichen von politischen Dogmen – keine Erweiterung des WählerInnenkreises auf Fremde, angesichts der bei nationalen Wahlen regelmäßig zu treffenden politischen Richtungsentscheidungen („*high politics*") –, bis zu praktisch-administrativen Hindernissen (Ferne der Zentralregierung von der konkreten Problematik). Angesichts dessen, im Sinn einer möglichst direkten und dezentral organisierten Einbindung ebenso wie mit Blick auf das experimentelle Element und den Neuheitscharakter gewisser Beteiligungsformen, zeigt sich das Potenzial der lokalen/regionalen Ebene für die Umsetzung gewisser Formen der politischen Partizipation. Dies soll im Folgenden anhand der *European Urban Charter* III (2023) veranschaulicht werden.

4. Möglichkeiten der lokalen Ebene für eine Realisierung des Rechts auf politische Partizipation am Beispiel der *European Urban Charter* III (2023)

a. Generelles

Die lokale (regionale) Ebene zeichnet sich durch ihre Nähe zur Lebensrealität der Betroffenen aus. Eine direkte Teilnahme an der politischen Willensbildung auf dieser Ebene ermöglicht zunächst – generell – die Rückbindung von Entscheidungen an jene, die am meisten von diesen betroffen sind. Sie trägt damit zur Legitimität der Entscheidungen bei und dazu, dass diese auch von den Betroffenen mitgetragen werden. Auch innovativere Formen bzw. die Erweiterung des WählerInnenkreises auf Fremde ohne Staatsbürgerschaft oder unter 18-Jährige erscheinen leichter auf lokaler Ebene implementierbar; gerade da es sich dort regelmäßig um Beschlüsse von primär lokaler Bedeutung handelt, was politische Widerstände verkleinert. Auch die Umsetzung neuer und innovativer Beteiligungsformen erscheint auf lokaler Ebene einfacher zu realisieren: die lokale Ebene kann gleichsam als „Versuchslabor" dienen. Zudem ermöglichen solcherart dezentralisiert organisierte Formate politischer Willensbildung eine optimale Anpassung an die Gegebenheiten vor Ort. Kurz, sehr viel spricht für dezentrale Beteiligungsformen insbesondere bei Entscheidungen von primär lokalem Belang als Ergänzung zur nationalen Ebene.

Die konzeptuell-dogmatische Rechtfertigung der wichtigeren Rolle der lokalen Ebene ist gerade auch die Partizipation, ebenso wie das Subsidiaritätsprinzip. Die Grundsätze der Partizipation und das Subsidiaritätsprinzip werden so generell als zentrale Argumente ins Treffen geführt, um die wichtige Rolle der

Städte/Lokalregierungen im internationalen Recht zu argumentieren (Pavoni 2020, 76; Binder 2024, 66). Pavoni betont im Zusammenhang mit nachhaltiger Entwicklung: „local authorities constitute the level of government closest to, and most immediately representative of, their citizens. They are therefore best placed to assess the needs and interests of citizens, and are – to a greater or lesser degree – directly accountable to them in case of regulatory failures [...]" (Pavoni 2020, 71). In der Tat ist die lokale Ebene den BürgerInnen am nächsten und folglich regelmäßig auch am besten dazu in der Lage, die geeignetsten Maßnahmen zur Realisierung umfassenderer Politiken zu ermitteln, die etwa auf nationaler Ebene beschlossen werden. Im Zusammenhang mit der Klimakrise wurde dies auch unter dem Aspekt der Angemessenheit thematisiert. Mit Worten Oomens: „[...] one of the key challenges in combating climate change is the complexity of its causes and the vast array of potential ways to address them. The best fit will differ from sunny suburb to monumental town to tribal community. A strong role for subnational authorities allows for a focus on those measures that form an optimal fit with the people, place and purpose." (Oomen 2020, 36; vgl. auch Mégret 2022).

Ebensolches lässt sich mit Blick auf dezentralisierte Formen der politischen Partizipation bzw. Bürgerbeteiligung sagen. Im Rahmen des Europarates wurde jüngst mit der *European Urban Charter* III ein vielversprechendes Modell entwickelt.

b. Das Beispiel der *European Urban Charter* III (2023)

Die rezent angenommene *European Urban Charter* III (2023) bietet ausgezeichnetes Anschauungsmaterial und Leitlinien für die Umsetzung des Rechts auf Teilnahme am politischen Prozess auf lokaler Ebene. Die Charta wurde im Oktober 2023 vom Kongress der Gemeinden und Regionen des Europarates als zweite Überarbeitung der ersten *European Urban Charta* von 1992 angenommen (Entschließung 495 von 2023). Eben die zuvor erwähnten Entwicklungen im IT-Bereich (Digitalisierung, *smart cities*) und Krisen (Covid-19 Pandemie, Klimakrise, neue Bedrohungslagen durch die russische Aggression gegen die Ukraine) wurden als Argumente für die Notwendigkeit der Überarbeitung in der Präambel der *European Urban Charter* III genannt.[7] Angesichts all dessen und

7 Der Kongress sieht die *European Urban Charter* „as part of its global effort to improve local governance responses to crises, to improve the quality of democratic governance for the benefit of local residents; to reduce socio-economic inequalities; to promote sustainable development and to promote the use of digital and artificial intelligence tools for the benefit

der damit einhergehenden Veränderungen des städtischen Lebens in Europa sollte die *European Urban Charter* III den lokalen Behörden eine Orientierungshilfe bieten. Darauf spielt schon der volle Titel der Charta an, der die umfassenden Bezugnahmen auf aktuellen Themen in der gesamten Charta spiegelt und lautet: „The European Urban Charter III (2023): Urban living in the era of transformations".

Die Charta ist auch sonst ein sehr innovatives Instrument. Sie ist zwar formell nicht bindend (*soft law*). Allerdings sollte ihr prägnanter, konventionsähnlicher Stil im Idealfall zur Operationalisierung auf lokaler Ebene beitragen und ihre Umsetzung fördern. Damit verfügt die *European Urban Charta* III über ein beträchtliches Potenzial, um den lokalen Behörden in Zeiten des Wandels und zunehmender Herausforderungen Orientierung zu geben. Die Charta ergänzt so die nationale Ebene der 46 Mitgliedsstaaten des Europarates. Dies zeigt sich gerade, wenn es um Formen der politischen Partizipation, die Teilnahme an der politischen Willensbildung geht.

Inhaltlich sind hierfür verschiedene Abschnitte der *European Urban Charter* III von Relevanz. Zentral ist zunächst sicherlich der erste Abschnitt „Democracy and Urban Residents' Participation", der auf die wesentlichen Voraussetzungen für eine sinnvolle Teilnahme am politischen Prozess, d.h. die notwendige Achtung der Meinungs- und Informationsfreiheit, des Rechts auf Versammlungs-, Vereinigungs- und Bewegungsfreiheit verweist. Darüber hinaus wird in Abschnitt I der Charta auf die Bedeutung von Wahlen im Einklang mit internationalen Standards als wohl wichtigstes Instrument der demokratischen Willensbildung und im weiteren Sinn auf Konsultation und Beteiligung als offenere aber potenziell direktere Instrumente der politischen Einbindung der Bevölkerung eingegangen. Schließlich werden bestimmte übergreifende Grundsätze angeführt, wie z.B. die nicht-diskriminierende Beteiligung (von besonderer Bedeutung für marginalisierte Gruppen), die Gleichstellung der Geschlechter und die Einbeziehung von Jugendlichen und älteren Menschen, um die gleichberechtigte politische Beteiligung aller Bevölkerungsgruppen zu gewährleisten. Auch auf die notwendige Beteiligung von AusländerInnen mit gewisser Mindestaufenthaltsdauer wird gedrängt. Damit zielen die Grundsätze des ersten Abschnitts betreffend Demokratie und politische Teilnahme darauf ab, die (ob-

---

of local communities" (Entschließung 495 von 2023, Abs. 3) und ruft dazu auf, dass "local authorities in the Council of Europe member states to implement the principles set out in the European Urban Charter III in their policies and actions" (Entschließung 495 von 2023, Abs. 4).

genannten) Herausforderungen für eine möglichst gleichberechtigte Teilnahme an der politischen Meinungsbildung anzugehen und Wege zu ihrer Bewältigung zu finden.

Auch mögliche Mitwirkungs- und Beteiligungsformen der städtischen Bewohner im Umwelt- und Klimabereich werden ausdrücklich in der *European Urban Charter* III genannt. Abschnitt III enthält entsprechende Vorgaben. So wird nicht nur die Notwendigkeit des Umweltschutzes und die Bekämpfung des Klimawandels als wichtig anerkannt. Auch entsprechende Verfahren für die Entscheidungsfindung im Umweltbereich sind vorgesehen, wie Sensibilisierungs- und Informationskampagnen zu Umweltfragen, um die diesbezügliche Beteiligung der Bevölkerung, einschließlich der ansässigen AusländerInnen, an der Entscheidungsfindung zu verstärken. Auch die *ex-ante* Einbeziehung in große Entwicklungsprojekte im Rahmen von Umweltverträglichkeitsprüfungen sind Teil des „Programms".

Schließlich fand auch die Entwicklung von *smart cities* Eingang in die Charter, konkret in ihren Abschnitt VI, inklusive des Potenzials aber auch der Gefahren, die Fortschritte im Bereich der Digitalisierung bieten. Wird zunächst die Einrichtung von *smart cities* und *e-governance* als wichtig hervorgehoben, so wird im Anschluss die notwendige Förderung von E-Information, E-Konsultation und E-Entscheidungsmechanismen ausdrücklich genannt. Auch die Verbesserung der Erbringung öffentlicher Dienstleistungen mit Hilfe digitaler und künstlicher Intelligenz und die Annahme und Umsetzung von *Open-Government*-Standards, alles unter Gewährleistung der Einhaltung von Menschenrechten, Demokratie und Rechtsstaatlichkeit im Internet gemäß den einschlägigen Normen des Europarats, wird explizit in der Charter genannt. Damit einher geht auch der Ausbau der Infrastruktur, die für solche digitale Formen der Teilnahme bzw. Entscheidungsfindung notwendig sind. Die *European Urban Charter* III nennt die digitale Inklusion als wichtiges Ziel, konkret etwa die Förderung des Zugangs zu erschwinglichem und sicherem Internet und neuen Technologien; die Bereitstellung ausreichender digitaler Schulungen für alle; die Bewältigung der digitalen Kluft (des „digital divide"), auch zwischen den Geschlechtern. Damit wird die Teilnahme am politischen Prozess auf lokaler Ebene bestmöglich operationalisiert und mit Blick auf aktuelle Herausforderungen auch abgesichert.

5. Abschließende Beurteilung

Politische Partizipation steht in Zeiten globaler Herausforderungen immer stärker unter Druck. Nationalismus, Populismus und zunehmende Polarisierung erschweren demokratische Prozesse im Einklang mit einschlägigen Menschenrechtsstandards. Gerade nationale Wahlen machen dies deutlich. Zudem erfordern sich ändernde demografische Bedingungen (Migrationsbewegungen etc.) eine stärkere politische Einbindung gewisser Bevölkerungsgruppen wie AusländerInnen als inklusives Element. Ähnliches lässt sich für Jugendliche zwischen 16 und 18 angesichts ihrer besonderen zukünftigen Betroffenheit von aktuellen Problemlagen wie der Klimakrise sagen. Parallel dazu erweitert die Entwicklung neuer Technologien die Bandbreite möglicher Beteiligungsformen.

Die lokale Ebene bietet angesichts dieser Entwicklungen viel Potenzial für eine möglichst direkte, unmittelbare und umfassende Einbindung der Bevölkerung, wie sich am Beispiel der *European Urban Charter* III (2023) eindrucksvoll zeigt. Dies ermöglicht, nicht nur globalen Herausforderungen und aktuellen Krisen wie dem Klimawandel zu begegnen, sondern auch laufende Fortschritte im digitalen Bereich für politische Beteiligungsformen zu nützen. All dies bedeutet idealer Weise eine weitestmögliche Annäherung an das Ideal der umfassenden Teilnahme am politischen Prozess auf lokaler Ebene, in Umsetzung des Menschenrechts auf politische Partizipation.

Literatur

BINDER, Christina (2024): Human Rights in the Face of the Climate Crisis: What Role for the Local Level? – The Example of the European Urban Charter III (2023). 1 ZfMR 2024, 66-81.

BINDER, Christina (2023): International and Regional Human Rights Law in Crisis?, in: Ciliberto, Giulia, Palombino, Fulvio (Hg.), Labour Migration in the European Union: Current Challenges and Ways Forward, Rom: CNR Edizioni, 107-135.

BINDER, Christina (2020): European Human Rights Protection in Crisis? The COVID-19 Pandemic as Challenge and Opportunity, in: Die Friedens-Warte 93, 299-324.

COE, Congress of Local and Regional Authorities (2015): Voting at 16 – Consequences on Youth Participation at Local and Regional Level, CG/2015(29)8PROV.

COE, Congress of Local and Regional Authorities (2018): Voting rights at local level as an element of successful long-term integration of migrants and IDPs in Europe's municipalities and regions, CG35(2018)37.

COE, Congress of Local and Regional Authorities (2023): European Urban Charter III (2023): Urban Living in the Era of Transformations, CG(2023)45-20, 25. Oktober 2023.

GOODALE, Mark (2012): Human Rights, in: Fassin, Didier (Hg.), A Companion to Moral Anthropology, Malden/Oxford/West Sussex: Wiley Blackwell, 468-481.

MÉGRET, Frédéric (2022): Local and Regional Governments and Human Rights Cities, in: Binder Christina et al (Hg.), Elgar Encyclopedia of Human Rights, London: Edward Elgar Publishing, 433-443.

MERRY, Sally Engle/Levitt, Peggy (2017): The Vernacularization of Women's Human Rights, in: Hopgood, Stephen/Snyder, Jack/Vinjamuri, Leslie (Hg.), Human Rights Futures, Cambridge: Cambridge University Press, 213-236.

MEYER-LADEWIG, Jens/Nettesheim, Martin/von Raumer, Stefan (Hg.) (2017): EMRK. Europäische Menschenrechtskonvention. Handkommentar, 4. Aufl., Nomos/Manz.

OOMEN, Barbara (2020): Subnational authorities and climate change, in: Ismangil, David/van der Schaaf, Karen/van Troost, Lars (Hg.), Climate Change, Justice and Human Rights, Netherlands: Amnesty International, 35-40.

PAVONI, Riccardo (2020): Sustainable Development as a Cornerstone of Cities Engagement with International Law, in: Italian Yearbook of International Law 30, 59-79.

MARTINA MITTENHUBER

Lokales Engagement für die Menschenrechte – ein Mehrwert für das Zusammenleben in der Stadt

1. Menschenrechtsstädte – vom lokalen Engagement zur globalen Bewegung

„Eine Menschenrechtsstadt zu sein bedeutet, dass sich die Städte und Gemeinden, lokale Basisorganisationen und die Einwohnerinnen und Einwohner der Stadt in einer Erklärung dazu verpflichten, internationale Menschenrechtsstandards und -normen zu wahren und sich gemeinsam für deren Verwirklichung einzusetzen. Die Stadt ergreift Maßnahmen, um diese Standards zu erfüllen und eine auf Rechten basierende Politik zu einer Vielzahl von Themen zu entwickeln, um so zur Wahrung und Förderung der Menschenrechte beizutragen."

So versucht sich die Agentur der Europäischen Union für Grundrechte (FRA) an einer Definition der Menschenrechtsstadt in ihrem 2023 auf Deutsch veröffentlichten Leitfaden für Städte und Gemeinden.[1]

Und Michael O´Flaherty, ehemaliger Direktor der FRA, ergänzt: *„Eine Menschenrechtsstadt zu werden bedeutet, solche Aktivitäten ausdrücklich mit menschen- und grundrechtlichen Verpflichtungen zu verknüpfen. Dies kann eine belebende Wirkung haben, das Vertrauen in die lokale Regierung stärken und öffentliche Debatten anregen, die letztlich zu gerechteren Gesellschaften für alle beitragen."*

Abstrakt formuliert bilden also die Menschenrechte die normative Grundlage und den Orientierungsrahmen für Kommunen, die sich als „Menschenrechtsstadt" oder, wie im Falle von Nürnberg als „Stadt des Friedens und der Menschenrechte" bezeichnen.

Bereits seit den frühen 1970er Jahren gab es erste Versuche, die kommunale Ebene als Akteurin des Menschenrechtsschutzes zu platzieren. Der französische Soziologe Henri Levebvre forderte in seiner Schrift „Le droit à la ville" schon

1 gentur der Europäischen Union für Grundrechte (Hg.), Luxemburg 2023, S. 2

1968 ein Recht auf Stadt, das sich, weg von einer industriellen Verwertungslogik, in einem gesamtgesellschaftlichen Recht auf Inklusion, Partizipation und allgemeinen Zugang zu Infrastruktur, Wissen und Wohlstand äußern sollte (vgl. Lefebvre 2009).

Ein weiterer Schritt erfolgte auf der Weltkonferenz über Menschenrechte 1993 in Wien, als der damalige Generalsekretär der Zusammenkunft, Ibrahima Fall, in seinem Abschlussstatement explizit auch die lokale Ebene in die Pflicht nahm. Nach und nach bekannten sich nun weltweit Städte und Kommunen formal zur Verwirklichung der Menschenrechte innerhalb ihres Wirkungskreises. Den Anfang machte Rosario in Argentinien im Jahr 1997, Nürnberg folgte im Jahr 2001 mit der Aufnahme des Bekenntnisses zu den Menschenrechten in das Leitbild der Stadt per Stadtratsbeschluss. Dort heißt es: *„Wir verpflichten uns auf Grund der besonderen geschichtlichen Verantwortung Nürnbergs zur aktiven Verwirklichung der Menschenrechte.“*

Eine erste Definition und damit Konkretisierung dieses Commitments erarbeitete die Zweite Konferenz der *Städte für die Menschenrechte* im Mai 2000 in Paris/St. Denis mit der Verabschiedung der Europäischen Charta für den Schutz der Menschenrechte in der Stadt. Diese beschreibt die kommunalen menschenrechtlichen Schutz- und Gewährleistungspflichten und legt Mechanismen zu deren Umsetzung fest. Nürnberg gehörte zu den Verfassern und Erstunterzeichnern dieses Dokuments, das aus heutiger Sicht durchaus wegweisend war: Bereits damals floss das Recht auf eine gesunde Umwelt ebenso ein wie die Idee eines Bürgerhaushalts.

Ein weiterer wichtiger Meilenstein schließlich war die Geburt des *World Human Rights Cities Forum (WHRCF)*, das seit 2011 jährlich in der südkoreanischen Metropole Gwangju organisiert wird und dank dessen die Bewegung der Menschenrechtsstädte eine globale Reichweite erlangte. Zwischenzeitlich erhält die Stadt Gwangju nicht nur Unterstützung durch die Regierung in Seoul, sondern auch vom UN-Hochkommissariat für Menschenrechte und dem globalen Netzwerk United Cities and Local Governments (UCLG). Auf dem vierten Forum 2014 einigten sich die teilnehmenden Städte, darunter auch Nürnberg, auf zehn Grundprinzipien einer Menschenrechtsstadt, darunter einen umfassenden Diskriminierungsschutz, aber auch die Verpflichtung zur Menschenrechtsbildung und das Bekenntnis zu Diversität.

Jenseits dieser Leitgedanken und deklaratorischen Prinzipien gibt es jedoch keine allgemein verbindlichen Standards für die konkrete Umsetzung dieser Selbstverpflichtung, ebenso wenig ein aussagekräftiges Monitoring.

2. Nürnberg – Stadt des Friedens und der Menschenrechte

Nürnbergs Engagement für die Menschenrechte basiert auf einer Reihe weiterer normativer Grundlagen: Die 2004 verabschiedeten *Leitlinien zur Integrationspolitik der Stadt Nürnberg* erinnern in ihrer Präambel daran, dass *„Nürnberg vor dem Hintergrund seiner Geschichte in der Zeit des Nationalsozialismus und der daraus abgeleiteten Selbstverpflichtung als Stadt der Menschenrechte unmittelbaren Anlass [hat], das Thema Menschenrechte auch im Alltag der Stadt umzusetzen – insbesondere auch im Hinblick auf die Würde von Einwohnerinnen und Einwohnern mit Migrationshintergrund“*. Ebenfalls im Jahr 2004 unterzeichnete der damalige Oberbürgermeister Dr. Ulrich Maly den in Kooperation mit der UNESCO initiierten und erarbeiteten *Zehn-Punkte-Aktionsplan gegen Rassismus* der Europäischen Städtekoalition gegen Rassismus (ECCAR). Dieser kann als Operationalisierung der Charta betrachtet werden, denn er konkretisiert das Prinzip der Gleichberechtigung, Teilhabegerechtigkeit und Nichtdiskriminierung durch praktische Handlungsvorschläge. Im Mai 2009 trat die Stadt Nürnberg der Allianz gegen Rechtsextremismus in der Metropolregion Nürnberg bei und übernahm deren Handlungsprogramm als Grundlage für ihre kommunalen Maßnahmen gegen Rechtsextremismus und schließlich bekannte sich die Stadt Nürnberg mit der Unterzeichnung der Charta der Vielfalt im Jahr 2013 zu einer Kultur der Wertschätzung von gesellschaftlicher Vielfalt und verpflichtete sich zu deren Berücksichtigung in ihren Geschäftsprozessen.

Die genannten Papiere bilden die normative Grundlage für die Achtung und Verwirklichung der Menschenrechte als Leitlinie der Kommunalpolitik und als Querschnittsaufgabe im Verwaltungshandeln. Sie enthalten gleichzeitig eine Berichts- und Rechenschaftspflicht gegenüber den kommunalpolitischen Gremien, der Zivilgesellschaft und den internationalen Netzwerkpartnern. Gerade vor dem Hintergrund, dass viele Aktivitäten des Menschenrechtsschutzes, wie zum Beispiel die Einrichtung einer Antidiskriminierungsstelle oder das Angebot der Menschenrechtsbildung, zu den freiwilligen Leistungen einer Gebietskörperschaft gehören, sind diese Rechenschaftspflichten von hoher Bedeutung für die Legitimierung dieser Aufgaben.

Die Pflichtentrias des Menschenrechtsschutzes – schützen, achten, gewährleisten – ist Aufgabe aller staatlichen Ebenen. Das bedeutet, auch die Kommunen müssen innerhalb ihres Wirkungskreises dafür sorgen, dass menschenrechtliche Verpflichtungen umgesetzt werden. Zugleich ist es die kommunale Ebene, auf der die Verantwortung für die Menschenrechte in ganz besonderer Weise spürbar wird:

Die Kommune ist zuständig für die Gestaltung der Lebensverhältnisse vor Ort, viele Grundfreiheiten werden auf der untersten Ebene des politischen Mehrebenensystems umgesetzt. Hier muss die Versorgung mit Wohnraum ebenso sichergestellt werden wie der Zugang zu Bildung, Gesundheit und Sozialleistungen sowie die Unterbringung und Versorgung geflüchteter Menschen. Umgekehrt bedeutet dies aber auch, dass die unzureichende Verwirklichung dieser Grund- und Menschenrechte zu Segregation, zu Ausschlüssen und Spaltung, im schlimmsten Fall zur Gefährdung des gesellschaftlichen Friedens führen kann.

In der Praxis gehen Städte und Kommunen also tagtäglich mit den Menschenrechten um, ein expliziter Bezug darauf jedoch entfaltet darüber hinaus eine ungemein integrierende Wirkung. Als breit geteiltes Wertesystem haben die Menschenrechte eine stark verbindende Kraft und ein umfassendes Humanisierungspotenzial. Sie stehen für Solidarität, Gerechtigkeit und eine stabile soziale Ordnung. Und im besten Fall verbinden sie die Bürgerinnen und Bürger und aktivieren sie, sich für Demokratie und ein friedliches Miteinander einzusetzen.

Nürnberg wird wie kaum eine andere deutsche Stadt mit der Geschichte des Nationalsozialismus in Verbindung gebracht: als Schauplatz der „Reichsparteitage", als vermeintlicher Kultort („deutscheste aller deutschen Städte"), als Ort der Verkündung der „Nürnberger Rassegesetze" und schließlich als Ort der juristischen Ahndung der NS-Verbrechen durch die Nürnberger Prozesse. Die besondere symbolische Bedeutung Nürnbergs wird dadurch verstärkt, dass historische Spuren der NS-Zeit, wie das ehemalige Reichsparteitagsgelände und der Schwurgerichtssaal im Justizgebäude bis heute baulich präsent sind und als prägende Elemente im Stadtbild wahrgenommen werden.

Zugleich wurde Nürnberg auch zum Ort einer kritisch-reflexiven Auseinandersetzung mit einer „unannehmbaren" Geschichte (Imre Kertész), von dem aus seit fast vierzig Jahren immer wieder Impulse für eine offene Diskussionskultur und für eine glaubwürdige Veränderungsbereitschaft gesetzt wurden. Vornehmlich erstritten von engagierten Bürgerinnen und Bürgern gehören heute das Dokumentationszentrum Reichsparteitagsgelände und das Memorium Nürnberger Prozesse zu den zentralen Bausteinen der historisch-politischen Bildung und sind Ausgangsbasis für Demokratieverständnis und -verpflichtung in Nürnberg.

Mit der Errichtung der Straße der Menschenrechte, der Auslobung des Internationalen Nürnberger Menschenrechtspreises und der Etablierung eines kommunalen Menschenrechtsbüros hat sich Nürnberg zudem bereits in den 1990er Jahren dazu verpflichtet, die Erinnerungskultur zukunftsorientiert und dauerhaft zu gestalten.

Ausgehend von diesen institutionalisierten Formen menschenrechtlichen Engagements übernimmt die Stadt Nürnberg in ihren unterschiedlichen Funktionen auf ganz vielfältige Weise Verantwortung für die Menschenrechte. Dies soll im Folgenden an Beispielen veranschaulicht werden.

3. Die Stadt als demokratische Institution und Regelungsinstanz

3.1 Friedhofsatzung

Der Kommune stehen eine ganze Reihe rechtlicher Regelungsinstrumente zur Erfüllung eigener und übertragener Aufgaben zur Verfügung. Damit kann sie menschenrechtliche Standards in vielen Aufgabenbereichen verankern.

So hatte der Nürnberger Stadtrat im April 2009 beschlossen, dass auf den städtischen Friedhöfen nur noch Grabmale aufgestellt werden dürfen, die nachweislich in der gesamten Wertschöpfungskette ohne ausbeuterische Kinderarbeit im Sinne des Übereinkommens über das Verbot und unverzügliche Maßnahmen zu Beseitigung der schlimmsten Formen der Kinderarbeit der Internationalen Arbeitsorganisation (ILO-Konvention 182) hergestellt wurden. Diese Regelung wurde damals in die Bestattungs- und Friedhofssatzung aufgenommen.

Gegen diese Satzungsänderung wandte sich ein örtlicher Steinmetzbetrieb und beantragte eine Überprüfung der Rechtmäßigkeit im Wege eines Normkontrollverfahrens. Nachdem der zuständige Bayerische Verwaltungsgerichtshof die Regelung für unwirksam erklärt hatte, weil die Stadt Nürnberg mit der Norm der Bekämpfung von Kinderarbeit ein nicht mit dem Zwecke eines Friedhofs vereinbares Ziel verfolge, landete der Rechtsstreit höchstinstanzlich vor dem Bundesverwaltungsgericht (BVerwG). Dieses verneinte zwar die Verhältnismäßigkeit zwischender Schwere des Eingriffs in das Grundrecht des klagenden Steinmetzes und des verfolgten Zwecks, stellte aber in einer für Nürnberg begrüßenswerten Deutlichkeit fest, dass eine Kommune nicht daran gehindert werden kann, im Rahmen ihrer gesetzlichen Aufgaben auch menschenrechtliche Ziele zu verfolgen und hier rechtssetzend tätig zu werden. Implizit erkannte das BVerwG damit an, dass selbst der extraterritoriale Menschenrechtsschutz im Rahmen der kommunalen Zuständigkeiten zulässig ist.[2] Zwischenzeitlich hat die 2009 erlassene Regelung rechtssicher Aufnahme in § 27 der Bestattungs- und Friedhofsatzung der Stadt Nürnberg gefunden, nachdem das Bayerische Bestattungsgesetz die entsprechende Ermächtigung dazu geschaffen hatte.

---

2 BVerwG, Urt. v. 16.10.2013, 8 CN 1.12, KommJur 2014, 54

3.2 Kommunale Antidiskriminierungsarbeit

Alle grundlegenden Dokumente des Menschenrechtsschutzes verankern das Prinzip der Gleichbehandlung und den Diskriminierungsschutz als Kernaufgabe und Strukturprinzip. Diskriminierung ist eine Menschenrechtsverletzung, denn sie verweigert den Betroffenen den Wert- und Achtungsanspruch, der jeder Person aufgrund ihrer Würde zukommt. Sie schränkt die Betroffenen nicht nur in ihren Rechten und Freiheiten ein, nicht selten führen Diskriminierungserfahrungen bei den Betroffenen zu einer Erschütterung der eigenen Weltsicht. Die Erfahrung der Ausgrenzung geht oft einher mit Selbstverleugnung und Resignation und gerade bei Menschen mit Zuwanderungsgeschichte nicht selten zur Distanzierung von der Aufnahmegesellschaft bis hin zu Segregations- und Reethnisierungstendenzen. Damit zerstört Diskriminierung das Fundament, auf dem eine plurale Gesellschaft nur funktionieren kann: Anerkennung und Akzeptanz von Vielfalt und Anderssein.

Die Erkenntnis, dass die lokale Ebene, auf der sich Menschen unterschiedlicher nationaler, ethnischer, kultureller oder religiöser Identität tagtäglich begegnen, eine ganz besondere Verantwortung für den Diskriminierungsschutz trägt, führte in der Menschenrechtsstadt Nürnberg zur Bestellung einer Beauftragten für Diskriminierungsfragen. Seit 2011 steht sie, angesiedelt im Menschenrechtsbüro, allen betroffenen Bewohnerinnen und Bewohnern der Stadt zur Seite. Zu ihren Zielen gehören der Abbau institutioneller und struktureller Diskriminierung ebenso wie Beistand und Abhilfe im Einzelfall. Eine ganz besondere Bedeutung kommt der Prävention in Form von Informations- und Bildungsarbeit zu, zeigen doch zahlreiche Erhebungen, dass eine überwältigende Mehrheit Betroffener Diskriminierungserfahrungen nicht anzeigt.

Ziel der Antidiskriminierungsarbeit in Nürnberg ist es zudem, über die Einzelfallbearbeitung hinaus, mittels einer systematischen Erfassung der Vorfälle flächendeckende Erkenntnisse zur Ermöglichung struktureller Vorgehensweisen und zur Politikberatung zu gewinnen.

In seiner Funktionsweise orientiert sich das Nürnberger Antidiskriminierungsbüro an den Anforderungen an eine Ombudsstelle: Niedrigschwelligkeit, Vertraulichkeit, Weisungsunabhängigkeit sowie eine reflektierte Parteilichkeit zugunsten der betroffenen Menschen sind die Arbeitsgrundlagen der Beratung. Das Instrumentarium reicht, je nach Spezifik und Eskalationsstufe, in Einzel- und Teamberatung, von der Einigungsunterstützung und dem Schlichtungsversuch bis hin zum Einsatz von (interkultureller) Mediation. Bei strafrechtsrelevanten oder strukturellen Erscheinungsformen wird an die passenden juristischen Wege verwiesen. Bei jedem Verfahrensschritt gilt es, die Selbsthilfekompetenz der Ratsuchenden zu stärken. Eine enge Vernetzung besteht mit spezifischen Beratungsstellen wie dem Frauenbüro, der Inklusionsbeauftragten, der Koordinierungsstelle LSBTIQ und dem Ansprechpartner für Männer, den Gesundheits- und Polizeibehörden sowie zivilgesellschaftlichen Organisationen und der Antidiskriminierungsstelle des Bundes.

In der Beratungsstelle finden sich jährlich ca. 200 Betroffene ein, viele unter ihnen sind nicht nur von einzelnen diskriminierenden Vorfällen betroffen, sondern befinden sich insgesamt in Lebenssituationen, die in mehrfacher Hinsicht und auf verschiedenen Ebenen Diskriminierung bedeuten. In allen Fällen, bei denen eine Stellungnahme angefordert wurde, erfolgte eine Reaktion, denn allein die Intervention löst einen Sensibilisierungsprozess aus. Häufig werden „Diskriminierungsvorwürfe" mit dem Argument abgewehrt, dass kein absichtliches Verhalten von der handelnden Person zu erkennen und daher eine weitere Nachverfolgung oder Ahndung nicht erforderlich sei. Gleichwohl gelingt es meist, klarzustellen, wann von einer Diskriminierung auszugehen ist und, dass nicht die Absicht, sondern die Wirkung maßgeblich für die Beurteilung ist.

Zwischenzeitlich wird die Anlaufstelle auch von diversen Organisationen, wie Hochschulen, Kommunen, Institutionen, Arbeitgebern, Betriebs-/Personalräten und Nichtregierungsorganisationen in Anspruch genommen. Dies zeigt einerseits den Handlungsbedarf, anderseits das Vertrauen in die Expertise und Erfahrung der Antidiskriminierungsstelle. Mit dieser Form der Beratung gelingt es, eine wertvolle und nachhaltige Präventionsarbeit zu leisten.

Aufgabe und Anliegen des Menschenrechtsbüros ist es, innerhalb und außerhalb der Verwaltung Bewusstsein für diskriminierungsfreies Handeln zu schaffen. So werden nach und nach relevante gesellschaftliche Bereiche durchdrungen und wenn nötig, Gegenmaßnahmen ergriffen. Seit vielen Jahren enthält jede Gewerbezulassung eine so genannte Antidiskriminierungsklausel, mit den 22 größten Immobilienunternehmen wurden Leitlinien zur Vermietung und zum Verkauf von Wohnungen verhandelt, und alle zwei Jahre schreibt die Stadt Nürnberg den „Nürnberger Preis für diskriminierungsfreie Unternehmenskultur" aus und würdigt damit außerordentliches Engagement für die Menschenrechte und eine Kultur der Gleichbehandlung bei ortsansässigen Firmen.

Der wohl wirkungsvollste Diskriminierungsschutz jedoch manifestiert sich in einer umfassenden Implementierung der Menschenrechtsbildung in schulischen und außerschulischen Lernprozessen. Denn hier entwickeln Menschen die Fähigkeit, ihre eigenen Rechte kennen zu lernen und sich solidarisch für die Rechte anderer einzusetzen. Die Bildungsangebote des Menschenrechtsbüros richten sich an unterschiedliche Zielgruppen: Schulklassen ebenso wie die städtischen Nachwuchskräfte, Beschäftigte menschenrechtsensibler Berufsgruppen wie der Polizei, der Sozial- und Migrationsarbeit sowie im Pflegebereich.

4. Die Stadt als öffentliche Auftraggeberin

Mit ihrem umfassenden Beschaffungswesen gehört die Kommune selbst zweifellos zu den größten Auftraggebern – ihr Radius reicht von der Vergabe öffentlicher Baumaßnahmen bis hin zum Einkauf von Büro- und Schulausstattungen. Mit der Modernisierung des Vergaberechts im Jahr 2016 wurde den öffentlichen Auftraggebern die Möglichkeit eröffnet, soziale Aspekte als zusätzliche Bedingungen für die Ausführung von Aufträgen einzupreisen. Bereits 2006 hatte der Bau- und Vergabeausschuss des Nürnberger Stadtrates den Beschluss gefasst, dass bei Beschaffungen der Stadt künftig nur Produkte Berücksichtigung finden, die ohne ausbeuterische Kinderarbeit hergestellt und erbracht wurden beziehungsweise deren Hersteller aktive und zielführende Maßnahmen zum Ausstieg daraus eingeleitet hatten.

Heute bezieht das Vergabewesen der Stadt im Rahmen seiner nachhaltigen Beschaffung soziale, ökonomische und ökologische Aspekte gleichermaßen mit ein. So sind Erklärungen der Bieter hinsichtlich der Beachtung der ILO-Kernarbeitsnormen zwingend bei einer ganzen Reihe von Produkten vorzulegen, u.a. Sportartikeln und Spielwaren, Teppichen und Wohntextilien, Agrar- und Fischereiprodukten sowie bei den bereits erwähnten Grabsteinen. Zudem fordert die Stadt die Einbehaltung von Tarif- resp. Mindestlöhnen bei Gebäudereinigungsleistungen.

Vor dem Hintergrund, dass gerade bei der Herstellung von Spielwaren, häufig in Billiglohnländern, grundlegende menschenrechtliche Sorgfaltspflichten nicht eingehalten werden, sensibilisierte ein *Runder Tisch Fair Toys*, bestehend aus mehreren zivilgesellschaftlichen Initiativen bereits seit langem in Veranstaltungen rund um die alljährlich in Nürnberg stattfindende Spielwarenmesse für faire Produktionsbedingungen. Im Juli 2020 gründete sich schließlich eine in der Spielwarenindustrie einzigartige Organisation: Als Multi-Stakeholder-Initiative organisiert, arbeiten in der Fair Toys Organisation (FTO) Vertreterinnen und Vertreter der Spielwarenbranche und der Zivilgesellschaft gleichberechtigt zusammen und verfolgen gemeinsam das Ziel, die Sozial- und Umweltstandards in der gesamten Produktions- und Lieferkette zu verbessern. Entlang der UN-Leitprinzipen für Wirtschaft und Menschenrechte bietet die FTO Beratung, Information und Vernetzung von Herstellern einerseits und den Konsumentinnen und Konsumenten auf der anderen Seite. Vor allem aber soll das neu entwickelte Produktsiegel Gewissheit geben, dass grundlegende Arbeitsrechte wie die Bezahlung existenzsichernder Löhne eingehalten wurden. Zwischenzeitlich ist eine ganze Reihe namhafter Hersteller der Organisation beigetreten und hat sich in den Fair Performance Check begeben. Die ersten Zertifikate konnten bereits vergeben werden. Die Stadt Nürnberg unterstützte nicht nur den Gründungsprozess von Anfang an, sie trat auch als Kommune der Organisation bei.

5. Die Stadt als Arbeitgeberin

Mit über 12.000 Beschäftigten in mehr als zweihundert unterschiedlichen Berufen und Fachrichtungen sowie mehreren Hundert Nachwuchskräften gehört die Stadt Nürnberg mit ihren Tochterunternehmen zu den größten Arbeitgebern der Region. Auch in dieser Funktion hat sie viele Möglichkeiten, Chancengerechtigkeit, Diskriminierungsschutz und gelebte Vielfalt zu fördern und zu unterstützen.

Die Förderung von Vielfalt ist stark in der Organisationskultur der Stadt Nürnberg verwurzelt. Verschiedene Stellen beschäftigen sich explizit mit der Interkulturellen Öffnung der Verwaltung. Den Beschäftigten stehen der Integrationsrat, die Ansprechpartnerinnen und Ansprechpartner für den Schutz vor Diskriminierung und, neben der gesetzlich normierten Gleichstellungsbeauftragten, auch ein Ansprechpartner für Männer und eine Koordinierungsstelle LSBTIQ* mit entsprechenden Netzwerken zum Austausch von Erfahrungen zur Verfügung.

Die Stellenausschreibungen der Stadt Nürnberg enthalten eine so genannte Ermutigungsklausel mit folgendem Wortlaut: *„Wir wertschätzen die Vielfalt unserer Stadtgesellschaft und freuen uns über Bewerbungen von Menschen unabhängig von Geschlecht, Alter, Nationalität, ethnischer Herkunft, Religion, Behinderung, sexueller Orientierung und sozialer Herkunft.“*

Für diese ausgeprägte Form der Vielfaltsförderung wird Nürnberg seit Jahren mit dem TOTAL E-Quality-Prädikat[3] ausgezeichnet. Von maßgeblicher Bedeutung jedoch ist, dass das Bekenntnis zu Vielfalt, Gleichbehandlung und Antidiskriminierung von der Stadtspitze getragen und vertreten wird. So rief der amtierende Oberbürgermeister Marcus König die Reihe „Leadership-Häppchen“, ins Leben, im Rahmen derer er mit den Führungskräften der

---

3 Diese Auszeichnung vergibt der Total E-Quality Deutschland e.V. an Verwaltungen und Organisationen aus Wirtschaft und Wissenschaft, die eine an Chancengleichheit orientierte Personal- und Organisationspolitik umsetzen

Stadtverwaltung regelmäßig zentrale Werte im Verwaltungshandeln diskutiert. „Demokratischer Haltung im Verwaltungshandeln Ausdruck verleihen“ – unter dieser Überschrift machte der Oberbürgermeister im Oktober 2024 in einem Meeting mit seinen Führungskräften in aller Deutlichkeit klar, dass er in der Stadtverwaltung keinerlei Form von Diskriminierung, Ausgrenzung sowie demokratie- und menschenfeindliche Aussagen toleriert, weder im Umgang mit Kundinnen und Ratsuchenden noch zwischen den Beschäftigten. Und er forderte die Führungskräfte der Stadt explizit auf, diese Haltung zu leben und ihre Teams zu Zivilcourage zu ermuntern.

6. Internationaler Nürnberger Menschenrechtspreis

Der städtische Bezug auf die Menschenrechte fördert zwischenzeitlich eine positive Wahrnehmung, nicht nur in der Binnen- sondern auch in der Außenwahrnehmung und verschafft nationale und internationale Anerkennung – wenn er denn glaubwürdig und konsequent gelebt wird. Umgekehrt profitieren aber auch die Menschenrechte und das internationale Menschenrechtssystem, wenn Städte sich explizit dazu bekennen. In besonderer Weise zeigt sich dies in Nürnberg durch den seit 1995 im zweijährlichen Turnus verliehenen Internationalen Nürnberger Menschenrechtspreis.

Am 17. September 1995, fast auf den Tag genau sechzig Jahre nach der Verabschiedung der nationalsozialistischen Rassegesetze und fünfzig Jahre nach dem Ende des Zweiten Weltkriegs, wurde dieser Preis zum ersten Mal verliehen. Er ist eine Antwort der Stadt Nürnberg auf die staatlich verordneten Menschenrechtsverbrechen jener Jahre und soll aller Welt ein Symbol dafür sein, dass von Nürnberg niemals mehr andere Signale ausgehen dürfen als solche des Friedens, der Versöhnung, der Verständigung und der Achtung der Menschenrechte.

Der Preis ist nicht nur eine Anerkennung für die Leistung der Ausgezeichneten, er soll auch dazu beitragen, gefährdete Verteidigerinnen und Verteidiger der Menschenrechte zu schützen und andere zu ermutigen, sich für die Menschenrechte zu engagieren. Die mit 25.000 Euro dotierte Auszeichnung wird alle zwei Jahre an Einzelpersonen oder Gruppen verliehen, die sich in vorbildlicher Weise und unter hohem persönlichem Risiko für die Wahrung der Menschenrechte einsetzen. Die Liste der Ausgezeichneten und deren Themen ist so umfangreich wie der Menschenrechtskatalog – sie reicht vom Mitbegründer der russischen Menschenrechtsorganisation Memorial, Sergej Kowaljow, über die LSBTIQ-Aktivistin Kasha Nabagesera aus Uganda bis hin zur Kasachin Sayragul Sauytbay, welche die Menschenrechtsverbrechen an der ethnischen Minderheit der Uiguren in China öffentlich gemacht hatte. Die neunköpfige Jury ist dabei stets darauf bedacht, den Scheinwerfer auf Menschen und Themen zu richten, die nicht im Blickfeld von Medien und Öffentlichkeit stehen.

Von anderen Menschenrechtspreisen unterscheidet sich die Nürnberger Auszeichnung durch ihre nachhaltige und häufig langjährige Unterstützung der Preisträgerinnen und Preisträger – in finanzieller wie in politischer Hinsicht und ihrer tiefen Verankerung in der interessierten und engagierten Zivilgesellschaft.

7. Gelingensfaktoren einer erfolgreichen Menschenrechtsarbeit auf der lokalen Ebene

Diese wenigen Beispiele zeigen, dass es kaum bessere Möglichkeiten gibt, die Menschenrechte erfahrbar zu machen als auf der lokalen Ebene. Menschenrechtsbasiertes Vorgehen eröffnet Gestaltungsräume und Partizipationsmöglichkeiten und je inklusiver eine Stadtgesellschaft ist, desto solidarischer und gerechter wird sie von der Mehrzahl ihrer Bürgerinnen und Bürger wahrgenommen und akzeptiert. Dies wiederum stimuliert die eigene Bereitschaft, sich im Gemeinwesen einzubringen und zu engagieren.

Umgekehrt beruft sich die Zivilgesellschaft zunehmend auf das Leitbild Nürnbergs – in den Medien, in Briefen an den Oberbürgermeister und die Dienststellen der Stadt, in Leserbriefen oder Einträgen in den sozialen Netzwerken zu ganz unterschiedlichen Themen, sei es Flucht und Asyl, Extremismus oder Armut und sie nimmt damit die Stadt in die Pflicht, sich an den selbst gesetzten Maßstäben messen zu lassen.

Zu den wesentlichen Gelingensfaktoren in Nürnberg zählt, dass das Leitbild getragen wird von allen im Stadtrat vertretenen demokratischen Parteien, einer festen Verankerung innerhalb der Stadtverwaltung und einer reichen zivilgesellschaftlichen Infrastruktur mit einer großen Bereitschaft zum Engagement.

Gerade letzteres, die so genannten Civic spaces, tragen entscheidend zu Akzeptanz und Förderung von Menschenrechten und Demokratie bei, denn sie ermöglichen den Bürgerinnen und Bürgern Selbstwirksamkeit. Menschen die sich tagtäglich in ihrer Stadt für Menschenrechte und Demokratie einsetzen, verdienen es, unterstützt und für diese Arbeit gewürdigt zu werden. Denn wenn ihr Engagement gesehen, gehört, ernstgenommen und gewürdigt wird, werden sie sich auch selbst dadurch gesehen, gehört, ernstgenommen und gewürdigt fühlen. Und das ist es, was eine Stadt braucht: Selbstbewusste und engagierte Bürgerinnen und Bürger, die sich zum Wohle ihrer Stadt und aller in ihr lebenden Menschen einbringen wollen. Das ist ein großer Schatz, ohne den sich das Leitbild Nürnbergs als Stadt des Friedens und der Menschenrechte nicht verwirklichen ließe.

Literatur

EUROPEAN AGENCY FOR FUNDAMENTAL RIGHTS: Human Rights Cities in the EU (2009). Luxemburg.

LEFEBVRE, Henri: Le droit à la ville (1968), Paris: Leitbild der Stadt Nürnberg (2001) https://www.nuernberg.de/imperia/md/stadtportal/dokumente/leitbild_stadt_nuernberg.pdfEuropäische Städtekoalition gegen Rassismus (Hg.), Zehn-Punkte-Aktionsplan (2004) https://www.eccar.info/en/10-point-action-plan

EUROPÄISCHE CHARTA FÜR DEN SCHUTZ DER MENSCHENRECHTE IN DER STADT (2000) St. Denis, dt. Fassung Nürnberg 2004.

LEITLINIEN ZUR INTEGRATIONSPOLITIK DER STADT NÜRNBERG (2018) https://www.nuernberg.de/imperia/md/integration/dokumente/leitlinien_integrationspolitik_2024.pdf

OTTO BÖHM, HELGA RIEDL

Neue Adressen, neue Formen

Menschenrechtsbildung in Nürnberg

Einleitung:

Der folgende Beitrag versteht sich als Praxisbericht, in den einige eher unsystematische Reflexionen über politische Bildungsarbeit eingefügt sind. Wir beginnen mit einem kleinen Rückblick, um kurz unser Profil skizzieren, bevor wir genauer in die Praxis schauen. „Die 1990er Jahre stehen für eine Phase menschenrechtlicher Hoffnungen und Aufbrüche. Ein markantes Ereignis war die Wiener Menschenrechtskonferenz der Vereinten Nationen im Jahr 1993, in deren Folge das Deutsche Forum für Menschenrechte gegründet wurde. In Nürnberg entstand die Straße der Menschenrechte und der Internationale Nürnberger Menschenrechtspreis wurde geschaffen; 1995 fand hier die richtungweisende Konferenz „Von Nürnberg nach Den Haag“ statt. Diese Aufbrüche beflügelten auch die vielfältigen Ansätze in der schulischen und außerschulischen Bildungsarbeit sowie im Angebot von Erwachsenenbildungseinrichtungen. Einer davon war die historisch-politische Menschenrechtsbildung, die gerade an Orten mit stark präsentem geschichtlichem Hintergrund wie Nürnberg entwickelt werden konnte. Dem kommt auch eine Institutionalisierung der Erinnerungsarbeit in Gestalt von Einrichtungen wie dem Dokumentationszentrum Reichsparteitagsgelände und dem Memorium Nürnberger Prozesse entgegen. Menschenrechtsbildung[1] konnte immer besser etabliert worden.

Gleichwohl sind Akteure nötig, die die Verbindung von Geschichte und Gegenwart, von Verbrechen gegen Menschlichkeit und Menschenrechtsschutz als Thema der politischen Bildung didaktisch organisieren und neue Wege gehen. Das haben sich hier in Nürnberg mit Anderen das Menschenrechtsbüro der

---

1 Das Dokumentationszentrum Reichsparteitagsgelände wurde im Jahr 2001 in der nicht fertiggestellten Kongresshalle der Nationalsozialisten eröffnet. Das Memorium Nürnberger Prozesse wurde im Jahr 2010 im Ostflügel des Nürnberger Justizgebäudes über dem Saal 600, dem Ort der Hauptkriegsverbrecherprozesse, eingerichtet. Beide Institutionen sind ein produktiver Ausgangspunkt für eine historisch-politische Menschenrechtbildung geworden.

Stadt und das Nürnberger Menschenrechtszentrum e.V. zur Aufgabe gemacht. Die vier spezifischen Säulen, zugleich Wurzeln und Motive dieser Bildungsarbeit, sind:

- Bezugnahme auf die Erfahrungen von lateinamerikanischen Menschenrechtsgruppen und dort entwickelte Konzepte für Menschenrechtsbildung,
- Kooperationen mit dem Dokumentationszentrum Reichsparteitagsgelände und dem Memorium Nürnberger Prozesse,
- Bezugnahme auf Erinnern und Gedenken in der Region (Beteiligung von Jugendlichen an Gedenkveranstaltung unter dem Motto „Gedenken in junge Hände legen"),
- Kooperationen mit den Preisträgerinnen und Preisträgern des Internationalen Nürnberger Menschenrechtspreises.

Übersetzt in Sachthemen/Arbeitsbereiche der Menschenrechtsbildung: Straflosigkeit (Impunidad) als Motiv für die Unterstützung der Politik für eine internationalen Strafjustiz und der Transitional Justice von Lateinamerika her unter dem Programm „Von Nürnberg nach Den Haag"; Antidiskriminierungsarbeit vom Datum „Nürnberger Gesetze" her. Die ursprüngliche Frontstellung der Menschenrechte gegen staatliche Gewalt hat auch zur Folge gehabt, dass ein Grundelement unserer Bildungsarbeit das Herausarbeiten des Rechtscharakters gegenüber einem Verständnis der Menschenrechte nur als Werte, analog dann Bildung mehr als Wertebildung, geworden ist. Eine zweite Maxime war, immer auch die Menschenrechtslage im eigenen Land mit im Blick zu behalten.

Der Autor und die Autorin dieses Beitrages konzipieren seit Jahren Workshops für Schulklassen, Jugendgruppen, und spezielle Zielgruppen (Polizei, Bundeswehr, Verwaltung und Altenpflege) zu unterschiedlichen Menschenrechtsthemen und führen diese, unterstützt von Honorarkräften, durch.

In der Praxis stellen wir uns der Frage: Wie können wir gute Bildungsarbeit leisten, wenn wir nicht in die Filterblasen eindringen können, weil wir nicht die tatsächliche Sprache und auch die Symbolsprache sprechen, die dort verwendet wird? Wenn wir nicht jedes Meme verstehen, und keine anonymen Accounts einrichten wollen? Wenn wir nicht mit Tiktok als einer Sozialisationsinstanz für Jugendliche konkurrieren können? In diesen Kommunikationsräumen entstehen „Präkonzepte" zum Thema Demokratie und Menschenrechte, mit denen die jungen Erwachsenen in die Bildungsangebote kommen. Die stehen uns aber nicht als „Diagnoseinstrument" zur Verfügung. Eine Annäherung und einen Einstieg müssen wir trotzdem versuchen, zum Beispiel folgendermaßen: Aus einer großen Anzahl von Fotos zu menschenrechtlich relevanten Situationen suchen sich die Teilnehmerinnen und Teilnehmer eines aus und erklären dabei ihren spontanen Zugang zu diesem einen Menschenrecht (bekannt oder auch nur „gefühlt"). Weiter fragen wir in einem Bingospiel nach „Menschenrechts-Heldinnen und Helden" und erfahren so einen Horizont von Martin Luther King bis Malcolm X, von Mahatma Gandhi bis Malala Yousafzai, von Sophie Scholl bis Nelson Mandela. Will die Menschenrechtsbildung unterschiedliche Zielgruppen erreichen, muss sie also kreativ und kenntnisreich Anknüpfungspunkte zu den jeweiligen Lebenswelten der zu erreichenden Personen finden sowie das Niveau sprachlich und inhaltlich anpassen.

Im Folgenden werden drei sehr unterschiedliche Bereiche unserer Menschenrechtsbildung thematisiert, die sich auch methodisch deutlich unterscheiden. Am Beginn steht die Menschenrechtsbildung für Gruppen der Polizei und der Bundeswehr, die am historischen Ort der Nürnberger Prozesse als historisch-politische Bildung durchgeführt wird. Auch im zweiten Bereich, „Gedenken in junge Hände legen", wird NS-Vergangenheit und Gegenwart verknüpft. Junge Menschen werden bei der Gestaltung des Volkstrauertages und des Holocaustgedenktages aktiv. Im dritten Bereich wird der Fokus auf aktuelle Menschenrechtsthemen gelegt. Zum einen berichten Preisträger des Internationalen Nürnberger Menschenrechtspreises in Bildungseinrichtungen von ihrer Arbeit. In Bildungsseminaren können dann die menschenrechtlichen Konfliktsituationen, aus denen sie kommen (beispielsweise das Recht auf Wasser oder die Arbeitsbedingungen der Bekleidungsproduktion), erschlossen werden.

2. Breiter aufstellen: Berufsgruppen erreichen

2.1 Polizei und Bundeswehr

Für Polizei und Bundeswehr wurden zu Beginn des vergangenen Jahrzehnts einige Projekte (Münster, Berlin, Hamburg) gestartet, die auch in Nürnberg zu eigenen Ansätzen motivierten. Die grundlegende Begründung wurde dabei so formuliert: „Nicht zuletzt als Konsequenz aus dem im Nationalsozialismus – auch von staatlichen Institutionen verübten systematischen Unrecht – sind Angehörige staatlicher Institutionen heute angehalten, ihr Handeln an Grund- und Menschenrechten zu orientieren. Sie haben den Verfassungsauftrag, diese zu schützen. Zugleich sind sie jedoch befugt, in die Rechte anderer Menschen einzugreifen. Mitunter kommt es zu Konflikten zwischen Grund- und Menschenrechten einerseits und Zielen der Institution oder einzelner ihrer Mitarbeiterinnen. und Mitarbeiter andererseits" (Wrochem/Pastoor 2013, S. 19)

Ein fundiertes Menschenrechtsverständnis ist gerade in Bereichen unabdingbar, in denen mit Druck und Gewalt gegen Staatsangehörige und „Fremde", gegen Gegner und Feinde, auch umstrittene Ziele gerade im Bereich von Freiheit und Sicherheit durchgesetzt werden. Vor allem im und zusammen mit dem Memorium Nürnberger Prozesse wurden dabei spezifische Module entwickelt, die auch zunehmend für die politische Bildung der Polizei und Bundeswehr nachgefragt werden. Zentral sind dabei die Auseinandersetzung mit Schuld im politischen, moralischen und juristischen Sinne sowie Fragen des Befehlsgehorsames und der gewissensgeleiteten Eigenverantwortung.

Wie können wir Ziele der politischen Bildung hier operationalisieren, zum Handeln aktivieren? Zuerst geht es um das politische Urteilsvermögen der Staatsbürgerinnen und Staatsbürger, die ja bekanntlich Bundeswehr- und Polizeiangehörige auch sind. Zum zweiten geht es um die mentale Verankerung von menschenrechtlichen und völkerrechtlichen Positionen. Die werden zwar als Unterrichtsbestandteile in der jeweiligen Ausbildung gelehrt; Soldatinnen und Soldaten lernen und wissen, wann sie einem Befehl nicht folgen müssen oder dürfen. Im Blick auf polizeiliches Handeln sind die Ziele eine Sensibilisierung, ein Gefühl und Verständnis für die Menschenwürde auch der Menschen, die Widerstand leisten oder Objekte von „Maßnahmen" sind, um diskriminierungsfreies Handeln in Konfliktbereichen wie Verhaftungen oder Abschiebungen zu gewährleisten.

„Wie hätte ich mich verhalten, wenn mir verbrecherische Aktionen befohlen worden wären"? Wir adressieren diese Frage in den Seminaren nicht direkt. Aber sie ist eine implizit mitlaufende Frage und ein selbstreflexiver Prozess, nicht nur auf einer hypothetischen Ebene von Schulklassendiskussionen, sondern auch bei Personen in der Polizei und Bundeswehr in einem viel präziseren Sinne. Mindestens das Infragestellen, wenn nicht das „Außerkraftsetzen" der Parole „Befehl ist Befehl" sollte Bestandteil der politischen Urteilsbildung werden. Mit Recht wird in der Diskussion oft darauf hingewiesen, dass sich das im Nachhinein leicht fordern lässt. Aber der pauschale Verweis auf die Gefahr für Leib und Leben derer, „die nicht mitgemacht haben", trifft so nicht zu und wird ausdrücklich thematisiert und durch einen genaueren Blick auf Situationen und Strukturen aufgeklärt: Richtet sich der Blick auf die Verbrechen des NS-Regimes durch Teile der Einheiten der Wehrmacht und der Ordnungspolizei? Oder richtet er sich auf die vom Militärtribunal in Nürnberg als verbrecherische Organisationen verurteilten Organisationen der SS, der Gestapo, des Sicherheitsdienstes und der Einsatzgruppen? Am Beispiel eines Ausschnittes aus dem Dokumentarfilm „Das radikal Böse" (2013), von Autor und Regisseur Stefan

Ruzowitzky, setzen wir uns damit auseinander. Der Film versucht, psychologische Prozesse und individuelle Entscheidungsspielräume „ganz normaler junger Männer" in den Einsatzgruppen zu ergründen. Verhaltensentscheidungen waren immer auch mit der biografischen Entwicklung von Gewissen und Motivation verbunden. Gegenüber Soldatinnen und Soldaten, aber noch stärker gegenüber der Polizei gilt dabei die Voraussetzung, dass man sich in Bezug auf die Beschreibung von Strukturen und Konstellationen auf Augenhöhe begegnet. Dazu müssen in der politischen Bildung auch Erkenntnisse der Forschung wahrgenommen werden, wie sie zum Beispiel in den entsprechenden Publikationen der Bundeszentrale für Politische Bildung zu Polizei und Bundeswehr vorliegen.

Die Bundeswehr war in den letzten Jahren immer wieder in schlagzeilenträchtige Skandale verstrickt. Allgemein bekannte Beispiele sind die Rechtsextremisten, die beim Kommando Spezialkräfte (KSK) Munition und Sprengstoff entwendeten, und der Fall des rechten Offiziers Franco A., der sich als syrischer Flüchtling ausgab und vermutlich Terroranschläge plante. Auch über das „Hannibal"-Netzwerk, das sich auf den „Tag X" vorbereitete, und über weitere rechtsextreme Chatgruppen von Bundeswehr- und Polizeiangehörigen wurde in den Medien berichtet (siehe die einschlägigen Beiträge in Kleffner/Meisner (Hrsg.) 2020). Die Zahl der extremistischen Verdachtsfälle in den Streitkräften ist laut Jahresbericht der Koordinierungsstelle für Extremismusverdachtsfälle (KfE) im Verteidigungsministerium vom 31. Dezember 2023 wieder leicht angestiegen.[2] Die Bundeswehr versucht mit Hilfe von Einstellungstest zu verhindern, dass Extremisten überhaupt ihren Weg in die Truppe finden können, ahndet verstärkt extremistische Vorfälle und tritt mit politischer Bildung extremistischem Gedankengut entgegen. Bundeswehrangehörige sollen nicht „nur" Uniformträger sein, sondern mündige, gut informierte Staatsbürgerinnen und Staatsbürger in Uniform. So verzeichnen wir in unserer Bildungsarbeit einen deutlichen Anstieg der Nachfrage nach Seminaren von Seiten der Bundeswehr und der Polizei. Dabei gilt es, einen Generalverdacht zu vermeiden, jedoch den Umgang mit Extremismus bei der Bundeswehr unter den Gesichtspunkten von Gruppendynamik und Konformitätsdruck zu thematisieren.

2. 2 „Gedenken in junge Hände legen"

Unter diesem Motto beteiligen sich seit einigen Jahren junge Menschen an der Gestaltung der offiziellen Gedenkfeiern der Stadt Nürnberg zum Volkstrauer-

---

2 siehe Extremismusverdachtsfälle in der Bundeswehr: Jahresbericht 2023, veröffentlicht am 12.09.2024 vom Bundesministerium für Verteidigung

tag und dem Holocaustgedenktag. Es soll eine Verbindung geschaffen werden zwischen der tatsächlichen Erinnerung von Überlebenden, die leidvolle Erfahrungen gemacht haben, und jungen Menschen, die sich durch die Konfrontation mit Krieg, Gewalt und dem Holocaust Gedanken über die Bedingungen eines friedlichen und diskriminierungsfreien Zusammenlebens in der heutigen Gesellschaft machen.

Volkstrauertag

Der Volkstrauertag wird jedes Jahr am zweiten Sonntag vor dem ersten Advent begangen und soll weltweit an das Leid des Krieges, die Kriegstoten und die Opfer von Gewaltherrschaft erinnern. In Nürnberg wird die offizielle Gedenkfeier auf Einladung des Oberbürgermeisters der Stadt vor dem Ehrenmal am Luitpoldhain, gemeinsam mit Vertreterinnen und Vertretern der evangelischen und die katholische Kirche, der Bundeswehr und Hilfsorganisationen, die zum Gedenken Kränze niederlegen, durchgeführt. Seit einigen Jahren gestalten junge Menschen durch einen aktiven Part die Gedenkfeier mit. Beteiligt waren schon Schülerinnen und Schüler unterschiedlicher Schultypen, eine interkulturelle freie Theatergruppe, ein ukrainischer Jugendchor und die Nachwuchskräfte der Stadtverwaltung Nürnberg.

Beispielhaft sei hier das Projekt „Blühendes Gedenken" vorgestellt. Im Vorfeld des Volkstrauertages erinnerten Schülerinnen und Schüler der 8. und 9. Klasse und ein Teil der syrischen Mitschüler der Städtischen und Staatlichen Wirtschaftsschule an die zivilen Opfer des alliierten Luftangriffes am 2. Januar 1945 und an die aktuellen Kriegsopfer weltweit. Auf einem Gräberfeld des Südfriedhofes wurden von jedem Jugendlichen 50 Blumenzwiebeln vier Stunden lang bei frostigen Temperaturen in die Erde gesetzt. Mit den Narzissen, die im Frühjahr jedes Jahres erblühen, sollten die vielen Opfer sichtbar gemacht werden. Das Projekt wurde in Kooperation mit dem Nürnberger Künstler Harald Kienle durchgeführt. Engagierte Lehrkräfte der Wirtschaftsschule und die Mithilfe und der Mitarbeiterinnen und Mitarbeiter des städtischen Friedhofes machten diese Aktion möglich. Die Jugendlichen stellten am Volkstrauertag ihr Projekt „Blühendes Gedenken" mit ihren Gedanken zum Nachdenken vor. Am Ende verteilten sie Narzissenzwiebeln an die Anwesenden mit der Bitte, diese im Gedenken an die vielen Kriegsopfer, die es auch in der heutigen Zeit gibt, zu pflanzen.

Im Rahmen dieses Projektes befassten sich die Jugendlichen sehr intensiv mit den beiden Weltkriegen, aber auch mit aktuellen Kriegen. Bei allen Kriegen gibt es eine große Zahl von zivilen Opfern, die Gewalt, Vertreibung oder Flucht erleben. Ein syrischer Schüler erzählte seine ganz persönliche Fluchtgeschichte. Als er von seiner zerstörten Stadt berichtete, konnten die Mitschülerinnen und Mitschüler seine Sehnsucht nach seiner Heimat spüren. So kann Verständnis für ein friedliches Miteinander geweckt werden. Der Friedhof wird ein Lernort der Geschichte und über die haptische Erfahrung wird dies auch ein persönlicher und emotionaler Zugang zur Geschichte. Die Schülerinnen und Schüler waren sehr stolz auf ihr Projekt, das im Jahr 2019 dann mit dem Paula-Maurer-Preis (Preis für herausragende kulturelle Bildungsprojekte in Nürnberg) ausgezeichnet wurde.

Die Jury begründete folgendermaßen: „Gerade jetzt, wo letzte ZeitzeugInnen des Zweiten Weltkriegs versterben, ist die Heranführung der nächsten Generation an die gelebte Erinnerung daran eine wichtige Aufgabe. Gemeinsam in der Gruppe ein Denkmal zu gestalten, verbindet Kulturen und Generationen [...] Dieser schlichte und zugleich intensive symbolische Akt brachte den jungen Menschen die Leiden und Konsequenzen der Kriege nahe. Ihre Mitgestaltung der Volkstrauertage machte das Gedenken greif- und nachvollziehbar. Eine besonnene, neue Herangehensweise, um Erinnerungskultur in Deutschland erlebbar und wahrnehmbar zu gestalten."[3]

Einen ganz anderen Zugang fanden die Auszubildenden der Stadt Nürnberg zum Volkstrauertag. Sie fragten danach, welche Beiträge zum Frieden eine Kommune leisten kann. Unter dem Motto „Auftrag zum Frieden" stellten sie eine Reihe von Aktivitäten der „Stadt des Friedens und der Menschenrechte" vor und schlossen ihre Rede mit diesem Bekenntnis: „Wir als Nachwuchskräfte der Stadt Nürnberg wollen aus der Vergangenheit lernen, den Friedensauftrag der Gegenwart annehmen und in der Zukunft in Frieden leben. Wir stellen uns hinter die Maßnahmen unserer Stadt, die sich sehr aktiv für den Frieden stark macht" [4]

Holocaustgedenktag

Die Stadt Nürnberg erinnert in einer zentralen Gedenkfeier gemeinsam mit dem Evangelischen Dekanat, der Katholischen Stadtkirche und der Israelitischen Kultusgemeinde an den Völkermord an sechs Millionen europäischen Ju-

---

3 Jurybegründung siehe Tätigkeitsbericht der Stabsstelle Menschenrechtsbüro & Frauenbeauftragte der Stadt Nürnberg 2019

4 Zitat aus der der Rede der Nachwuchskräfte zum Volkstrauertag am 17.11.2019, siehe Tätigkeitsbericht der Stabsstelle Menschenrechtsbüro & Frauenbeauftragte der Stadt Nürnberg 2019

den wie auch an das Leiden und Sterben von Millionen weiterer Opfer des Nationalsozialismus. Der ehemalige Bundespräsident Roman Herzog hatte bereits am 3. Januar 1996 den 27. Januar in Deutschland zum Tag des Gedenkens für die Opfer des Nationalsozialismus erklärt. Er appellierte: „Die Erinnerung darf nicht enden; sie muss auch künftige Generationen zur Wachsamkeit mahnen.“[5]

Die Gedenkfeier findet in einer Kirche statt, wird aber nicht als Gottesdienst gefeiert. Sie besteht zum einen aus verschiedenen Redebeiträgen der Veranstaltenden und zum anderen aus den von Jugendlichen erarbeiteten Beiträgen. Die Vorbereitungen sind vielfältig und individuell. Die Jugendlichen befassen sich im Vorfeld auf unterschiedliche Weise mit der Zeit des Nationalsozialismus, der Ausgrenzung und dem Holocaust. Neben der Vorbereitungsarbeit in der Klasse mit den Lehrkräften kann nach Möglichkeit ein Besuch in der KZ-Gedenkstätte Flossenbürg durchgeführt werden. Ein Workshop wird angeboten, der sowohl die Nürnberger Rassegesetze thematisiert als auch die heutige Diskriminierungsproblematik in den Blick nimmt. Für eine Klasse erwies sich ein Besuch im Archiv der Stadt als sinnvoll.

Die Jugendlichen kommen aus unterschiedlichen Schularten – dabei waren schon angehende Heizungsinstallateure, Schülerinnen und Schüler des Bildungszentrums für Blinde und Sehbehinderte, der Mittelschule, der Fachakademie für Sozialpädagogik und eine queere Jugendgruppe.

Die Jugendlichen der Scharrer-Mittelschule thematisierten die Vergangenheit ihrer Schule, die im Nationalsozialismus „Julius-Streicher-Schule“ hieß und in direkter Nähe zum Reisparteitagsgelände liegt. Auch zu den NSU-Morden, von denen einer direkt gegenüber der Schule verübt wurde, haben die Jugendlichen eindrucksvolle Worte gefunden. Nachdem der Text von Bernhard Lang „Ich stelle mich“ vorgelesen wurde, bildeten die Jugendlichen eine Lichterkette durch die ganze Kirche.

Ein weiteres Beispiel: Schülerinnen und Schüler des Bildungszentrums für Blinde und Sehbehinderte in Langwasser klagten in ihrem Beitrag die Verbrechen im Nationalsozialismus mit einer Lesung aus den Erinnerungen eines Blinden an den Tag der Befreiung aus einem Konzentrationslager an. Der Text wurde von einer blinden Schülerin mit den Fingern auf der Brailleschrift gelesen, was sehr berührend war. Mit Beispielen aus ihrem Alltag erzählten sie über ihre Erfahrungen mit Diskriminierung und Ausgrenzung.

---

5 Aus der Proklamation des Bundespräsidenten Roman Herzog vom 3. Januar 1996: Protokoll Inland der Bundesregierung – Publikationen – Proklamation des Bundespräsidenten Prof. Dr. Roman Herzog vom 3. Januar 1996

Jedes Jahr erleben wir Beiträge von engagierten jungen Menschen bei dieser Gedenkfeier. Immer ist es ein Transfer zu der Lebenswelt der Jugendlichen in der heutigen Zeit, der zum Nachdenken bringt. Auch die Jugendlichen nehmen Ausgrenzung, Antisemitismus, Rassismus und Fremdenfeindlichkeit wahr und wollen sich dem entgegensetzen. „Gedenken in junge Hände legen" heißt für die Jugendlichen, Verantwortung für die Gegenwart zu übernehmen.

2.3 Begegnung mit den Menschenrechtsverteidigerinnen und -verteidigern

Der Besuch von Menschenrechtsaktivistinnen und -aktivisten an Schulen ist immer ein besonderer Höhepunkt der Bildungsarbeit. Sowohl die jeweiligen Preisträgerinnen und Preisträger des Internationalen Nürnberger Menschenrechtspreises, der alle zwei Jahre in Nürnberg verliehen wird, wie auch Mitglieder der internationalen Jury des Menschenrechtspreises stellen Jugendlichen ihre Arbeit vor.

Eindrucksvoll berichtete die Preisträgerin Sayragul Sauytbay, eine Kasachin aus der Region Xinjiang in China, als Augenzeugin über die Zustände in Straf- und Umerziehungslagern in ihrer Heimat. Auch wenn die Preisträgerinnen und Preisträger Nürnberg längst wieder verlassen haben, wollen wir ihre Menschenrechtsthemen weiter in den Fokus der Bildungsarbeit nehmen. So entstehen dazu Workshops, Aktionen und auch Vorträge.

Preisträger Rodrigo Mundaca stellte seinen Kampf für ein Recht auf Wasser in seinem Heimatland Chile dar. Auf der Konferenz „Wasser – ein Menschenrecht!", die im Rahmen der Preisverleihung durchgeführt wurde, starteten Jugendliche unterschiedliche Aktionen. Sie erstellten einen Instagram-Account mit Live-Interviews von Expertinnen und Experten zum Thema, darunter auch mit dem Preisträger. Mit einer Befragung der Kandidatinnen und Kandidaten für das Bürgermeisteramt und den Stadtrat, einem Wasserquiz, bei dem die Menschen auf der Straße befragt wurden und dem Ausschank von Trinkwasser am Wassermobil des staatlichen Wasserwirtschaftsamtes, beleuchteten die Jugendlichen das Thema von allen Seiten. Wie enorm viel Wasser eine Avocado zum Wachsen braucht, werden die Jugendlichen nicht mehr so schnell vergessen.

Das Recht auf Zugang zu Wasser als Basis für die landwirtschaftliche Produktion ist zu einem wichtigen Thema in Nürnberg geworden. „Menschenrecht auf Wasser" heißt: Zugang zu sauberem Wasser als Lebensmittel und als Basis für Hygiene und Gesundheit. Die globale Wasserkrise setzt vor allem kleine Nahrungsmittelproduzenten immer mehr unter Druck. Die Bäuerinnen und Bauern hängen mehr als große Produzenten von intakten Ökosystemen,

Wasservorkommen und Verteilung ab. Die Übernutzung des Wassers, die Verschmutzung und die Folgen des Klimawandels und der zunehmende Wettbewerb um Wasser treffen sie besonders hart. Am klarsten wird die existenzielle Problematik der Menschheit am Beispiel Wasser; folgerichtig wurde das Recht auf Wasser vom WSK-Ausschuss der Vereinten Nationen mit einem General Comment[6] verankert.

Malcolm Bidali aus Kenia wurde für seinen bewundernswerten Mut, die Stimme gegen den Missbrauch und die Ausbeutung von immigrierten Arbeitskräften in Katar zu erheben, mit dem Menschenrechtspreis 2023 ausgezeichnet. Auch hierzulande stehen die Rechte der Wanderarbeiter auf den Baustellen für sportliche Großereignisse, am deutlichsten zuletzt eben zur Fußball-WM in Katar im Herbst 2022 im kritischen Fokus. In diesem Fall haben die Kampagnen zu einem differenzierten Bewusstsein und zu leichten Verbesserungen der rechtlichen Situation in Katar geführt. Die Reaktion auf die Kritik internationaler Menschenrechtsgruppen folgt dabei zunehmend einem für Autokraten einheitlichen Drehbuch: Man beklagt eine „westliche Einmischung" und plädiert dagegen für den eigenen „nationalen Weg", wahrt eine Fassade demokratischer und menschenrechtlicher Regeln bei tatsächlicher Einschränkung jeden kritischen Spielraumes der international vernetzten Menschenrechtsöffentlichkeit. Dennoch wurde im Anschluss an Katar auch diskutiert, ob Boykottkampagnen, getragen von Klischees über die reichen Scheichs und Schurkenstaaten hilfreich sind. Die moralische Empörung über die krassen Unterschiede der Lebensbedingungen in den Emiraten muss ergänzt werden durch Kenntnisse über die Ambivalenz der Wanderarbeit und ihre strukturellen Bedingungen. Denn Wanderarbeit ist weder einfach ein gegebenes anthropologisches Phänomen jenseits rechtlicher Regelungen noch automatisch Ausbeutung und Sklaverei. Politisch-rechtliche Verbesserungen hängen von konkreten Machtkonstellationen ab.

Entsprechend dem eingangs formulierten Anspruch bemühen wir uns in der Menschenrechtsbildung um einen (selbst)kritischen Blick auf den Menschenrechtsschutz auch in Europa. Morten Kjaerum unterstrich das in seiner Preisrede auf Malcolm Bidali am 24.9.2023 im Nürnberger Opernhaus:

„Trotz dieses globalen Engagements befinden wir uns in einer Welt mit mehr Sklavinnen und Sklaven als je zuvor, neben unzähligen Menschen, die unter Bedingungen extremer Ausbeutung leben. Genaue Zahlen entziehen sich uns zwar, aber Schätzungen gehen davon aus, dass weltweit 30 bis 40 Millionen Menschen in Situationen leben, die der Sklaverei ähneln. Allein in Europa

---

6 General Comment No. 15 on the Right to Water (2002) – Geschichte Menschenrechte

beläuft sich diese Zahl auf 2-3 Millionen. Diese Menschen wohnen in unseren Vierteln, sie arbeiten in Teilen der Landwirtschaft, im unteren Ende der Industrie, im Bauwesen, im Transportwesen und in Hotels und Restaurants. Ihre Lebenssituation wird oft ignoriert, da die Wirtschaft und der normale Konsument von der Verfügbarkeit billiger Waren und Produkte profitieren, die häufig auf unterbezahlte oder unbezahlte Arbeitskräfte angewiesen sind, die unter erbärmlichen Bedingungen leben."[7]

3. Klimakatastrophe und Rechte der Natur in unserer Menschenrechtsbildung

Zu den zentralen Ergebnissen und Aufbruchsignalen der Wiener Menschenrechtskonferenz 1993 gehörte die Anerkennung der Einheit der Menschenrechte, nicht nur im Sinne einer Überwindung der Gegenüberstellung von bürgerlich-liberalen und wirtschaftlich-sozialen Rechten analog der alten politischen Spaltung in West und Ost, sondern auch substanziell im Verstehen der Rechte selbst. Diesem Verständnis der Menschenrechte gilt der besondere wissenschaftliche und politische Einsatz von Michael Krennerich (Krennerich 2013). In den Menschenrechtsseminaren und in der Straße der Menschenrechte unterstreichen wir diesen Nexus mit den Beispielen aus den sozialen Kämpfen gegen Landraub, gegen die Zerstörung der materiellen Lebensgrundlagen und gegen Ausbeutung, die als Basis die politischen Freiheitsrechte brauchen.

Erst in den letzten Jahrzehnten hat sich die Erkenntnis der Komplementarität von politischen und wirtschaftlich/sozialen auch im Umgang mit der Klimaproblematik durchgesetzt: Durch den Klimawandel verursachte Katastrophen und Menschenrechtsschutz sind keine Konkurrenzthemen, sondern das eine macht das andere nötig. Dem Thema „Menschenrechte und Klima" widmete im Jahr 2014 die von Michael Krennerich und anderen herausgegebene Zeitschrift für Menschenrechte (zfmr) ein Themenheft.

Die Komplementarität und gegenseitige Abhängigkeit der verschiedenen Menschenrechte und des Menschenrechtschutzes in den Klimakatastrophen konnte auch mit Blick auf die Praxis einiger Menschenrechtspreisträger in der Nürnberger Bildungsarbeit aufgegriffen werden. Vor allem Schulklassen und Auszubildende zeigen ernsthaftes Interesse und ethische Sensibilität für die weltwirtschaftlichen Zusammenhänge in der Frage, wie der „westliche" oder

---

7 aus der Laudatio des Jurymitglieds Morten Kjaerum, gehalten am 24.09.203 im Nürnberger Opernhaus

„imperiale“ Lebensstil mit den Produktions- und Handelsbedingungen der Weltwirtschaft zusammenhängt. Den Anspruch, reflektiert und ethisch zu konsumieren, ergänzen wir dabei durch das Unterstreichen einer politisch-juristischen Verpflichtung von Firmen auf menschenwürdige und gerechte Arbeitsbedingungen, einschließlich des Rechtes auf gewerkschaftliche Organisation und gleichen Lohn für Frauen und Männern. Die rechtliche Dimension wird hier besonders am Streit um das Lieferkettengesetz deutlich. Und eine jüngere Entwicklung rückt ins Blickfeld: Nicht nur Staaten und ihre Organe, sondern auch Firmen und der private Sektor werden zunehmend auf die menschenrechtlichen Standards verpflichtet.

Hier kommen auch die Lebensbedingungen der indigenen Völker in den Blick, wie sie ein anderer Preisträger, der mexikanische Bischof Samuel Ruiz, verteidigt hat.

Dazu eine Bemerkung zur Arbeitsweise im Bildungsbereich: Die Menschenrechte der indigenen Völker können nicht beiläufig, „unter anderem“ abgehandelt werden; wir als politische Bildnerinnen und Bildner sind aber in der Regel auch keine Expertinnen oder Experten in den Fachgebieten. Dennoch müssen wir Ergebnisse der Fachwissenschaften zumindest grob und in Grundzügen zur Kenntnis nehmen. Anstoß und Ausgangspunkt für Forschung und Bildung kommen naturgemäß aus der Wirklichkeit der politischen und rechtlichen Auseinandersetzungen um die Rechte der einzelnen Menschen und Gruppen. So suchen indigene Völker, inzwischen aber verstärkt auch Aktivistinnen und Aktivisten, einen neuen Weg, der kurz „Natur als Rechtssubjekt“ heißt. Dabei kann es um einen Fluss, einen Berg, eine Lagune, ein Meer oder ein ganzes Ökosystem gehen. Weltweit werden einige Hundert solcher Ansprüche vor Gerichten verhandelt. Der Mensch ist demnach nicht die Krone der Schöpfung, sondern Teil der Natur, lebt harmonisch mit ihr zusammen und in gegenseitiger Abhängigkeit von allen Lebewesen. Die Verpflichtung zur Einhaltung der Rechte der Natur liegen bei den Menschen: Sie schreiben sie in die Verfassungen oder verpflichten als Richterinnen und Richter die Staaten und Unternehmen zur Anerkennung der Natur-Subjekte als grundlegende Bestandteile des Lebens der Menschen.

Schluss

Wir erleben einen eigenartigen Kontrast, der sicher auch eine Vielfalt der Bildungswege und Milieus zeigt: Die Geschichte der Menschenrechte und ihre Durchsetzung auf der Ebene der Vereinten Nationen oder auf nationaler Ebene in Form des Grundgesetzes, die zugrunde liegenden Werte und der Zusammenhang mit dem Klimawandel erfahren scheinbar eine breite Zustimmung, werden durchgewunken und abgenickt. Persönliche Betroffenheit sehen wir am ehesten bei Fragen des Lebensstiles, Fragen der sexuellen Identität, des Asylrechtes oder der indigenen Völker. Aber wie passt das zur verbreiteten Demokratieskepsis? Realistisch ist es wohl, gegenüber Zustimmung und Nicht-Ablehnung etwas tiefer zu bohren und zusätzliche Türen zu öffnen, die vielleicht nicht gleich gesehen werden; schließlich verlieren sich auch viele Jugendliche in Räumen, die uns angesichts einer nicht mehr wetterfesten Demokratie marginal erscheinen. Die Arbeit für ein fundiertes Menschenrechtsverständnis ist für uns ein unabdingbarer Teil der Demokratiebildung.

Literatur

KRENNERICH, Michael (2013): Soziale Menschenrechte zwischen Recht und Politik. Schwalbach/Ts.: Wochenschau Verlag.

KLIMAKRISE und Menschenrechte, in: zeitschrift für menschenrechte 1/2024

MEISNER, Matthias/Kleffner, Heike (Hg.) (2020): Extreme Sicherheit Rechtsradikale in Polizei, Verfassungsschutz, Bundeswehr und Justiz, Bonn, Bundeszentrale für politische Bildung

WROCHEM, Oliver/Pastoor, Ulrike (2013): NS-Geschichte, Institutionen, Menschenrechte. Bildungsmaterialien zu Verwaltung, Polizei und Justiz, Herausgegeben im Auftrag der KZ-Gedenkstätte Neuengamme Neuengammer Kolloquien, Band 3, Berlin

SÖREN TORRAU

Das Recht auf Menschenrechtsbildung als „living instrument"

Zur Genese menschenrechtsdidaktischer Ideen im Werk Michael Krennerichs

Einleitung: Neues aus der Schule der Menschenrechte

„Meine Brüder gehen zur Schule hier im Ort, aber ich bin die einzige Tochter, und meine Familie braucht mich für die Mithilfe im Haushalt. So kann ich nicht zur Schule gehen."

Dieser Auszug stammt aus einer Reportage, in der ein Mädchen von ihrem Wunsch berichtet, eine Schule zu besuchen. Die Reportage portraitiert die Lebenswelt des Mädchens und verdeutlicht innerfamiliäre und gesellschaftliche Konflikte zum Recht auf Bildung. Diesen Reportageauszug lese ich an einem Mittwochmorgen in einer 10. Klasse im GPG-Unterricht (Geschichte-Politik-Geografie) an der digitalen Tafel. Die Schüler*innen an dieser mittelfränkischen Mittelschule diskutieren in den ersten drei Unterrichtsstunden über das Recht auf Bildung, indem sie sich mit sorgfältig ausgewählten Lebenswelten von jungen Menschen auseinandersetzen. Die Schüler*innen sollen sich in die unterschiedlichen Lebenskontexte hineindenken, kategorial mit der Kinderrechtskonvention untersuchen und in eine Beschwerde überführen, die sie simulativ beim UN-Ausschuss für die Rechte des Kindes (CRC) einreichen. Dazu schlüpfen sie in die Rollen von Berater*innen und unterstützen die Kinder aus der Reportage bei ihren Individualbeschwerden vor dem Ausschuss.

Den Fachunterricht leiten zwei Studierende, die ihr Praktikum an dieser Schule absolvieren. Beide sind von der Idee fasziniert, die vermeintlich abstrakten Kinder- und Menschenrechte mit Schüler*innen zu entdecken. Dazu suchen sie nach Möglichkeiten, menschenrechtsspezifische Lernwege zu gestalten. Grundlage für ihr Vorhaben, Schüler*innen zur Wahrnehmung jugendlicher Lebenswelten und zur Analyse von Menschenrechten zu befähigen, sind Materialien des Politikwissenschaftlers Michael Krennerich, die er gemeinsam mit der Landeszentrale für politische Bildung in Baden-Württemberg entwickelt hat (Krennerich/Gandenberger 2014). In diesen Materialien sollen Menschenrechte neben ihrer moralischen und rechtlichen Dimension auch politisch entdeckt werden. Lebensweltliche Konfliktsituationen fordern dazu auf, Menschenrechtsverletzungen zu identifizieren und über Achtungs-, Schutz- und Gewährleitungspflichten von Staaten zu diskutieren. Abgedruckt sind u.a. Portraits von Kindern und Jugendlichen, die die Studierenden in ihre Unterrichtsplanung einbetten. Im schriftlichen Unterrichtsentwurf lese ich, dass es das Ziel sei, Menschen- und Kinderrechte für die Schüler*innen „lebendig werden zu lassen".

Diese Zielvorstellung findet sich auch in den Materialien, in denen Michael Krennerich die Lesart von Menschenrechtsabkommen als „living instruments" (ebd., 5) hervorhebt. Es geht um die Dynamik von Kinder- und Menschenrechten, um ihr immer schon angelegtes Transformationspotenzial, und um ihre Lesart als politische Instrumente, die stetig situativ ausgehandelt und durchgesetzt werden müssen. Die Materialien sollen einen solchen Lernweg anleiten – und sie entfalten dabei menschenrechtsdidaktische Ideen, die Michael Krennerich im Verlauf seiner wissenschaftlichen Laufbahn immer wieder in den Vordergrund gerückt hat: Wie können junge Menschen in Bildungsprozessen Kinder- und Menschenrechte kennenlernen?

Kontextualisierung: Menschenrechte sowohl lokal als auch in ihren universellen Ansprüchen thematisieren

Einen ersten Zugang zu dieser Frage finde ich in den Unterrichtsmaterialien, die die beiden Studierenden für ihre Unterrichtsversuche ausgewählt haben. Im Dokument erfahren Leser*innen, dass Michael Krennerich Mitglied und 1. Vorsitzender des Nürnberger Menschenrechtszentrums (NMRZ) ist. Das Zentrum ist ein zivilgesellschaftlicher Akteur, das sich „auf lokaler, nationaler und internationaler Ebene für die Menschenrechte" (NMRZ 2024) einsetzt und den Austausch über Menschenrechte beleben möchte. Ein zentrales Aufgabenfeld ist die Menschenrechtsbildung, zu der Michael Krennerich selbst einen Leitfaden bereitstellt, der die Bildungsangebote strukturieren soll. Ein Ziel ist die Entwicklung von „Menschenrechtsbewusstsein" (Krennerich 2011, 3). Menschenrechtsbewusstsein, so lese ich, entwickle sich nur dann, wenn „Menschenrechte im Alltag wie auch in der ‚großen Politik'" thematisiert werden und es gelinge, mit jungen Menschen „persönliche Erfahrungen, Emotionen und bereits vorhandene Moralvorstellungen" (ebd.) zu reflektieren. Wichtig sei es, den „Dreiklang von Lernen über, durch und für die Menschenrechte" (ebd., 2) umzusetzen, d.h. (i) Wissens-, (ii) Werte- und (iii) Handlungsdimensionen von Menschenrechten gleichermaßen zugänglich zu machen (UN 2023, Plan of Action 4th phase, 17). Im Fachunterricht in der 10. Klasse zeigt sich dieser Dreiklang z.B. darin, dass die (i) Inhalte der Kinderrechtskonvention nicht nur gelesen werden, sondern die darin aufgeführten Rechte wie das Recht auf Bildung (ii) hinsichtlich ihrer Wertedimension befragt und in (iii) simulatives Handeln vor dem UN-Ausschuss überführt werden.

Junge Menschen sollen auf diese Weise lernen, Menschenrechte zu *kontextualisieren.* Es geht um die sinnhaft-kritische Einordnung von Menschenrechten in den verschiedenen gesellschaftlichen und politischen Kontexten rund um den Globus: „Human Rights Education is not just a question of teaching and promoting a set of ‚universal' values. [...] It must also reconcile those universal norms and practices with conditions on the ground, notably the needs and aspirations of local target communities." (Ahmed u.a. 2020, 197) Mit verschiedenen Kontextualisierungsstrategien versuchen Menschenrechtsbildner*innen Brücken zwischen Menschenrechten und jungen Menschen zu bauen, indem sie verschiedene Kontexte in Lernprozessen offenlegen: Es macht einen Unterschied, ob die Schüler*innen der 10. Klasse simulativ vor der Institution der UN das Recht auf Bildung einfordern, ein eigenes Projekt im lebensweltlichen Umfeld initiieren oder sich sozialwissenschaftlich mit diesem „empowerment right" (Krennerich 2018b, 130) beschäftigen, etwa indem sie verschiedene Menschenrechtsabkommen miteinander vergleichen (Torrau 2024).

Kontextualisierung ist eine regulative menschenrechtsdidaktische Idee. Und sie ist in Diskursen zur Menschenrechtsbildung in ihrer konkreten Ausgestaltung umstritten: Ist die Kontextualisierung von Menschenrechten eher als fächerübergreifende Aufgabe oder als spezifische Aufgabe im Lernfeld Politik und Gesellschaft zu verstehen? Wie sind die fächerübergreifenden Wissens-, Werte- und Handlungsdimensionen mit einer eher inhaltsorientierten Trennung zu verknüpfen, die zwischen *rechtlicher*, *moralischer*, *sozialer* und *politischer* Dimension von Menschenrechten unterscheidet? Die Studierenden, die ich im Klassenzimmer besuche, wenden diese verschiedenen Zugänge von Menschenrechtsbildung produktiv, indem sie Menschenrechte als living instruments fokussieren. Sie fragen nicht nach vorab gesetzten Deutungsrahmen, sondern versuchen die Genese von Menschenrechten in den Mittelpunkt zu stellen: Wann werden Menschenrechte im Alltag „lebendig", an welchen Stellen können Verbindungen zur „großen Politik" hergestellt werden? Wie hängen eigene Erfahrungen mit kodifizierten rechtlichen Garantien zusammen?

Diese Kontextualisierung gelingt den Studierenden auf der Grundlage des Unterrichtsmaterials, das eine bestimmte Planung und Gestaltung von Lernprozessen explizit vorschlägt: „Das Verständnis der Menschenrechte ist nicht starr und stets in gewissem Maße umstritten.“ (Krennerich 2011, 6) Das Material wiederum entwickelt sich in einem Umfeld, in dem das NMRZ selbst großen Wert auf Kontextualisierung legt und als zivilgesellschaftlicher Akteur Verbindungslinien zwischen Mittelfranken, Deutschland und der Welt sucht und Menschenrechte als living instruments versteht – als *menschenrechtliche Antinomie von Exemplarität und Universalität*, die in Lehr- und Lernprozessen als kontrovers und nicht lösbar, aber als politisch gestaltbar kontextualisiert werden kann. Menschenrechte sind dabei einerseits an politisch allgemeinverbindliche Entscheidungen als auch andererseits an ihre moralisch begründbare inhärente Überzeugungskraft gekoppelt, so dass „historische Entwicklungsoffenheit“ (ebd.) mit situativer, auch rechtlicher Verbindlichkeit zusammengedacht werden können. Der Fokus auf die immer schon stattfindende Genese bei gleichzeitiger Konkretisierung mit menschenrechtspolitischen Fällen führt zum „Lebendig-Werden“ im Klassenzimmer (Busch u.a. 2023).

Konstitutives Menschenrechtsverständnis: Was leitet Menschenrechtsbildung?

Bevor die Schüler*innen der 10. Klasse in die Beraterrollen schlüpfen, erkunden sie, welche Rechte es überhaupt gibt und wer für ihre Einhaltung verantwortlich ist. Die Schüler*innen studieren u.a. die Artikel 28 der Kinderrechtskonvention und Artikel 13 des Internationalen Paktes über wirtschaftliche, soziale und kulturelle Rechte (UN-Sozialpakt): „Die Vertragsstaaten erkennen das Recht des Kindes auf Bildung an.“ (UN-KRK, Art. 13, Satz 1) Daraufhin lesen die Schüler*innen die in den Dokumenten verankerten Maßnahmen, die die Vertragsstaaten umsetzen müssen. Sie beschäftigen sich mit der Verpflichtung zur kostenfreien Schulbildung in der Primarstufe und mit der Verantwortung der Staaten als Pflichtenträger, die Würde des Kindes in schulischen Kontexten zu jeder Zeit zu wahren.

Als Lernziel für diese Unterrichtsphase sollen die Schüler*innen erkennen, dass sie als Träger*innen von Rechten ihre unveräußerlichen und unteilbaren Rechte gegenüber Staaten geltend machen können – und sie sich ihre Rechte nicht erst „verdienen“ müssen. Als Zugang wählen die Studierenden lebensweltliche Fallbeispiele, die sich mit dem Recht auf Bildung (in der Schule) beschäftigen. Sie explizieren dieses Recht, indem sie auf Fälle zeigen, in denen das Recht auf Bildung nicht selbstverständlich ist. Es ist der Versuch eine Balance herzustellen: Einerseits Orientierung zu stiften, indem originale Vertragsdokumente auszugsweise gelesen werden und als Grundlage der Analyse von Fällen dienen sollen. Andererseits Reflexionswissen anzuregen, die kodifizierten Rechte kritisch mit gesellschaftlichen Wirklichkeiten in Verbindung zu bringen und zu fragen: In welchen Situationen werden welche Rechte von wem verletzt, und wie können diese Akteur*innen zur Rechenschaft gezogen werden?

Dieses Wechselspiel von Orientierungs- und Reflexionswissen (Grammes 2012, 17) ist in der Menschenrechtsbildung zentral: Kritik konkreter gesellschaftlicher Zustände bleibt ohne die Kenntnis von Rechten, Institutionen und Menschenrechtsregimen oberflächlich. Umgekehrt kann eine Vermittlung von Kinder- und Menschenrechten ohne Fallbeispiele von Schüler*innen als belanglos wahrgenommen werden. In der Menschenrechtsbildung ist die Verankerung dieses Wechselspiels eine didaktische Herausforderung, die curricular bearbeitet werden muss: Menschenrechtsbildung „has to be organized and coherent within itself" (Parker 2018, 14). Auf curricularer Ebene stellt Menschenrechtsbildung allerdings eher ein loses Rahmenkonzept für Lehr- und Bildungspläne bereit. Offen bleibt die curriculumtheoretische Leitfrage nach dem roten Faden: Was ist das „powerful knowledge" (Michael Young), also das Wissen zu Menschenrechten, was Schüler*innen mit den Kern-Inhalten vertraut und durch die Entwicklung menschenrechtsbezogener Kompetenzen handlungsfähig macht?

Dazu braucht es ein *konstitutives* Verständnis von Menschenrechtsbildung, die es schafft, Inhalte und Formen von Menschenrechten als „einheimische Denk-Werkzeuge", d.h. als genuin *menschenrechtsspezifische* Zugänge zur Verfügung zu stellen. Und in diesem Sinne ist ein Verständnis von Menschenrechten als living instruments, wie es Michael Krennerich immer wieder betont, bedeutsam: mit dem Blick auf die Dynamik und das konfliktreiche Aushandlungspotenzial von Menschenrechten können aus der Sache selbst, also dem Gegenstand der Menschenrechte, die bildungsrelevanten Inhalte und Formen bestimmt werden. Es geht also um die *Herausbildung* von relevanten Inhalten in moralischen, rechtlichen und politischen Kontexten von Menschenrechten, um die Übersetzung dieser lebendigen, weil strittigen Prozesse aus der Gesellschaft in das politische Klassenzimmer, so dass Schüler*innen diese Lebendigkeit selbst erfahren können.

Dazu hat Michael Krennerich selbst Vorschläge ins Spiel gebracht und nach Ursprungsphänomenen von Menschenrechten gesucht, die einen inhaltlichen Sog entwickeln können. So macht er z.B. im Frühjahr 2023 am Deutschen Institut für Menschenrechte verschiedene Vorschläge, menschenrechtsspezifische

Wege zum Themenfeld zu identifizieren: Relevant sind u.a. problemorientierte Zugänge wie das Inhaltsfeld „Menschenrechte in der Klimakrise“ (Krennerich 2023a, 2), weil so politische Grundfragen, die jede Gesellschaft diskutieren muss, sichtbar werden: Können und müssen „künftige Generationen als Rechtssubjekte anerkannt werden“ (ebd., 2)? Relevant sind auch Kooperationen, die für junge Menschen Orientierung stiften sollen. So ist es etwa notwendig nach Zusammenhängen von Menschenrechtsbildung mit benachbarten Disziplinen wie der „Friedenspädagogik“ (ebd., 3) zu suchen, um gemeinsame Ziele wie ein über den Nationalstaat hinausgehendes Menschenrechtsbewusstsein zu verfolgen. Wichtig sind darüber hinaus die Lernorte der Menschenrechtsbildung, um in Kooperation mit „Menschenrechtsverteidiger*innen vor Ort“ (ebd., 4) projektorientierte Zugänge zum Themenfeld zu gestalten, mit denen die Rolle von Zivilgesellschaft sowie die Normativität von Menschenrechten befragt werden können: „Menschenrechte enden also nicht am Schultor.“ (Krennerich 2018b, 132)

Menschenrechte als living instruments entfalten in diesem Sinne eine weitere Bedeutungsebene: Sie dienen nicht nur der konkreten Planung von Fachunterricht, sondern sind auch eine Suchmaske, eine Heuristik für die Auswahl und Begründung des Wissenswerten zu Menschenrechten in menschenrechtsspezifischer Art und Weise. Die curriculumtheoretische Frage kann somit auch anders gewendet werden: Welche Inhalte zu Menschen- und Kinderrechten (Was?) unterrichten Lehrkräfte mit welchen Bildungszielen (Wozu?) mit welchen Adressat*innen (Wer?) auf der Grundlage welcher menschenrechtsrelevanten Methoden und Medien (Wie und Womit?) in welchen Kontexten (Wo?), und was wird durch solche Bildungsgänge ausgelöst (Welche Folgen?)?

Kinderrechtsorientierung: Junge Menschen in den Mittelpunkt stellen

Die Schüler*innen der 10. Klasse haben ihre Tische zu Arbeitsinseln zusammengerückt und arbeiten in Kleingruppen an verschiedenen Fällen, wie Kinder und Jugendliche mit der Unterstützung von Menschenrechtsverteidiger*innen für ihre Rechte kämpfen. Dazu steht vertiefendes Material bereit, das sie durch eigene Recherchen erweitern sollen. Die Schüler*innen erarbeiten Portraits der Kinder und Jugendlichen, die ihnen die Möglichkeit geben, die jungen Menschen aus der Reportage selbst zu Wort kommen zu lassen: Welche Gestaltungsideen entwickeln sie selbst? Und wie können junge Menschen weltweit unterstützt werden, *durch* Menschenrechtsbildung ihre politische Stimme zu finden?

Auf der Suche nach den living instruments der Menschenrechtsbildung sind die Perspektiven junger Menschen zentral. Die Vorstellungen von Schüler*innen können als lokal situierte Konzepte aufgenommen werden, um Wissens- und Kompetenzdimensionen von Menschenrechtsbildung zu entwickeln. Die Perspektiven junger Menschen können Kontextualisierungsprobleme begrenzen, indem menschenrechtliche Ordnungsideen und die wesentlichen Inhalte als Wechselbewegung zwischen menschenrechtlicher Theorie und den Vorstellungen von Kindern und Jugendlichen verbunden werden. Mit dem Recht auf Menschenrechts*bildung* (UN-KRK, Art. 29) geht auch das Recht einher, an der Weiterentwicklung jener teilhaben zu können, zumal „keineswegs sichergestellt [ist], dass Kinder an Schulen Menschenrechtsbildung erfahren" (Gerbig/Krennerich 2022, 63).

Zur Weiterentwicklung von Menschenrechtsbildung hat Michael Krennerich regelmäßig Bestandsaufnahmen zum Status Quo von Kinder- und Menschenrechten veröffentlicht. Dabei identifiziert er z.B. Problemstellen zur Umsetzung des Rechts auf Bildung in Deutschland, indem er die Lebenssituationen von geflüchteten Kindern, von enfants sans papiers oder den Status quo einer noch nicht inklusiven Schullandschaft beleuchtet (Krennerich 2018a; Krennerich 2018b; Gerber/Krennerich 2022): „Dabei geht es nicht nur darum, eindeutige Verletzungen des Rechts auf Bildung auszumachen, die gerichtlich oder politisch geltend gemacht werden können. Wichtig ist auch die Frage, was bildungspolitisch unternommen werden kann, um das Recht auf Bildung bestmöglich umzusetzen." (Krennerich 2018b, 145) Darüber hinaus hat er auch im Sinne der Kinderrechtskonvention die besondere Schutzbedürftigkeit der Lebensphasen von Kindheit und Jugend hervorgehoben, und diese z.B. mit der Unvereinbarkeit mit einem zu früh beginnenden Dienst in den Streitkräften problematisiert, wie es Deutschland und andere NATO-Mitgliedsstaaten mit der Rekrutierung sogenannter minderjähriger Freiwilliger praktizieren (Krennerich 2019). Im internationalen Kontext perspektiviert er zudem Menschenrechtsbildner*innen als Menschenrechtsverteidiger*innen, um über ihre jeweiligen Arbeits- und Lebenssituationen aufzuklären (Krennerich 2023b).

Die Weiterentwicklung von Menschenrechtsbildung ist auf informierte Berichte über aktuelle Situationen bildungspolitischer Umsetzungen und Einblicke in jugendliche Lebenswelten angewiesen, weil so die Perspektiven von Kindern und Jugendlichen in den Mittelpunkt gestellt werden. Eine solche *Kinderrechtsorientierung* in der Menschenrechtsbildung informiert über aktuelle Lagen, analysiert Rahmenbedingungen und regt einen Wechsel zur Wahrnehmung von Kindheit und Jugend an: Junge Menschen können als Gestaltungsträger*innen mit ihren Ideen an der Konzeption von Menschenrechtsbildung mitwirken. Neben Einblicken in Vorstellungswelten ist dazu Aufmerksamkeit zum Recht auf (Menschenrechts-)Bildung in wissenschaftlichen Diskursen notwendig, die Michael Krennerich z.B. als Herausgeber der Zeitschrift für Menschenrechte (ZFMR) organisiert, um Menschenrechtsbildung mit anderen Disziplinen zu vernetzen und (internationale) Impulse für Menschenrechtsbildner*innen bereitzustellen.

Kindern und Jugendlichen eine Bühne zu bereiten, eröffnet eine weitere Ebene von Menschenrechten als living instruments: Erst mit der absichtsvollen Einbeziehung von Kindern und Jugendlichen wird Menschenrechtsbildung – gerade *durch* die jungen Menschen – lebendig. Kinderrechtsorientierung der Menschenrechtsbildung kann als ein lebendiges Prinzip der Menschenrechte verstanden werden und dazu auffordern, junge Menschen als kompetente Akteur*innen anzuerkennen und substanziell einzubinden: „Menschenrechtskultur in der Menschenrechtsbildung! Die Menschenrechtsbildung muss selbst menschenrechtliche Prinzipien achten." (Krennerich 2011, 6)

Fazit: Das politische Klassenzimmer der Menschenrechte als „living instrument"

Im Klassenzimmer der 10. Klasse geht die dreistündige Auseinandersetzung mit Menschenrechten in die entscheidende Phase. Die Schüler*innen werden von den beiden Studierenden aufgefordert, ihre erarbeiteten Beschwerden vor dem UN-Ausschuss für die Rechte des Kindes einzureichen. Die Schüler*innen haben auf Grundlage der Reportage und in Auseinandersetzung mit menschenrechtlichen Vertragswerken dichte, zugleich emotional als auch analytisch verfasste Beschwerdebriefe ausgearbeitet. Die Schülerin Caro formuliert: „Jedes Kind hat ein Recht auf ein friedliches Leben. Wir brauchen statt Werkzeug Spielzeug in den Händen." Silas ergänzt empört: „Kinder werden an vielen Orten zum Krieg erzogen. Kinder erleben große Traumata im Krieg!" Und Muhammad appelliert: „Ich fordere meine Eltern und den Staat auf, meine Rechte zu schützen! Ich habe laut Kinderrechtskonvention ein Recht auf Bildung!"[1]

Die beiden Studierenden geben den Schüler*innen Raum – und überführen ihre Proteste in eine Diskussion zur Frage, wie Staaten in die Pflicht genommen werden können und wie der UN-Ausschuss mit tatsächlich eingereichten Beschwerden verfährt. Am Ende der Unterrichtssequenz stehen Einsichten in

1 Mitschriften aus dem Unterrichtsprotokoll.

wichtige menschenrechtsdidaktische Konzepte wie Rechte- und Pflichtenträger (rights-holders & duty-bearers) sowie Rechenschaftspflicht (accountability).

Nach dem Unterricht sitze ich selbst noch eine Weile im Klassenzimmer, in dem einige Schüler*innen auf die beiden Studierenden zugehen und sie nach dem weiteren Verlauf der Unterrichtsreihe fragen. Beide antworten, dass sie in den nächsten Wochen noch öfters unterrichten werden, weitere Fälle zu Religions- und Meinungsfreiheit mitbringen werden und die Zukunft der Menschenrechte in einer Welt mit zunehmender Autokratisierung thematisieren möchten. Ich sitze ein wenig abseits und beobachte die Lehrerinnen-Schüler-Interaktion, und bin erstaunt, wie das Interesse an Menschenrechten spürbar im politischen Klassenzimmer angekommen ist. Im Unterrichtsentwurf unterstreiche ich die zentrale Frage, die die beiden Studierenden an diesem Vormittag aufgeworfen haben: Wie werden Menschenrechte im politischen Klassenzimmer lebendig?

Der Unterricht gelingt, weil Rechte in ihren jeweiligen, für Menschen bedeutsamen Situationen zur Sprache kommen, als offene und aushandlungsbedürftige Konfliktfälle, die in moralischen Vorstellungen wurzeln und rechtlich bindend sind. Sie richten den Blick auf das Noch-Offene, auf das Noch-Zu-Entscheidende im politischen Prozess, um die konflikthafte Lebendigkeit von Menschenrechten zu verdeutlichen. Menschenrechte als living instruments zu thematisieren ist also eine didaktische Strategie, der es gelingt, die *immer schon* vorhandene Bedeutsamkeit von Menschenrechten im Alltag, in Institutionen oder in wissenschaftlichen Diskursen in Lernprozessen herauszustellen. Lehrkräfte suchen dementsprechend nach *konstitutiven* Verständnissen von Menschenrechten. Sie identifizieren *kontextbewusst* Relationen zwischen lokaler Eingebundenheit und universellen Ansprüchen, die diskutiert, aber nicht aufgelöst werden. Und sie ermutigen *kinderrechtsorientiert* junge Menschen selbst (simulativ) die Initiative zu ergreifen und ihre Perspektiven einzubringen: „Empowerment erwünscht!" (Krennerich 2011, 4)

Oder anders formuliert: Menschenrechte werden im Klassenzimmer lebendig, indem Lehrkräfte und Schüler*innen im Werk von Michael Krennerich die Idee von Menschenrechten als living instruments entdecken.

Literatur

AHMED, A. Kayum/Martin, J. Paul/Uddin, Sameera (2020): Human Rights Education 1995–2017: Wrestling with Ideology, Universality, and Agency. In: *Human Rights Quarterly*, *42* (1), 195-216.

BUSCH, Matthias/Petrik, Andreas/Torrau, Sören/Welniak, Christian (2023): Gesellschaft inszenieren, gestalten und reflektieren. Opladen/ Berlin/ Toronto: Barbara Budrich.

GRAMMES, Tilman (2012): Einführung in fachdidaktisches Denken – am Beispiel sozialwissenschaftlicher Fächer und Demokratiepädagogik. Universität Hamburg. Hamburger Studientexte Didaktik Sozialwissenschaften.

KRENNERICH, Michael (2011): Wissenswertes über die Menschenrechtsbildung. Nürnberger Menschenrechtszentrum. Online: https://cris.fau.de/publications/109521764/ [Aufgerufen am 01.11.2024]

KRENNERICH, Michael (2018a): Das Menschenrecht auf Bildung – ein Blick auf Deutschland. In: Polis, (3), 12-14.

KRENNERICH, Michael (2018b): Das Menschenrecht auf Bildung – Handlungsbedarf auch in Deutschland. In: Zeitschrift für Menschenrechte, 12(2), 130-148.

KRENNERICH, Michael (2019): Straight 18 – und die menschenrechtliche Kritik an Minderjährigen in der Bundeswehr. In: Zeitschrift für Menschenrechte, 13(2), 132-156.

KRENNERICH, Michael (2023a): Menschenrechte in Transformationen: Herausforderungen und Potenziale. Impulsreferat. Deutsches Institut für Menschenrechte. Online: https://www.menschenrechte.org/wp-content/uploads/2023/07/Impulsreferat-Krennerich-MR_in_Transformation_form.pdf [Aufgerufen am 03.11.2024]

KRENNERICH, Michael (2023b): Wer den Mächtigen que(e)r kommt … Verfolgung und Schutz von Menschenrechtsverteidiger*innen. In: Aus Politik und Zeitgeschichte (APuZ), (49–50), 26-32.

KRENNERICH, Michael/Gandenberger, Gertrud (2014): Menschenrechte. Unveräußerlich – universell – unteilbar. In: Politik & Unterricht. Zeitschrift für die Praxis der politischen Bildung, (3–4).

KRENNERICH, Michael/Gerbig, Stephan (2022): Kinderrechte und Schule in Europa – aus der Perspektive der Menschenrechtsvertragsorgane der Vereinten Nationen. In: Pirner, Manfred/Gläser-Zikuda, Michaela/Krennerich, Michael (Hg.): Menschenrechte von Kindern und Jugendlichen im Kontext Schule (46–71). Wochenschau.

NÜRNBERGER MENSCHENRECHTSZENTRUM (NMRZ) (2024): Nürnberger Menschenrechtszentrum/Über uns. Online: https://www.menschenrechte.org/ueber-uns/ [Aufgerufen am 03.11.2024]

PARKER, Walter C. (2018): Human rights education's curriculum problem. In: Human Rights Education Review, 1(1), 5-24.

TORRAU, Sören (2024): „Bei Graffiti bist du frei“. Ästhetische Vorstellungen junger Menschen als Blaupause für politische Menschenrechtsbildung. In: Zeitschrift für Menschenrechte, 18(2), 84-101.

UNITED NATIONS (2023): World Programme for Human Rights Education. Fourth Phase. Plan of Action. Online: https://www.ohchr.org/sites/default/files/2022-10/OHCHR-OSGEY-UNESCO-World_Programme-for-Human-Rights-Education_Fourth-Phase.pdf. [Aufgerufen am 11.11.2024]

STEFAN WEYERS

Schutzkonzepte als Baustein einer Organisationskultur der Anerkennung

Plädoyer für einen Perspektivenwechsel in der Menschenrechtsbildung

Michael Krennerich hat sich in seinen Schriften mehrfach mit der Menschenrechtsbildung auseinandergesetzt, in jüngerer Zeit z.B. in einem von ihm herausgegebenen Sammelband über Kinderrechte in der Schule. In ihrem Fazit fordern Krennerich und Gläser-Zikuda: „Schulen sollen Orte sein, in denen demokratische wie menschenrechtliche Normen und Prinzipien gelebt, vorgelebt und gelernt werden – Orte, in denen mit Rechten ausgestattete Kinder Verantwortung übernehmen und gemeinsam mit Erwachsenen, die auch Rechte innehaben, das Lernen gestalten" (2021, S. 321); zugleich müsse Schule „ein gewalt- und angstfreier Raum sein" (ebd.). Betont wird hier die Bedeutung der institutionellen Bedingungen der Schule, damit Menschenrechte *gelebt* und *gelernt* werden können.

An diese Überlegungen zum Zusammenhang von *Leben/Erfahrung* und *Lernen/Bildung* sowie zu ihren *organisationalen Voraussetzungen* knüpft der folgende Beitrag an. Ich nehme den aktuellen Diskurs über Schutzkonzepte und Organisationskulturen zum Anlass, um über eine Neujustierung der Menschenrechtsbildung nachzudenken. Schutzkonzepte stellen eine Reaktion auf die massive sexuelle und sexualisierte Gewalt[1] an Kindern und Jugendlichen in pädagogischen Einrichtungen dar. Lange Zeit wurden Hinweise auf sexuelle Übergriffe von Politik, Gesellschaft und Wissenschaft ignoriert, wie 1999 nach dem Bericht der Frankfurter Rundschau über den Missbrauch an der Odenwaldschule. Erst nach der Öffentlichmachung der Gewalttaten am katholischen

1 Der Begriff *sexualisierte Gewalt* bezeichnet Taten, bei denen das Sexuelle v.a. als Mittel der Unterwerfung und Demütigung eingesetzt wird. Für die Taten in der Odenwaldschule ist der Begriff *sexuelle Gewalt* treffender, da beide Haupttäter primär sexuell motiviert waren (Brachmann 2019, S. 296).

Canisius-Kolleg Anfang 2010 wurde das Thema stark beachtet und wurden viele weitere Fälle u.a. in Internaten, Heimen und Sportvereinen bekannt. Hohe Aufmerksamkeit erfuhren die Übergriffe an der Odenwaldschule, die bis dahin als reformpädagogischer Leuchtturm und Inbegriff einer demokratischen Schule wahrgenommen wurde.

Im Folgenden werden am Beispiel der Odenwaldschule zuerst Strukturen und Mechanismen des Machtmissbrauchs analysiert, die auch durch die an der Schule verankerten Rechte der Schüler*innen nicht tangiert wurden. Diese eklatanten Menschenrechtsverletzungen werfen die Frage auf, wie Kinderrechte in pädagogischen Organisationen mit ihren asymmetrischen Bedingungen gewährleistet werden können. Auch angesichts der Häufigkeit von Peergewalt stellt sich die Frage, ob die Menschenrechtsbildung ihren Schwerpunkt wie bisher auf den Versuch der „Befähigung" ihrer Adressat*innen legen sollte. Stattdessen plädiere ich für eine stärkere Beachtung der Strukturen und Kulturen pädagogischer Organisationen. Dabei schließe ich zum einen an Korczaks Pädagogik der Achtung an, zum anderen an Arbeiten, die zeigen, dass der Aufbau motivationaler Wertbindungen v.a. auf informellen Sozialisations- und Bildungsprozessen beruht. Schließlich werden Ziele, Merkmale, Herausforderungen und Grenzen von Schutzkonzepten diskutiert.

1. Kinderrechte und sexuelle Gewalt: Das Beispiel der Odenwaldschule[2]

Der Abschlussbericht zur sexuellen Gewalt an der Schule belegt das extreme Ausmaß der Gewalt: Die Taten fanden v.a. zwischen 1965 und 1986 statt, verübt von 12 Lehrern, einer Lehrerin und vier älteren Schülern (Burgsmüller/Tilmann 2010). Es gab demnach mind. 115 männliche und 17 weibliche Betroffene, einige Kinder wurden hunderte Male missbraucht; elf ehemalige Schüler haben sich getötet. Gerold Becker, von 1969–1985 an der Schule, ab 1972 Schulleiter, hat mehr als die Hälfte der Taten begangen. Er und Wolfgang Held, der zweite Haupttäter, gelten als pädophil. Nach späteren Recherchen ist noch von weit mehr Fällen auszugehen. Brachmann spricht von „weit mehr als zwei Dutzend Tätern" (2019, S. 290) und fünf Täterinnen beim Personal sowie einer hohen Peer-Gewalt.

Wie auch viele andere Internate wiesen die räumlich-organisationalen Rahmenbedingungen der Schule Merkmale „totaler Institutionen" (Goffman)

---

2 Ich beziehe mich hier auf die ausführliche Darstellung in Weyers 2022a.

auf, die Gelegenheiten für Übergriffe bieten: Abschottung von der Gesellschaft, geringe Außenkontrolle und hohes Machtgefälle. Anders als in rein repressiven Kontexten war an der Odenwaldschule jedoch Nähe ein Einfallstor für Übergriffe: Schutzbefohlene wurden unter dem Deckmantel der Liebe und Wertschätzung missbraucht. Im „Tätersystem Odenwaldschule" (Brachmann 2019, S. 21) gehörten der Distanzabbau in pädagogischen Beziehungen, die Betonung des Gemeinschaftslebens zu Lasten des Unterrichts, der Verzicht auf Qualifikation des Personals zugunsten von Loyalität und die allgemeine Regellosigkeit zu den Merkmalen, die Übergriffe ermöglichten (ebd., S. 142ff.). Becker konzentrierte die Macht bei sich, Kontrollinstanzen wurden „abgeschwächt oder abgeschafft" (ebd., S. 145). Ziel war der „jederzeit realisierbare Zugriff" (ebd., S. 296) auf Kinder. Flankiert wurde das System von der Ideologie des ‚pädagogischen Eros' im Sinne der päderastischen ‚Knabenliebe'.

Höchst irritierend ist die extreme Diskrepanz zwischen der partizipativen Praxis der Schule und der zeitgleich ausgeübten Gewalt. Engeler (2010) zufolge waren die demokratischen Strukturen umfassend und bestanden unter Becker fort: SMV-Verfassung, Schülerparlament, Ausschüsse, Sitz in der Schulkonferenz etc. Analysen zeigen, dass die demokratische Kultur ausgehöhlt wurde und das Schulleben hoch ambivalent war. Daher bezeichnen Keupp et al. die Schule als „System widersprüchlicher Realitäten und Erfahrungen" (2019, S. 253). Auch die Tatsache, dass viele Schüler*innen von der Gewalt keine Kenntnis hatten (ebd., S. 256ff.), legt den Schluss nahe, dass an der Schule zwei unabhängige Parallelwelten existierten.

Becker inszenierte sich als Befürworter demokratischer Partizipation: Neben dem „expliziten Bezug auf basisdemokratische Verfahren [...] war es zugleich die Demontage differenzierter Mitwirkungsformen durch eine Machtkonzentration im Gewande eines liberalen und toleranten Schulleiters" (ebd., S. 270). Nach außen und innen vermittelte Becker ein Bild der Schule, das half, die Gewalt zu verschleiern; in Kernbereichen regierte er autokratisch: Das Personal wählte er nach Loyalität, kritische Lehrkräfte verließen die Schule. Aber auch in den 1970/80er Jahren gab es eine partizipative Praxis, ohne die diese Inszenierung kaum so ‚erfolgreich' gewesen wäre. Dafür sprechen die Parlamentsprotokolle und viele Aussagen von Schüler*innen (ebd., S. 267ff.). Dass diese Praxis so konterkariert und instrumentalisiert werden konnte, macht es notwendig, über die Grenzen und Gefährdungen demokratischer Partizipation nachzudenken.

Der systematische Machtmissbrauch durch Leitung und Fachkräfte kann durch Partizipation allein kaum verhindert werden. So konnte das Schülerparlament als zentrales Organ der Mitbestimmung keine Kontrollfunktion wahrnehmen, die Gewalt kam dort nie zur Sprache (Engeler 2010, S. 169). Zwar gab es verankerte Rechte und viele Partizipationsmöglichkeiten, diese tangierten die ‚Untergrundschule' jedoch nicht; umgekehrt wurde die im ‚Untergrund' herrschende Gewalt an der ‚Oberfläche' nicht thematisiert. In Analogie zum Theater kann man sagen, dass auf der Vorder- und der Hinterbühne verschiedene Stücke ‚aufgeführt' wurden. Dabei wussten viele Schüler*innen und Lehrkräfte gar nicht, dass es eine Hinterbühne gab und was dort geschah, oder sie ahnten es nur. Wer Gewalt erlitten hatte, konnte oder wollte nicht darüber sprechen oder fand keine Resonanz; wer nicht betroffen war, konnte oder wollte den Gerüchten nicht glauben. An der Schule gab es also zwei Welten, in denen völlig verschiedene Erfahrungen gemacht wurden. Die partizipative Praxis konnte systematische Übergriffe weder hemmen noch zur Sprache bringen und trug indirekt sogar zu deren Verschleierung bei.

Die These von Ley und Ziegler, dass ein „partizipatives Klima", auch aufgrund der „Option des Widerspruchs" (2012, S. 270), Machtmissbrauch entgegenwirkt, bestätigte sich an der Odenwaldschule nicht. In Bezug auf die erlittene Gewalt wurde jedes Sprechen unterdrückt. Thompson spricht hier von der „Gewalt der Sprachlosigkeit" (2012, S. 118), Ziel sei es, die „Betroffenen sprachlos zu machen" (ebd.). Für Emcke ist das Schweigen von Betroffenen die Folge der perfiden „Kunst" der Täter, ihre „Spuren zu verwischen" (2013, S. 16). Nicht die *offizielle* Programmatik der Schule und die *formalen* Regeln der Mitbestimmung, sondern *informelle* Regeln, Zwänge und Mechanismen bestimmten, worüber gesprochen werden konnte und worüber nicht. Dass dieses Gewaltsystem fast 20 Jahre aufrechterhalten werden konnte, lag am Ignorieren vieler Hinweise auf Übergriffe durch Lehrkräfte und den Vorstand des Trägervereins, am Versagen der Aufsichtsinstanzen und an vielen weiteren Akteuren. Es lag aber auch an der institutionellen Verfasstheit der Schule, denn es gab weder interne noch externe Beschwerdeverfahren. Hier bieten Schutzkonzepte ein wichtiges Korrektiv.

2. Die Bedeutung von Organisationskulturen

In asymmetrischen Beziehungen besteht strukturell die Gefahr des Machtmissbrauchs, wie die vielen Gewalttaten gegenüber Minderjährigen belegen. Aber auch Gewalt unter Peers ist ein häufiges Phänomen. So ist Mobbing bei 13-15-Jährigen in Deutschland im internationalen Vergleich sehr häufig: „Über 20 % der Schülerschaft beteiligen sich mehrmals pro Monat als Täter an Mobbingaktivitäten" (Schubarth 2020, S. 100). Nach dem Deutschen Schulbarometer 2024 nimmt die Hälfte der Lehrkräfte eine hohe Gewaltbelastung an Schulen wahr.[3] Für viele Kinder und Jugendliche sind Schulen keine sicheren und angstfreien Orte, keine Orte des Wohlbefindens – mit oftmals gravierenden Folgen für die Entwicklung.

Pädagogische Organisationen haben es mit Menschen zu tun, die in hohem Maße auf Schutz und förderliche Entwicklungsbedingungen angewiesen sind. Daher müssen sie als sichere und anerkennende Orte gestaltet werden – das ist eine *conditio sine qua non*, eine notwendige Bedingung jeder Bildungsarbeit, die den Menschenrechten verpflichtet ist. Konzepte und Schwerpunkte der Menschenrechtsbildung sind daher daraufhin zu befragen, inwieweit sie die *Gewährleistung der Rechte von Heranwachsenden* berücksichtigen. Bisher liegt der Fokus auf der „Befähigung" der Adressat*innen, dem Versuch menschenrechtlich relevante Werte und Kenntnisse zu „vermitteln". Für eine Hinwendung zu den organisationalen Bedingungen der Bildungsarbeit bieten Menschenrechte wichtige Anknüpfungspunkte.

Das Recht auf Bildung ist Bestandteil vieler Menschenrechtskonventionen. Als *empowerment right* ist Bildung die Voraussetzung, um Rechte verstehen, achten und einfordern zu können. Neben der Gewährleistung des *Zugangs* zur Bildung geht es um Menschenrechte als Bildungs*ziel*. Schon die Präambel der Allgemeinen Erklärung enthält die Forderung, „durch Unterricht und Erziehung die Achtung vor diesen Rechten und Freiheiten zu fördern". Unterschieden werden drei Dimensionen der Menschenrechtsbildung: Bildung *über*, Bildung *durch* und Bildung *für* Rechte. Das heißt, Menschenrechte sind Gegenstand, Bedingung und (Handlungs-)Ziel der Bildungsarbeit, die sich auf Wissen, Einstellungen und Handeln richtet: Menschen sollen befähigt werden, Rechte zu kennen, zu verstehen, zu bejahen und für ihre Verwirklichung einzutreten. Alle drei Dimensionen sind bedeutsam, in Schule und Unterricht dominiert jedoch zumeist das Lernen *über* Rechte (Krappmann 2016).

Die Idee der Bildung *durch* Rechte verweist auf die Rechte *in* der Erziehung. Gemäß der UN-Erklärung über Menschenrechtsbildung und -training umfasst diese Dimension „Formen des Lernens und Unterrichtens, welche die Rechte sowohl der Lehrenden als auch der Lernenden achten" (Art. 2b). Dies wird nicht näher bestimmt, auch wird nicht beachtet, dass die Rechte der *Lernenden* aufgrund des Machtgefälles besonders zu schützen sind. In einer Arbeit zur Menschenrechtskultur betont Fritzsche (2017) die Relevanz der Rechts- und

---

3 https://www.bosch-stiftung.de/de/storys/jede-zweite-lehrkraft-beobachtet-gewalt-der-eigenen-schule (abgerufen: 26.04.24).

der Politischen Kultur für die Menschenrechtsbildung, *Organisations*kulturen bleiben hier aber außen vor. An anderer Stelle verweist er jedoch auf die Bedeutung der Schulkultur und von Erfahrungen der Partizipation und Anerkennung (2004, S. 173f.). Dabei liegt der Fokus auf der Bedeutung solcher Erfahrungen für die Bildung der Subjekte: Kinder seien „auch auf die Wahrnehmung der Menschenrechte als Erwachsene vorzubereiten. Deshalb sind Projekte, die Kinder als Mitentscheider und Mitgestalter ihres Lebens fördern, von großer Wichtigkeit" (ebd., S. 173).

Partizipative Ansätze sind in den letzten 20 Jahren breit rezipiert und umgesetzt worden. Dabei zeigen sich zwei verschiedene, wenngleich miteinander vereinbare, Perspektiven auf Demokratiebildung (Weyers 2015, S. 22): Aus einer *bildungstheoretischen Perspektive* sind Erfahrungen der Partizipation Voraussetzung der Demokratiebildung. Maßgeblich ist hier Deweys Idee der Demokratie als Form „der gemeinsamen und miteinander geteilten Erfahrung" (2000, S. 121). Hingegen haben Kinder aus einer *kinderrechtlichen Perspektive* Ansprüche auf Partizipation ganz unabhängig von Bildungszielen. Eine solche Konzeption hat der polnische Pädagoge und Kinderarzt Janusz Korczak ab 1900 entfaltet.

3. Korczaks Pädagogik der Achtung und Partizipation

Korczaks Ausgangspunkt ist die Missachtung, Rechtlosigkeit und Überbehütung des Kindes. Die Kinderrechte versteht er als Rechte, die Kindern qua ihres Menschseins zukommen (Weyers 2022b). In scharfer Differenz zur pädagogischen Tradition geht er nicht von der Frage aus, wozu Kinder erzogen werden sollen, sondern davon, was sie benötigen und welche Rechte sie haben sollten. 1919 fordert er „ein Grundgesetz für das Kind" mit „drei Grundrechten" (1999, S. 45):

Mit dem „Recht des Kindes auf den Tod" (ebd.) wendet er sich gegen die Überbehütung des Kindes, die dazu führe, „alle Erfahrungen zu meiden, den Anstrengungen aus dem Weg zu gehen (…) Aus Furcht, der Tod könne uns das Kind entreißen, entreißen wir es dem Leben" (ebd., S. 49). Damit fehlten Kindern wichtige Erfahrungen und Entwicklungsmöglichkeiten. Er rät nicht zu Risikoverhalten, hält relevante Handlungsfreiräume jedoch für die Entwicklung für unverzichtbar. Es geht somit um das Recht auf *selbsttätige und anregende Erfahrungen*.

Das „Recht des Kindes auf den heutigen Tag" (ebd., S. 45) richtet sich gegen ein Denken, das die Kindheit nur als Vorbereitung auf das Erwachsenenleben begreift. Entgegen der Ansicht, „das Kind sei noch nichts, sondern werde erst etwas" (ebd., S. 49), hebt er die Bedeutung der Gegenwart hervor, die auch einen Zukunftsbezug hat: Da das Kind fähig werden soll, künftig Verantwortung zu übernehmen, muss es *schon heute* daran teilhaben: „Wie soll es morgen leben können, wenn wir ihm heute kein bewusstes, verantwortliches Leben ermöglichen?" (ebd., S. 404).

Mit dem „Recht des Kindes, das zu sein, was es ist" (ebd., S. 45), relativiert Korczak die Idee, Kinder sollten zu *anderen*, besseren Menschen werden. Statt Kinder nach einem Bilde zu formen, sei zu achten, wie sie jetzt sind und wie sie selbst sein wollen. Anstatt Anerkennung an das Erreichen von Bildungs*zielen* zu knüpfen, fordert er die Achtung des Kindes als der Mensch, der es *jetzt ist*. Er stellt Erziehung nicht infrage, ordnet jedoch jeder pädagogischen Zielsetzung das Recht des Kindes auf Achtung seines ‚So-Seins' vor.

1929 betont Korczak, dass „das erste und unbestreitbare Recht des Kindes" (ebd.) das Recht auf Meinungsäußerung und Mitsprache ist. Im gleichen Jahr postuliert er „das Recht des Kindes auf Achtung" (1999, S. 383) als Leitprinzip, wobei er die Gleichwertigkeit des Kindes hervorhebt. Aufgabe des Erziehers sei es, „ihm das Leben zu gewährleisten, ihm das Recht zu verschaffen, Kind zu sein" (ebd., S. 412). Der „Glaube an den Wert und die Würde des Menschen" sei der „Grundstein der Erziehung" (2004, S. 231).

Korczak sieht die Rechte von Kindern in ihrer Achtung als wertvolle, gleichwertige Menschen begründet. Daraus leitet er Rechte auf Fürsorge und Schutz, auf Handlungsfreiräume und eigene Erfahrungen, auf Anerkennung ihrer Individualität sowie auf Mitsprache in allen ihren Angelegenheiten ab (Weyers 2022b, S. 38-46). Korczak begreift Kinderrechte nicht nur als *ethische* Prinzipien, sondern als *Rechts*ansprüche. Als „‚konstitutioneller' Pädagoge" (1999, S. 312) fordert er ihre Verankerung in der Verfassung pädagogischer Institutionen und setzt sie in ‚seinen' Heimen umfassend um (ebd., S. 249-318). Dazu gehörten viele Möglichkeiten der Partizipation, wie eine Heimzeitung, ein Briefkasten für Vorschläge und Beschwerden oder eine Mentorschaft älterer für jüngere Kinder. Organe der Mitbestimmung im engeren Sinne waren die Vollversammlung, das Kinderparlament, das Kameradschaftsgericht und der Selbstverwaltungsrat. Von den drei Dimensionen der Menschenrechtsbildung kommt bei Korczak der Bildung *durch* Rechte eindeutig der Vorrang zu. Die Rechte des Kindes werden allen Bildungszielen vorgeordnet, der Fokus liegt auf dem Aufbau einer Kultur der Achtung. Rechte und Werte werden nicht *gelehrt*, sondern sollen im Alltag praktisch *erfahren* werden.

4. Werterziehung und der Aufbau von Wertbindungen

Menschenrechtsbildung (MRB) richtet sich nicht nur auf Wissen, sondern ebenso auf motivationale Haltungen. Nach Fritzsche geht es um die „Anerkennung der Werte" (2004, S. 168), die den Menschenrechten zugrunde liegen: „MRB ist Wissens- und Wertevermittlung" (ebd.), folgert er. Die Bedingungen des Aufbaus motivationaler Bindungen an Werte werden in der MRB-Literatur jedoch kaum beachtet, die Aussagen bleiben zumeist programmatisch.

Nach Taylor (1996), Joas (1997) und Rosa (1998, 2016) entstehen Wertbindungen durch Erfahrungen im Kontext affektiv bedeutsamer Weltbeziehungen, und zwar im Rahmen eines soziokulturellen Horizonts, der Kategorien für die Selbst- und Weltdeutung bereitstellt. Dabei betonen die Autoren das passive Moment der Widerfahrnis: Menschen wählen Werte nicht rational aus, sondern sie *werden* von etwas *affiziert*, das ihnen wichtig ist (Weyers 2024). Taylor bezeichnet identitätsrelevante Werte als „starke Wertungen" (1996, S. 17). An solche Wertungen knüpft Rosa die Erfahrung von „Resonanz": Resonanzerfahrungen treten auf, „wo Subjekte mit etwas in der Welt in Berührung kommen [...] das ihnen als *schlechthin* wichtig und wertvoll entgegentritt und *sie etwas angeht*" (2016, S. 291). Solche Erfahrungen machen wir v.a. in Bezug auf andere Menschen, Dinge oder Kunst, Musik, Natur und Religion.

Der Aufbau von Wertbindungen kann durch Erziehung angeregt werden, bedeutsamer sind jedoch die pädagogisch nicht initiierten alltäglichen Lernprozesse. Entgegen der Idee der „Wertevermittlung" werden in der Erziehungswissenschaft die Grenzen der Werterziehung betont (Weyers 2024). Als unstrittig gilt, dass Erziehung nicht wertfrei sein kann, eine direkte Wertevermittlung aber nicht möglich ist. *Vermitteln* ist auf *Aneignen* angewiesen, liegt daher nicht in der Macht der Lehrenden. Noch weniger als Wissen können Werte, deren Aneignung auf eigene Erfahrungen angewiesen ist, direkt vermittelt werden.

Bildungsinstitutionen sind jedoch nicht wirkungslos, denn Werte sind „unseren sozialen Praktiken und Institutionen eingeschrieben. Letztere stellen den primären Ort der Aneignung kultureller evaluativer und kognitiver Schemata dar" (Rosa 1998, S. 158). Wertesozialisation ist in der Schule unvermeidbar, da Werte ihren Regeln und Praktiken „eingeschrieben" sind – explizit den Bildungszielen und Curricula, implizit u.a. dem sog. heimlichen Lehrplan. Zwar ist die Wirkung auf die Einzelnen ungewiss, die formellen und informellen Regeln, Praktiken und Beziehungsmuster der Schule bilden aber, ob intendiert oder nicht, einen unhintergehbaren „moralischen Raum" (Taylor 1996, S. 95) für die Aneignung von Werten. Für die schulische Wertebildung ist die Gesamtheit der

Beziehungen in der Schule und ihrer strukturellen wie organisationalen Bedingungen von Bedeutung: die Lernziele, Lehrpläne und die Schulkultur, aber auch die soziokulturellen, politischen und ökonomischen Funktionen der Schule, die den Bildungszielen widersprechen können.

Indirekte Ansätze der Werterziehung beruhen auf Werten, zielen im Unterschied zu *direkten* Ansätzen aber nicht auf die reflexive Auseinandersetzung mit Werten. Erstere setzen nach Stein v.a. auf das „Einüben demokratischer Mitbestimmungs- und Interaktionsmöglichkeiten" (2009, S. 563), während direkte Ansätze „inhaltliche Werte benennen" und „moralische Diskurse und Entscheidungen in den Blick nehmen" (ebd., S. 564). Studien zeigen, dass direkte Ansätze das Wissen fördern, in Bezug auf Wertbindungen aber wenig effektiv sind: Sie „greifen nur dann, wenn sie in ein Klima der gegenseitigen Achtung eingebettet sind" (ebd.). Wirksam seien v.a. Wertschätzung und klare Verhaltensregeln. Gemäß dieser Befunde und in Übereinstimmung mit Taylor und Rosa müssen Werte kultiviert und praktisch erfahren werden, um sozialisatorisch wirksam zu sein. Für den Aufbau von Wertbindungen scheinen v.a. Erfahrungen sozialer Anerkennung wichtig zu sein. Auch die Befunde der Wertforschung sprechen somit dafür, den Erfahrungsräumen und Organisationskulturen pädagogischer Einrichtungen mehr Gewicht beizumessen.

Von Korczak lässt sich lernen, dass die Achtung der Kinder und ihrer Rechte Vorrang vor jeder Werterziehung hat. Aber auch die reflexive Auseinandersetzung mit Menschenrechten und den ihnen zugrundeliegenden Werten und Prinzipien ist eine Kernaufgabe der Schule. Dabei müssen Lehrende für Grundwerte wie die Achtung jeder Person ernsthaft eintreten, zugleich aber die Autonomie der Subjekte respektieren, ohne die kritische Urteilsfähigkeit nicht zu haben ist. Es geht daher nicht darum, wie es die Kultusministerkonferenz (KMK) fordert, „ein Wertesystem zu vermitteln" (2018, S. 3), sondern um die Ermöglichung einer differenzierten, andere Personen anerkennenden Reflexion über Werte, Rechte und Normenkonflikte. Die Beurteilung komplexer Konflikte bedarf dabei umfassender Kenntnisse über politische und gesellschaftliche Verhältnisse.

5. Schutzkonzepte als Baustein einer Organisationskultur der Anerkennung

Zum Schutz vor Gewalt und Machtmissbrauch wird u.a. von Ley und Ziegler (2012, S. 276) eine demokratisierte Organisationskultur gefordert. Dass die gelebte Praxis trotz verankerter Rechte höchst gewalttätig sein kann, wurde am Beispiel der Odenwaldschule gezeigt. Wie sexuelle Übergriffe finden auch Mobbing und Peergewalt v. a. auf der Hinterbühne statt. Daher ist es notwendig, eine Organisationskultur zu etablieren, in der über Gewalt aufgeklärt wird, in der erlittene Gewalt artikuliert werden kann, in der sie nicht beschwiegen, sondern gehört wird, und in der die Betroffenen unterstützt werden.

In Reaktion auf die sexuelle Gewalt in pädagogischen Kontexten wurden ab 2010 das Amt der*des *Unabhängigen Beauftragten für Fragen des sexuellen Kindesmissbrauchs* geschaffen, ein Runder Tisch und die Bundesinitiative *Schule gegen sexuelle Gewalt* eingerichtet, welche die Entwicklung von Schutzkonzepten unterstützen. Schutzkonzepte nehmen die Strukturen und Praktiken einer Organisation in den Blick, die für die Gewaltprävention, den Umgang mit Verdachtsfällen und die Unterstützung Betroffener zentral sind. Leitziele sind die Etablierung einer „Kultur der Achtsamkeit" (Oppermann et al. 2018, S. 41) und die Gewährleistung der Rechte *aller* Beteiligten, sie sollen zudem unter aktiver Beteiligung aller Mitglieder entwickelt werden – hier zeigen sich Parallelen zu Korczak. Schutzkonzepten liegen somit zentrale menschenrechtliche und demokratische Prinzipien zugrunde. Anders als der Begriff es nahelegt, zielen sie nicht nur auf den Schutz vor Gewalt, sondern auch auf Wohlbefinden, Entfaltung und Partizipation der Heranwachsenden.
Schutzkonzepte sind inzwischen gesetzlich verankert. Seit 2021 müssen in der Kinder- und Jugendhilfe „die Entwicklung, Anwendung und Überprüfung eines Konzepts zum Schutz vor Gewalt, geeignete Verfahren der Selbstvertretung und Beteiligung sowie der Möglichkeit der Beschwerde in persönlichen Angelegenheiten innerhalb und außerhalb der Einrichtung gewährleistet werden" (§ 45, 2, SGB VIII). Die Verfahren der Beteiligung und der internen wie externen Beschwerde sind rechtlich verbindlich. Weitere Elemente sind die Verankerung im Leitbild, die Analyse von Risiken in der Einrichtung (u. a. durch Befragung der Mitglieder), die Erarbeitung von Rechten, Verhaltensregeln und von Verfahrensregeln bei Verdachtsfällen; zudem Fortbildungen, externe Prozessbegleitung und regelmäßige Evaluation (KMK 2023; Oppermann et al. 2018). Die Einführung von Schutzkonzepten erfordert eine kontinuierliche Organisationsentwicklung, weshalb der Leitung eine zentrale Funktion zukommt.

Bis 2024 hatten sieben Bundesländer Schutzkonzepte für Schulen verpflichtend gemacht.[4] Die KMK hat die Entwicklung von Schutzkonzepten für alle Schulen gefordert und in einem Leitfaden zur Umsetzung alle genannten

---

4 Berlin, Brandenburg, Hessen, Mecklenburg-Vorpommern, Nordrhein-Westfalen, das Saarland und Schleswig-Holstein. In Rheinland-Pfalz ist ein Gesetz in Vorbereitung.

Punkte aufgegriffen. Darin heißt es: „Schule muss ein sicherer Ort sein, an dem alle ohne Angst und Furcht leben, arbeiten und lernen können" (2023, S. 13). Dies sei eine „fundamentale Aufgabe der Schulentwicklung" (ebd., S. 5). Betont wird die Pflicht der Schule, den „Schutz der ihr anvertrauten Kinder und Jugendlichen sicherzustellen. Dieser Auftrag umfasst alle Facetten des psychischen wie physischen Wohlergehens" (ebd., S. 4). Gewalt *in* der Schule soll verhindert werden, auch Schüler*innen, die „andernorts Übergriffe erleiden", sollen „in der Schule kompetente, verstehende und helfende Ansprechpersonen finden" (ebd., S. 13).

Die Schule wird hier nicht nur als Ort der fachlichen Wissens- und Kompetenzvermittlung konzipiert, sondern als Ort mit einer „achtsamen und respektvollen Schulkultur" (ebd., S. 7), an dem den Fachkräften eine umfassende Verantwortung für den Schutz, die Förderung und Begleitung der Schüler*innen zukommt. Diese Aufgabe soll „alle Facetten des Wohlergehens" (ebd., S. 4) umfassen und geht damit weit über den Unterricht und das Schulleben hinaus.

Dieses ambitionierte Konzept entspricht menschenrechtlichen und professionellen Kriterien, stellt die Schule jedoch vor Herausforderungen, die sie ohne strukturelle Reformen kaum bewältigen kann. Die KMK spricht von einem „kontinuierlichen Schulentwicklungsprozess", dem „unterstützende Strukturen zur Verfügung gestellt werden müssen" (ebd., S. 13), welche das sein sollen, bleibt unklar. Bislang ist die Schule auf diese Aufgaben nicht gut vorbereitet. Lehrkräfte werden nur unzureichend dafür qualifiziert (Urban/Voss 2021); die Ausrichtung auf Fachwissen, Prüfungen und Benotung lässt oftmals wenig Raum für die Entwicklung von Gemeinsinn und die Begleitung einzelner Schüler*innen. Die Realisierung dieses Programms erfordert zusätzliche personelle und finanzielle Ressourcen, eine andere Qualifizierung sowie die Ausweitung sozialpädagogischer und schulpsychologischer Angebote.

Eßer und Rusack (2020, S. 14f.) weisen auf Schwachpunkte der Umsetzung hin. Sie kritisieren u.a. die Fokussierung auf Einzeltäter*innen oder Einzelmaßnahmen. Stattdessen seien Organisationen als Ganzes in den Blick zu nehmen, mit ihren formellen wie informellen Regeln und alltäglichen Praktiken, die für die Bildung einer Organisationskultur zentral seien. Zu berücksichtigen seien v.a. die Perspektiven der Kinder und Jugendlichen: „Nur durch die Wechselwirkung und Beteiligung aller Akteur_innen können Schutzkonzepte als langfristige, kontinuierliche und partizipative Organisationsprozesse entwickelt werden" (ebd., S. 20). Die Autor*innen kritisieren zudem die Fokussierung auf sexualisierte Gewalt, da dies die Gefahr beinhalte, Sexualität nur negativ zu konnotieren statt eine „positive Sexualkultur (ebd., S. 24) zu fördern.

Entscheidend für die Schaffung einer Organisationskultur der Achtung ist es, Schutzkonzepte nicht allein auf den Schutz vor Gewalt, sondern umfassend auch auf Beteiligung und soziale Anerkennung auszurichten. Nach Honneth (1990) müssen Menschen Anerkennung in drei Dimensionen erfahren, um positive Selbstbeziehungen ausbilden zu können: Der Aufbau von *Selbstvertrauen* bedarf der emotionalen Anerkennung, die Ausbildung von *Selbstachtung* der Achtung als vernünftiger Mensch, die Entwicklung von *Selbstschätzung* der Wertschätzung als Person mit besonderen Fähigkeiten und Leistungen. Kinder und Jugendliche sind in ihrer Entwicklung elementar auf Erfahrungen der Anerkennung angewiesen, eine Kernaufgabe pädagogischer Organisationen ist es daher, solche Erfahrungen zu ermöglichen.

6. Fazit

In dem Beitrag wird die These entfaltet, dass das Fundament der Menschenrechtsbildung in pädagogischen Organisationen die Etablierung einer Kultur der Anerkennung sein sollte, welche die Würde aller Beteiligten achtet und ihre Rechte gewährleistet. Dies erscheint als eine zentrale Voraussetzung jeder menschenrechtlichen Bildungsarbeit. Zudem zeigt die Forschung, dass das soziale Klima einer Einrichtung bedeutsamer für den Aufbau von Wertbindungen ist als die explizite Wertebildung. Aus diesen Gründen plädiere ich für einen Perspektivenwechsel in der Menschenrechtsbildung. Statt den Fokus auf die direkte Vermittlung von Wissen und Werten zu legen, sollten pädagogische Kontexte stärker daraufhin befragt werden, inwieweit sie die Rechte der Heranwachsenden gewährleisten.

Natürlich bedarf es paralleler Angebote. Es geht mir nicht um die Reduzierung der expliziten Auseinandersetzung mit menschenrechtlichen Werten, Normen und Prinzipien, sondern um die Einsicht, dass eine Bildung *über* und *für* Rechte nur konsistent und glaubwürdig ist, wenn sie in einem Kontext stattfindet, in dem diese Rechte auch relevant für das Zusammenleben sind. Dazu bedarf es keiner perfekten Verhältnisse, aber der Bereitschaft zur Reflexion und Verbesserung der imperfekten Praxis, z.B. von Problemen wie Gewalt und Missachtung. Fehlt diese Bereitschaft, so wird vermutlich nur gelernt, dass Menschenrechte schöne Ideen sind, die mit dem realen Leben wenig zu tun haben. Rechte und Prinzipien sollten daher auch als Reflexionsfolie für die eigene Situation und Organisation genutzt werden. Da Menschenrechtsbildung auf kritische Urteilsfähigkeit zielt, bedarf sie wertschätzender und offener Diskurse. Dabei besteht in der Schule jedoch strukturell die Gefahr, dass Diskurse paternalistisch überformt oder in eine „Bewertung im Schema von gut und schlecht" (Luhmann 2002, S. 64) überführt werden, womit soziale Anpassung befördert wird.

Schutzkonzepte verändern die strukturellen Bedingungen pädagogischer Einrichtungen nicht grundlegend, aber sie können ein wichtiger Baustein der Organisationsentwicklung sein – in dem oftmals langwierigen Prozess der Etablierung einer Organisationskultur, die Anvertraute schützt und beteiligt sowie von Gewalt betroffene Personen unterstützt. Interne und externe Beschwerdeverfahren bieten die Möglichkeit, anonym auf Grenzverletzungen und Probleme hinzuweisen. Elemente wie Risikoanalyse, Befragungen und Evaluation eröffnen die Chance, die regelmäßige Reflexion über Stärken, Schwächen und Verbesserungen der Organisation zu institutionalisieren. In diesem Sinne kann die Implementierung von Schutzkonzepten einen Beitrag leisten, damit pädagogische Organisationen zu Orten werden, an denen „menschenrechtliche Normen und Prinzipien gelebt, vorgelebt und gelernt werden" (Krennerich/Gläser-Zikuda 2021, S. 321).

Literatur

BRACHMANN, Jens (2019): Tatort Odenwaldschule. Bad Heilbrunn: Klinkhardt.

BURGSMÜLLER, Claudia/Tilmann, Brigitte (2010): Abschlussbericht über die bisherigen Mitteilungen über sexuelle Ausbeutung von Schüler*innen an der Odenwaldschule. https://robertcaesar.files.wordpress.com/2010/12/odenwaldschule-abschlussbericht-17-dezember-2010.pdf. (Zugriff: 10.11.2024).

DEWEY, John (2000): Demokratie und Erziehung. Weinheim: Beltz.

EMCKE, Carolin (2013): Weil es sagbar ist. Über Zeugenschaft und Gerechtigkeit. Frankfurt/M.: Fischer.

ENGELER, Knut (2010): „... weil ihr Sinn nicht im Sein, sondern im Wirken liegt...". Die Mitarbeit der Schüler an ihrer Odenwaldschule. In: Kaufmann, Margarita/Priebe, Alexander (Hg.): 100 Jahre Odenwaldschule. Berlin: VBB, S. 160–176.

ESSER, Florian/Rusack, Tanja (2020): Schutzkonzepte und Sexualkulturen in Institutionen. In: Wazlawik, Martin/Christmann, Bernd/Böhm, Maika/Dekker, Arne (Hg.): Perspektiven auf sexualisierte Gewalt. Wiesbaden: Springer VS, S. 13-27.

FRITZSCHE, K. Peter (2004): Menschenrechte. Paderborn: Schöningh.

FRITZSCHE, K. Peter (2017): Menschenrechtskultur. In: Ders./Kirchschläger, Peter/Kirchschläger, Thomas: Grundlagen der Menschenrechtsbildung. Schwalbach/Ts.: Wochenschau, S. 81-126.

HONNETH, Axel (1990): Integrität und Missachtung. Grundmotive einer Moral der Anerkennung. In: Merkur, Nr. 501, S. 1043-1054.

JOAS, Hans (1997): Die Entstehung der Werte, Frankfurt/M.: Suhrkamp.

KEUPP, Heiner/Mosser, Peter/Busch, Bettina/Hackenschmied, Gerhard/Straus, Florian (2019): Die Odenwaldschule als Leuchtturm der Reformpädagogik und Ort sexualisierter Gewalt. Wiesbaden: Springer VS.

KMK (2018): Demokratie als Ziel, Gegenstand und Praxis historisch-politischer Bildung und Erziehung in der Schule. Bonn: KMK.

KMK (2023): Kinderschutz in der Schule. Leitfaden zur Entwicklung und praktischen Umsetzung von Schutzkonzepten und Maßnahmen gegen sexuelle Gewalt an Schulen. Bonn: KMK.

KORCZAK, Janusz (1999): Sämtliche Werke, Band 4. Gütersloh: Gütersloher Verlagshaus.

KORCZAK, Janusz (2004): Sämtliche Werke, Band 9. Gütersloh: Gütersloher Verlagshaus.

KRAPPMANN, Lothar (2016). Menschenrechtliche Handlungsbefähigung – eine völkerrechtliche Bildungspflicht der Schule. In: Weyers, Stefan/Köbel, Nils (Hg.): Bildung und Menschenrechte. Wiesbaden: Springer VS, S. 137-155.

KRENNERICH, Michael/Gläser-Zikuda, Michaela (2021): Fazit: Kinderrechte in Schulen – Problemanzeigen und Impulse. In: Pirner, Manfred/Gläser-Zikuda, Michaela/Krennerich, Michael (Hg.): Menschenrechte von Kindern und Jugendlichen im Kontext Schule. Frankfurt/M.: Wochenschau, S. 321-324.

LEY, Thomas/Ziegler, Holger (2012): Rollendiffusion und sexueller Missbrauch. In: Andresen, Sabine/Heitmeyer, Wilhelm (Hg.): Zerstörerische Vorgänge. Weinheim: Beltz, S. 264–280.

LUHMANN, Niklas (2002): Das Erziehungssystem der Gesellschaft. Frankfurt/M.: Suhrkamp.

OPPERMANN, Carolin/Schröer, Wolfgang/Winter, Veronika/Wolff, Mechthild (2018): Kultur der Achtsamkeit als wesentlicher Aspekt eines Schutzkonzepts. In: Dies. (Hg.): Lehrbuch Schutzkonzepte in pädagogischen Organisationen. Weinheim: Beltz, S. 41-55.

ROSA, Hartmut (1998): Identität und kulturelle Praxis. Politische Philosophie nach Charles Taylor. Frankfurt/M.: Campus.

ROSA, Hartmut (2016): Resonanz. Eine Soziologie der Weltbeziehung. Berlin: Suhrkamp.

SCHUBARTH, Wilfried (2020): Gewalt und Mobbing an Schulen. 4. Auflage. Stuttgart: Kohlhammer.

STEIN, Margit (2009): Werterziehungsansätze an weiterführenden Schulen in ihrem Zusammenhang mit strukturellen Schulbedingungen. In: Zeitschrift für Pädagogik 55, 4, S. 562–579.

TAYLOR, Charles (1996): Quellen des Selbst. Frankfurt/M.: Suhrkamp.

THOMPSON, Christiane (2012): Die Gewalt der Sprachlosigkeit. In: Thole, Werner et al. (Hg.): Sexualisierte Gewalt, Macht und Pädagogik. Opladen: Budrich, 118–128.

URBAN, Maria/Voss, Heinz-Jürgen (2021): Prävention sexualisierter Gewalt und Schutzkonzepte in der schulischen Praxis. In: Pirner, Manfred /Gläser-Zikuda, Michaela/Krennerich, Michael (Hg.): Menschenrechte von Kindern und Jugendlichen im Kontext Schule. Frankfurt/M.: Wochenschau, S. 140-151.

WEYERS, Stefan (2015): Grundkonzepte und Spannungsfelder demokratischer Erziehung in der Schule. In: Hahn, Stefan/Asdonk, Jupp/Pauli, Dominik/Zenke, Christian (Hg.): Differenz erleben – Gesellschaft gestalten. Demokratiepädagogik in der Schule. Schwalbach/Ts.: Wochenschau, S. 21-40.

WEYERS, Stefan (2022a): Zwischen Schutz und Partizipation, Achtung und Eugenik. Historische Konzeptionen kindlicher Rechte bei Kate Wiggin, Ellen Key, Eglantyne Jebb und Janusz Korczak. In: Zeitschrift für Menschenrechte 16, 1, S. 28–48.

WEYERS, Stefan (2022b): Demokratie und sexuelle Gewalt? Gefährdungen und Grenzen demokratischer Erziehung am Beispiel der Odenwaldschule. In: Fuhrmann, Laura/Akbaba, Yalız (Hg.): Schule zwischen Wandel und Stagnation. Wiesbaden: Springer VS, S. 91–119.

WEYERS, Stefan (2024): Werte, Identität und Gesellschaft. Über Bedingungen und Ambivalenzen der „Wertebildung" im Anschluss an Charles Taylor. In: Dietz, Dennis/Kuhn, Melanie/Schlette, Magnus/Weilert, Katarina (Hg.): Wertebildung in der Schule. Tübingen: Mohr Siebeck (im Druck).

Autorinnen und Autoren

HEINER BIELEFELDT, Seniorprofessor für Menschenrechte an der Universität Erlangen-Nürnberg. Von 2003 bis 2009 Direktor des Deutschen Instituts für Menschenrechte; von 2010 bis 2016 UN-Sonderberichterstatter für Religions- und Weltanschauungsfreiheit; von 2009 bis 2024 Leitung des Lehrstuhls für Menschenrechte und Menschenrechtspolitik an der FAU.

CHRISTINA BINDER ist seit April 2017 Professorin für internationales Recht und internationalen Menschenrechtsschutz an der Universität der Bundeswehr München. Zuvor war sie Universitätsprofessorin für Völkerrecht an der Universität Wien und stellvertretende Leiterin des interdisziplinären Forschungszentrums „Human Rights". Sie ist Mitglied der *Group of Independent Experts* und *Electoral Expert für den Congress of Local and Regional Authorities* des Europarates und berät die Venedigkommission in Wahlangelegenheiten.

OTTO BÖHM, promovierter Politik- und Erziehungswissenschaftler, war hauptberuflich Mitarbeiter des Verlages Nürnberger Presse. Im Nürnberger Menschenrechtszentrum (NMRZ) ist er seit dessen Gründung 1989 ehrenamtlich tätig und arbeitet seit vielen Jahren in der historisch-politischen Menschenrechtsbildung mit.

THOMAS DEMMELHUBER ist Professor für Politik und Gesellschaft des Nahen Ostens an der Friedrich-Alexander-Universität Erlangen-Nürnberg und Gastprofessor am College of Europe (Warschau). Als Politikwissenschaftler erforscht er seit über zwei Jahrzehnten den Nahen Osten und seine transregionalen Verflechtungen mit besonderem Fokus auf die Arabische Halbinsel. Konzeptionell ist er dabei vor allem in der Autokratieforschung beheimatet und ergänzt diese um interdisziplinäre Schnittmengen in die Politische Geographie, Kulturwissenschaften sowie auch Emotions- und Affektsoziologie.

SIMONE DERIX ist Historikerin und Inhaberin des Lehrstuhls für Neueste Geschichte und Zeitgeschichte an der Friedrich-Alexander-Universität Erlangen Nürnberg.

GEORG GLASZE ist Lehrstuhlinhaber für Politische Geographie und Kulturgeographie an der Friedrich-Alexander-Universität Erlangen-Nürnberg (FAU). Seine Forschungsschwerpunkte liegen im Bereich der Politischen Geographie, der geographischen Stadtforschung sowie den soziotechnischen Raumverhältnissen in der digitalen Transformation.

ELISABETH HOLZLEITHNER ist Professorin für Rechtsphilosophie und Legal Gender Studies an der Rechtswissenschaftlichen Fakultät der Universität Wien und Vorständin des dortigen Instituts für Rechtsphilosophie. Sie ist Sprecherin der interdisziplinären Forschungsplattform GAIN – Gender: Ambivalent In_Visibilities (seit 2020) und Mitherausgeberin der Zeitschrift für Menschenrechte. Die Schwerpunkte ihrer Forschung liegen in Rechtsphilosophie und politischer Philosophie, Legal Gender & Queer Studies sowie Recht, Literatur und Populärkultur.

RAINER HUHLE, promovierter Politikwissenschaftler (FAU), lehrt „Transitional Justice" im Master of Human Rights der FAU. Mehrjährige Aufenthalte in Peru und Kolumbien, wo er ab 1997 das Field Office des OHCHR der UNO mit aufbaute. Mitbegründer (1989) des Nürnberger Menschenrechtszentrums und 2011-2019 Mitglied des CED (Vertragsausschuss der Konvention über Verschwindenlassen).

KATRIN KINZELBACH ist Professorin für Menschenrechtspolitik an der Friedrich-Alexander-Universität (FAU) Erlangen-Nürnberg. Sie ist eine der Programmdirektor:innen des MA Human Rights an der FAU. Bis 2019 war Kinzelbach stellvertretende Direktorin vom Global Public Policy Institute in Berlin. Zuvor arbeitete sie am Ludwig Boltzmann Institut für Grund- und Menschenrechte in Wien und für das Entwicklungsprogramm der Vereinten Nationen in unterschiedlichen Ländern.

MARKUS KRAJEWSKI ist Professor für Öffentliches Recht und Völkerrecht an der Friedrich-Alexander-Universität (FAU) Erlangen-Nürnberg. Er ist einer der Programmdirektoren des MA Human Rights an der FAU und Sprecher des Forschungszentrums Center for Human Rights Erlangen-Nürnberg (CHREN). Von 2016 bis 2024 war er Vorsitzender des Kuratoriums des Deutschen Instituts für Menschenrechte. Vor seiner Tätigkeit an der FAU hat er am King's College London, der Universität Potsdam und der Universität Bremen gelehrt und geforscht. Zu seinen Forschungsinteressen zählt das Themengebiet Wirtschaft und Menschenrechte.

MICHAELA LISSOWSKY, promovierte Politikwissenschaftlerin, hat das Gründungsbüro zum Aufbau der Internationalen Akademie Nürnberger Prinzipien geleitet, am Trust Fund for Victims des IStGH geforscht, zum Menschenrecht auf Reparationen promoviert und den Human Rights Hub der Friedrich-Naumann-Stiftung in Genf aufgebaut, den sie aktuell leitet.

MARTINA MITTENHUBER, Historikerin und Romanistin, leitet seit 2009 die Stabsstelle Menschenrechtsbüro & Gleichstellungsstelle im Bürgermeisteramt der Stadt Nürnberg. Davor war sie als wissenschaftliche Mitarbeiterin beim Verein Geschichte Für Alle e.V., bei der Bundesagentur für Arbeit und der Internationalen Arbeitsorganisation (ILO) in Genf tätig. Sie veröffentlichte zahlreiche Publikationen zur Lokal- und Regionalgeschichte Nürnbergs und Frankens.

EVA PILS ist seit 2024 Alexander von Humboldt-Professorin für Human Rights Law und Mitglied des Centre for Human Rights der Friedrich-Alexander-Universität Erlangen-Nürnberg. Davor hat sie am King's College London und an der Chinese University of Hong Kong gearbeitet.

ARND POLLMANN ist Professor für Ethik und Sozialphilosophie an der Alice Salomon Hochschule Berlin und u.a. Mit-Herausgeber der im Wochenschau-Verlag erscheinenden Zeitschrift für Menschenrechte (zfmr). Er lehrt und forscht auf den Gebieten der Politischen Philosophie, insbesondere der Menschenrechte, der Sozialphilosophie, der Ethik und der Moralphilosophie.

HELGA RIEDL ist Politikwissenschaftlerin (MA) mit langjähriger Erfahrung in der Menschenrechtsbildung. Dies ist auch ihr Arbeitsschwerpunkt in der Stabsstelle Menschenrechtsbüro & Gleichstellungsstelle im Bürgermeisteramt der Stadt Nürnberg.

MARCO SCHENDEL studierte Politikwissenschaft, Philosophie und Germanistik in Erlangen, Bologna und Göttingen. Er war wissenschaftlicher Mitarbeiter im Deutschen Bundestag und wissenschaftlicher Mitarbeiter am Lehrstuhl für Menschenrechte und Menschenrechtspolitik der Friedrich-Alexander-Universität Erlangen-Nürnberg; 2023 Promotion im Fach Philosophie.

JANIKA SPANNAGEL ist wissenschaftliche Mitarbeiterin am Exzellenzcluster „Contestations of the Liberal Script – SCRIPTS" an der Freien Universität Berlin, wo sie aktuell zu Normen und Anfechtungen von Wissenschaftsfreiheit forscht. In ihrer Promotion an der Universität Freiburg hat sie sich mit dem Schutz von Menschenrechtsverteidiger:innen in autoritären Regimen durch internationale Aufmerksamkeit befasst.

DANIEL STAHL, promovierter Historiker, ist Wissenschaftlicher Mitarbeiter am Lehrstuhl für Neueste Geschichte und Zeitgeschichte an der Friedrich-Alexander-Universität Erlangen-Nürnberg. Er forscht zur Geschichte der Menschenrechte, zur Internationalen Geschichte und zur Geschichte Lateinamerikas.

KAROLINE THEN hat 2024 ihr Studium der Kulturgeographie an der Friedrich-Alexander-Universität Erlangen-Nürnberg (FAU) abgeschlossen, welches sie schwerpunktmäßig der Politischen Geographie gewidmet hat. Im Nebenfach hat sie sich dabei auch mit politikwissenschaftlichen Fragen der Menschenrechte beschäftigt – nicht zuletzt auch in einem Seminar bei Michael Krennerich (zum Thema Soziale Menschenrechte).

SÖREN TORRAU ist Juniorprofessor für Didaktik der Sozialkunde/Politik und Gesellschaft an der Friedrich-Alexander-Universität Erlangen-Nürnberg.

STEFAN WEYERS ist Professor für Erziehungswissenschaft mit dem Schwerpunkt Theorie der Bildung und Erziehung an der Johannes Gutenberg-Universität Mainz und Mitherausgeber der Zeitschrift für Menschenrechte. Arbeitsschwerpunkte: Demokratie- und Menschenrechtsbildung, Pädagogische Ethik und Kinderrechte, moralische Entwicklung und Sozialisation, Bürgerschaftliches Engagement, Biographieforschung, qualitative Forschungsmethoden.